목욕탕에서
만난
천만장자

※ 이 책의 저작권은 미어캣북스에 있습니다. 저작권법에 의해 한국 내에서 보호받는 저작물이므로 무단 전재와 복제를 금합니다.

목욕탕에서 만난 천만장자

박성준 지음

미어캣북스

차례

머리말 · 8

1장 나만 벼락거지
나를 각성시킨 세 사람 · 13
선배님, 솔직히 말해도 돼요? · 15
오늘은 서비스로 그냥 드릴게! · 20
사장님, 제가 들어드릴게요 · 23
할머니, 그분이 누구시죠? · 27

2장 천만장자의 테스트를 받다
자네는 왜 부자가 되고 싶은가? · 39
저 사람들 중에 누가 부자인가? · 50
구멍이 뚫린 페이지 수는? · 55
천만장자의 초대를 받다 · 60

3장 생각의 변화와 머니 리더십
첫눈에 반하다 · 65
지금 만날 수 있는 전문가는 몇 명인가? · 76
인식의 지도와 부자의 지도 · 80

부자의 지도를 얻으려면? • 83
신용카드에 숨겨진 함정 • 91
돈이 나를 따르는 '머니 리더십' • 101

4장 돈과 부자의 본질을 배우다

부자 되기 위한 첫걸음 • 107
돈의 본질을 배우다 • 110
A급 부자와 B급 부자 • 113
45세 이전에 부자가 되었다고? • 120
자신의 힘으로 부자가 되었다고? • 124
신용카드를 쓰지 않는다고? • 128
부자들은 공부를 못했다고? • 136
부자들 옆에는 머니 멘토가 있다고? • 142
부자들은 엄청난 독서광이라고? • 144
부자들은 사치를 부리지 않는다고? • 151
남들이 보지 못한 기회를 잡았다고? • 157
부동산으로 부자가 되었다고? • 162
아파트를 고르는 기준은 뭘까? • 166
토지를 고르는 기준은 뭘까? • 183

부자의 꿈을 결코 포기하지 않았다고? • 190

5장 천만장자의 마지막 테스트
실전 테스트를 앞두고 • 199

신문 속에서 부자 코드 찾기 • 210

돈의 흐름을 좌우하는 정책 • 212

돈의 흐름과 시장의 반응 • 219

돈을 유혹하는 광고 • 220

천만장자의 세 번째 테스트 • 223

6장 돈 버는 시스템
돈 들이지 않고 돈 벌기 • 237

돈 버는 시스템을 배우다 • 249

재테크 1단계 : 비상금 모으기 • 263

재테크 2단계 : 현금만 쓰기 • 270

재테크 3단계 : 예산에 맞춰 생활하기 • 273

재테크 4단계 : 빚 없애기 • 280

재테크 5단계 : 투자하고 기다리기 • 293

7장 드디어 돈을 벌다

마지막 만찬 · 307
하고 싶은 일을 하면서 돈 벌기 · 311
다시 일상 속으로 · 320
첫 번째 플랜 : 비상금 만들기 · 325
두 번째 플랜 : 현금만으로 생활하기 · 326
세 번째 플랜 : 지출 예산 세우기 · 328
네 번째 플랜 : 빚 갚고 연봉 모으기 · 331
부동산 전문가의 조언 · 341
그녀와의 사랑은 시작되고 · 352
다섯 번째 플랜 : 투자하고 기다리기 · 365

8장 슬픈 크리스마스 이브

특별한 프러포즈 · 389
이루어질 수 없는 사랑 · 400

머리말

"이 책은 실화입니까?"

저자 강연회에서 만난 독자들이 가장 많이 했던 질문입니다. 저는 그 대답으로 '스토리텔링 형식을 빌려 소설로 완성했지만, 제가 경험한 사실에 근거한 실화입니다'라고 말씀드렸습니다. 그리고 그것은 진실임을 고백합니다.

2006년 국내 최초로 스토리텔링 방식의 재테크 소설 〈목욕탕에서 만난 백만장자의 부자 이야기〉는 출간되자마자 베스트셀러에 올랐고, 독자들로부터 분에 넘치는 많은 사랑을 받았습니다. 처음으로 책을 출간한 저에게 교보문고는 저자 초청 강연회를 열어 주었고, 초청 강연회 사상 최장 시간(2시간 20분) 강의 기록과 함께 좌석이 모자라 통로까지 가득 채웠던 수백 명 독자들의 뜨거운 관심과 열정을 지금도 잊지 못하고 있습니다. 그로부터 긴 세월이 흐른 지금까지도 블로그와 유튜브 등에서 이 책이 언급되고 있고, 감사의 메일을 보내주시는 독자들이 있어 저에게는 큰 기쁨이 되었습니다.

그간 세계 경제는 큰 변화를 겪었고, 지금도 진행되고 있습니다. 서브프라임 모기지 사태, 코로나 팬데믹, 우크라이나 전쟁, 미국의 금리 인상, 중국의 부동산시장 붕괴와 같은 큰 충격이 있었습니다. 국내 경제도 부동산 가격의 급등락, 역전세 현상, 주가의 급등락, 합계 출산률 하락 등 다양한 변화가 있었습니다. 불행히도 이러한 예측 불허의 상황은 언제든지 발생할 수 있기에, 우리는 늘 불안하기만 합니다.

  그런데 이런 상황 속에서도 우리 주변에는 재테크로 돈을 벌었다는 사람들이 계속 늘어나고 있습니다. 왜 그럴까요? 그들은 보통 사람들이 모르는 재테크 비법을 가지고 있기 때문일까요? 태어날 때부터 사주팔자에 재복이 있고, 항상 운이 따랐기 때문일까요? 아니면 미래 예측 능력이 뛰어나서 그럴까요?

  한때는 저도 부자들에게는 이 모든 것이 있다고 믿었습니다. 그러나 저의 착각이었습니다. 부자들은 재테크의 기본을 알았고, 그 기본에 따라 충실하게 투자하여 부를 쌓았기 때문입니다. 저는 이 책에서 그러한 내용을 재테크의 기본과 원칙, 현장 사례들을 곁들여 알려 드리려고 합니다.

  이 책은 전작(前作)과 같은 소설 형식으로 구성하였습니다. 기존의 틀을 바탕으로 콘텐츠를 새롭게 업그레이드하여 재구성하였기에, 제 책을 처음 접하는 독자분들에게는 신선함과 함께 몰입의 즐거움을, 기존의 독자 분들에게는 놀라움과 함께 추억의 맛을 선사할 것입니다. 마치 웹소설을 읽듯이 재미있게 읽다 보면, 지금까지 알지 못했던 재테크의 본질을 깨우치게 될 것입니다.

  이 책을 통해서 아직 부자가 되지 못했던 이유를 깨달았을때, 제가 알려 드리는 재테크의 기본과 원칙을 하나하나 실천해 보시기 바랍니다. 그러다 보면 어느 순간, 부자의 길로 들어선 자신을 발견하게 될 것입니다. 이 책은 여러분이 부자의 출발선에 설 수

머리말

있도록 도와드릴 것입니다.

　우리 모두는 부자를 꿈꿉니다. 그리고 부자가 되는 방법은 생각보다 쉽고 간단해서 누구나 부자가 될 수 있습니다. 그럼에도 불구하고 사람들이 부자가 되지 못하는 이유는 뭘까요? 그것은 바로 '게으름'과 '두려움' 때문입니다. '게으름'은 돈 버는 방법을 찾아보지 않는 게으름, 배운 것을 실천하지 않는 게으름, 절약하고 저축해서 목돈을 만들어 투자하지 않는 게으름을 말합니다. 그리고 '두려움'은 실천에 대한 두려움, 잃는 것에 대한 두려움, 실패에 대한 두려움, 투자하는 것에 대한 두려움을 말합니다.

　사람들은 이러한 게으름과 두려움에 짓눌려 일생을 평범하게 살아가거나, 오히려 가난해지는 것에 익숙해지고 맙니다. 이 책은 여러분들이 부자의 출발선에 설 수 있도록 '게으름'과 '두려움'에서 벗어나는 방법을 정확히 알려 드립니다. 그와 더불어 부자의 길을 따라 갈 수 있도록 구체적인 실천 방법도 하나하나 제시해 드릴 것입니다.

　이 책의 마지막 장을 덮는 순간, 재테크에 대한 자신감과 도전에 대한 의지로 충만한 자신을 발견하게 될 것입니다.

　여러분 모두가 부자 되는 그 날을 기원합니다.

　감사합니다.

가천대학교 아름관에서
저자 박성준 올림

1장

나만 벼락거지

나를 각성시킨 세 사람

토요일 오후 1시 30분.
가벼운 등산복 차림으로 집을 나와 30분 정도를 걸으면 등산로 입구가 눈에 들어온다. 5년째 주말마다 오르는 산은 내가 이곳으로 이사를 온 첫 주말부터 시작해, 비가 오나 눈이 오나 습관적으로 오르는 친근한 산이 되었다. 때로는 몸이 힘들거나 게으름을 피우고 싶어도 내 의지와 상관없이 두 다리가 알아서 앞장서고 재촉하는 익숙한 등산길. 초등학생 때 친구들과 웃고 떠들며 걷다 보면, 어느새 집에 다다르는 그런 길 말이다.

등산로 입구를 지나쳐 두 번의 오르막을 지나면, 20여 미터 높이의 큰 나무 한 그루가 보인다. 그 나무 아래로 제법 널찍한 공터가 있는데, 그곳에 좌판을 깔고 채소를 파는 70세가량의 할머니가 반갑게 나를 맞아준다. 근처 밭에서 할머니가 직접 재배한 무공해 채소는 등산객들에게 제법 인기가 많다.

채소 파는 할머니와는 이 산을 처음 오를 때 인사를 나눴다. 그날 이후로 하산할 때면 항상 이곳에 들러 생수 한 병을 사 마시며 서로의 안부를 묻고, 세상 사는 이야기를 몇 마디 주고받는 친근한 사이가 되었다.

그런데 오늘은 다리에 힘이 빠지고, 등산도 내키지 않아 할머니 옆에 놓인 플라스틱 의자에 털썩 앉아 버렸다. 그러고는 아무

말 없이 아이스박스를 열어 생수 한 병을 꺼내 반쯤 마시자, 목구멍 너머로 얼음 같은 냉기가 밀려들었다. 하지만 그 기분이 채 가시기도 전에 깊은 한숨이 흘러나왔다. 마치 내 삶의 의미를 잃은 채, 희망마저 사라져 버린 것 같은 공허한 기분이 머릿속을 채우기 시작했다.

'남들은 주말을 즐기느라 분주한데, 나는 어쩌다가 이렇게 됐을까? 지금 다니고 있는 직장이 장래성이 없어서 그런 걸까? 아니면 잘나가는 친구들에 비해 상대적으로 뒤처졌다는 위기의식 때문일까? 대박은커녕 원금이 반토막 난 주식에 절망해서 그런 걸까? 후배가 투자한 아파트가 세 배나 뛰었다는 자랑에 배가 아파서 그런 걸까?'

이런 것들은 직장인이라면 누구나 겪는 아픔이겠지만, 나를 무기력하게 만든 진짜 이유는 아니었다. 내가 오늘 힘들어하는 진짜 이유는 지난 한 주 동안에 만났던 세 사람 때문이다.

목요일 저녁에 만났던 후배, 금요일 점심 때 짜장면을 가져왔던 배달원, 그리고 퇴근길에 들렀던 상가 떡집 사장님. 이들은 그동안 앞만 보고 열심히 살아왔던 내 삶을 송두리째 뒤흔들어 놓고 말았다.

선배님, 솔직히 말해도 돼요?

이틀 전, 목요일 오후 6시.
입사 7년 후배이자 같은 과 대학 동문으로, 몇 년 전에 개인 사업을 하겠다고 회사를 나간 후배가 있었다. 그 후로 한두 번 통화를 한 적은 있지만, 만남으로 이어지지는 않았다. 그런데 오랜만에 그 후배에게서 술 한잔 하자는 전화가 걸려 왔다.

그 후배는 키는 조금 작지만, 붙임성이 좋아서 누구를 만나도 금방 친해지고, 선배들에게도 예의 바르고 일도 잘해서 아껴 주는 사람들이 많았다. 운동신경도 좋아서 못하는 운동이 없었다. 골프는 70대 초반의 싱글로, 내기 골프에서 돈을 잃어 본 적이 없다는 말을 들었다.

약속 장소가 회사 근처의 고깃집이라 횡단보도를 건너려고 서 있는데, 때마침 도로 건너편에 있던 후배와 눈을 마주친 나는 손을 흔들어 반가움을 표했다. 신호가 바뀌자, 길을 건너가 후배와 반갑게 악수를 나눴다.

후배는 첫 모습부터 많이 달라져 있었다.

최신 유행의 헤어스타일. 세련된 젠틀몬스터 안경. 쫙 빠진 에르메네질도 제냐 양복. 성공한 남자를 상징하는 듀퐁 남색 드레스 셔츠. 화려한 말발굽 문양의 하늘색 에르메스 넥타이. 루이비통 레이서 백팩과 페라가모 구두. 영국 왕실의 사랑을 독차지했다고 알려진 펜할리곤스 향수. 번쩍이는 파텍필립 손목시계.

온몸에서 돈 냄새가 넘쳐났다. 후배의 모습을 눈에 담는 순간, 내 모습과 비교되었다. 제조일로부터 2년이 지나 정상 가격의 절반에 구입한 슈트. 백화점 에스컬레이터 옆 가판대에 누워 있었던 셔츠. 눈살을 찌푸리게 만드는 땀 냄새. 색깔도 바랬고, 모양도 흐트러진 백팩. 동네 이발소에서 대충 깎은 헤어스타일에 윤기 없는 머리카락. 광택을 잃어버린 구두.

어딜 봐도 잘나가지 못하는 평범한 직장인의 외모였다.

'내세울 것 하나 없는데… 선배면 뭐 하나?'

상대적 박탈감을 애써 감추며 고깃집으로 들어갔다.

테이블에 밑반찬이 깔리고, 육회 한 접시와 소주 한 병이 놓였다.

"자, 받지."

"아닙니다. 제가 먼저 올려야죠."

"됐어. 먼저 받아. 선배인 내가 자주 연락하고, 가끔 불러서 식사도 하고 그랬어야 했는데, 생각만 하고 연락도 못했어."

"참 선배님도… 많이 바쁘실 텐데 자주 연락 못 드린 제가 죄송하죠. 갑자기 전화했는데, 시간을 내 주셔서 감사합니다."

첫 잔이 넘어가자, 목구멍으로부터 차갑고 따끔하면서 시원하고도 후련한 느낌이 온몸으로 퍼져 갔다.

"우리, 참 오랜만이지. 이게 얼마 만이야?"

"제 송별회가 마지막이었으니까, 3년쯤 지난 것 같습니다."

"자네가 사업을 한다고 사표를 낸 게 엊그제 같은데, 시간이 참 빠르네…."

그동안 서로에게 있었던 일을 화제로 술잔이 계속 돌았다. 육회를 바닥내고, 숯불과 함께 소고기 새우살로 안주가 바뀌었고, 술은 벌써 세 병째로 이어지고 있었다.

후배는 회사 소식과 입사 동기들의 안부를 물었고, 회사에서 함께 고생하며 일할 때의 추억들을 되새기며 아직 남아 있음직해 보이는 애사심을 드러냈다. 나는 사업부 구조조정 중에 느끼는 불안감과 업무에 대한 스트레스, 그리고 불확실한 월급 생활자의 미래와 글로벌 경기 침체를 원망하며 암울한 이야기를 꺼내 놓았다.

어느 정도 취기가 오르면서 어색함을 털어낸 나는 후배에게 단도직입적으로 물었다.

"뭐, 좋은 일 있어? 잘나가는 것 같은데…."

후배가 살짝 어색한 표정을 짓더니, 자세를 고쳐 잡으며 말했다.

"선배님. 솔직히 말해도 돼요?"

"그럼, 내가 어디 가서 소문낼 것도 아니고. 그동안 무슨 일이 있었던 거야?"

"선배 앞에서 자랑하고 싶지 않지만… 사실, 저 돈 좀 벌었어요."

"얼마나?"

"코인으로 50억 정도요."

후배의 말을 듣는 순간, 내 몸은 얼어붙고 말았다. 언론에서 그렇게 떠들던 코인으로 대박 난 사람이 내 앞에 앉아 있는 것이다.

"뭐… 5억도 아니고, 50억이라고?"

"예. 다 팔고 보니, 정확히 50억2천만 원이더라고요."

"어떤 코인에 투자했는데?"

"주로 비트코인과 도지코인에 투자했는데, 비트코인은 초창기에 100만 원 할 때부터 들어가서 8천만 원 꼭지에서 매도했고요. 중간에 도지코인을 4달러에 사서 700달러까지 올랐을 때 모두 정리했어요."

"그랬었구나. 근데 코인은 변동성이 매우 커서 위험했을 텐데… 두렵지 않았어?"

"운이 좋았어요. 중간에 한참 떨어질 때 포기하지 않고 버텼던 것이 결국 큰돈으로 이어졌어요. 인생, 모 아니면 도잖아요?"

50억2천만 원이라는 말을 듣고 난 다음부터는 후배의 이야기가 귀에 들어오지 않았다.

'나는 지금까지 뭘 하고 살았지…?'

대학을 마치고 사회에 첫발을 내디딘 이래로, 내 딴에는 허튼짓하지 않고 열심히 살아왔다. 샐러리맨으로서 성공 신화를 써보겠다는 목표를 세우고 새벽부터 밤늦게까지 회사 일에 최선을 다해 왔다. 비록 일확천금을 꿈꾸지는 않았지만, 그렇다고 남들 앞에 내세울 만큼 모아 놓은 돈도 없다. 지금까지 살아온 것처럼 열심히 산다고 하더라도, 앞으로 큰돈을 모을 기회가 생기지 않을 것 같은 내 미래가 너무나도 암울해 보였다.

'50억2천만 원. 지금 다니는 직장에서는 죽었다 깨어나도 그런 큰돈을 벌 수가 없어….'

지금 이 순간만큼은 무능한 나 자신이 너무도 싫었다.

후배는 호주 이민을 준비하고 있다고 했다. 코인 투자에서 번 돈으로 농장을 매입해 와인과 고추냉이(와사비) 사업을 할 계획이라고 한다.

　후배의 이야기를 듣는 둥 마는 둥 건성으로 고개를 끄덕이며 술을 마시다 보니, 어느덧 시간은 11시를 넘어가고 있었다. 고깃집을 나온 후배와 나는 다음 만남을 기약하며 손을 흔들고 헤어졌다. 어쩔 수 없이 후배와 비교되는 내 처지를 비관하며 술을 들이켜서 그런지, 평소와 달리 취기가 많이 올라왔다. 흔들리는 몸을 가누며 카카오 택시를 불렀고, 자정을 넘겨 집에 들어왔다. 옷도 벗지 않은 채 침대에 누워 몽롱한 눈빛으로 천장을 바라보았다.

　'나에게… 뭐가 문제지?'

　나는 그 후배와 비교해서 뭐 하나 빠지는 게 없었다.

　대학 시절의 학점은 물론, 토익 점수도 더 높았다.

　더 큰 키에 외모도 더 좋았고, 여자 친구도 더 많았다.

　회사 여직원들에게 인기도 더 많았다.

　사우나에 가서 서로를 쳐다봐도 내 것이 훨씬 크다.

　내 구성 성분을 전부 비교해 봐도 모든 면에서 내가 더 우수하다. 또한 사회에서 비교할 수 있는 일반적인 평가 항목들에서도 내가 모두 앞섰다.

　'그런데 왜… 내 소득은 그 후배에 비해 형편없는 것일까?'

　'나는 왜, 돈을 못 버는 걸까?'

　'나는 언제쯤 그런 돈을 벌 수 있을까?'

　'나에게도 과연 그런 날이 올까?'

　한없는 원망과 자책의 쓰라림이 내 마음을 가득 채우기 시작했고… 나도 모르게 까무룩 잠이 들었다.

오늘은 서비스로 그냥 드릴게!

어제, 금요일 아침 7시.
아침 빗소리에 눈을 떠 보니, 출근 시간이 촉박했다. 알람 소리를 듣지 못한 걸 보니, 어제 술이 과하긴 했나 보다.

대충 씻고 나와 지하철을 타고 하차 역에서 내려 열심히 뛰어 가까스로 사무실에 도착해 업무를 시작했다. 하지만, 아직 깨지 않은 술기운과 50억 자산가가 된 후배의 모습이 아른거려 일이 손에 잡히지 않았다.

잡념을 털어내고 오전 회의와 밀린 업무를 처리하고 시계를 보니, 12시를 막 넘어가고 있었다. 점심을 뭘 먹을까 고민하고 있는데, 남아 있던 팀원 두 명이 다가와서 묻는다.

"매니저님, 비도 오는데 짬뽕 어떠세요?"

"오케이. 그렇잖아도 어제 과음해서 해장하려고 했는데 잘됐네. 오늘은 내가 쏠 테니까, 주문하라고."

15분쯤 지나자, 짬뽕 곱빼기 세 그릇과 만두 서비스를 들고 배달원이 나타났다. 계산하려고 카드를 내밀었는데, 배달원이 단말기에 몇 번 긁더니 한도 초과란다. 기억을 더듬어 보니, 어젯밤 술값을 내가 계산했는데 카드 한도를 채운 모양이다.

자주 시켜 먹던 중국집이어서 안면이 있던 배달원에게 미안하다는 말과 함께 계좌 번호를 알려 주면 송금하겠다고 했더니, 놀랍게도 이 친구가 평소와는 전혀 다르게 내 어깨를 툭 치며 이렇게 말하는 게 아닌가.

"카드 한도 초과라… 좀 그러네. 오늘은 특별히 서비스로 그냥 드릴게."

그러고는 휙 돌아서 사무실을 나가 버렸다.

오늘은 이 친구가 무슨 약을 먹었는지 평소 안 하던 반말까지 섞어서 내 자존심에 상처를 주는 것도 모자라, 나에게 무언의 눈빛으로 이렇게 말하는 것 같았다.

'짜식… 빳빳하게 다린 셔츠에 있는 척, 뽐내고 다니면서 카드가 한도 초과니? 지갑에 현금도 없지? 그렇게 살아야겠냐?'

살다 보면 카드가 한도를 초과할 때도 있지만, 오늘처럼 몇 푼 안 되는 짬뽕 값에 무시를 당해 보기는 처음이었다. 그 친구 얼굴에 대고 "너는 돈이 넘쳐나서 중국집 배달이나 하고 다니냐?"고 말하고 싶었지만, 팀원들이 보는 앞이라서 참을 수밖에 없었다.

중국집 배달원에게 무시당하며 음식값을 서비스 받았다는 느낌 때문인지, 오후 내내 마음이 편치 않았다.

'재수가 없으려니까 별 또라이가 다 신경 쓰이게 하네.'

'살다 보니, 이런 꼴도 다 보네.'

똥 밟았다 생각하고 그냥 넘어갈 수도 있겠지만, 어제 만났던 후배의 모습과 오버랩 되면서 내 속을 괴롭혔다.

'하… 이제는 중국집 배달원에게도 무시당하는 삶인가?'

쓰라린 패배감과 절망에 빠져 허우적거리고 있자니, 도저히 안 되겠다 싶어서 회사 옥상으로 동기를 불러냈다. 나는 자판기에서 뽑아 온 커피를 동기에게 건네며 넋두리를 늘어놓기 시작했다.

어제 만났던 후배의 코인 대박 이야기, 점심 때 중국집 배달원이 짬뽕 값을 받지 않고 공짜로 주었다는 이야기. 그 일로 인해 열도 받고, 기분이 엉망이라고 하소연했다. 그러자 입사 동기가 한심하다는 눈빛으로 나를 쳐다보며 이런 말을 하는 게 아닌가.

"몰랐어? 그 친구 돈 많아. 주식 투자로 수억을 벌었다는 소문이 돈 게 언젠데!"

"정말? 그런 친구가 왜 중국집 배달을 해?"

"소문을 들은 우리 회사 직원이 무슨 비법이라도 있느냐고 물어봤다는 거야. 그랬더니, 점심 배달을 하면서 직장인들끼리 주고받는 주식 투자 정보를 귀동냥으로 듣고 투자해서 돈을 벌었다더라고. 그래서 지금도 투자 정보를 듣기 위해 배달 일을 계속 한다더군."

동기는 그것도 몰랐냐고 촌놈 취급하듯이 나를 쳐다봤.

동기에게 위로를 받으러 왔던 나는 또다시 좌절의 늪에 빠져들고 말았다.

'그동안… 나는 뭘 했지?'

사장님, 제가 들어드릴게요

어제, 금요일 저녁 8시.
그런데 문제는 중국집 배달원 사건으로 끝나지 않고, 세 번째 충격이 나를 기다리고 있었다.

퇴근하는 길에 입맛이 떨어진 나는 아파트 상가 떡집으로 발길을 옮겼다. 최고급 토종 쌀을 사용하는 곳으로 소문이 나서 단골손님이 끊이지 않는 떡집이었다. 그 상가에는 떡집이 한 곳 더 있는데, 이 집 때문에 장사가 안 될 정도였다. 떡 맛도 기가 막히지만, 사람 심리가 손님이 많은 가게로 가기 마련이다.

약간 늦은 시간이라 떡집은 문을 닫는 중이었고, 다 팔렸는지 남은 떡이 없었다. 평소 자주 사러 오다 보니, 나를 알아본 50대 후반의 여 사장님이 난처한 표정을 지으며 말씀하셨다.

"총각, 어떡하나? 오늘은 남은 떡이 없는데…."

내가 "어쩔 수 없죠."라고 말하며 돌아서는데, 사장님이 나를 불러세웠다.

"지금 건너편 아파트에 배달할 떡이 있는데, 조금 덜어줄게!"

"저 때문에 괜히 그러실 필요 없으신데…."

내가 손을 가로저으며 괜찮다고 사양했지만, 사장님은 박스 포장을 열고 시루떡 한 판을 덜어내 검정 비닐봉투에 담았다.

"그냥 가져가. 오늘은 공짜야!"

'공짜'라는 말에 머릿속이 또 복잡해졌다.

'오늘은 참 묘한 날이군. 중국집 배달원에게 점심을 공짜로 서비스 받더니, 떡집 사장님도 공짜로 떡을 주시네. 오늘은 전부 공짜 인생의 날인가?'

배달 나가는 떡을 떼어 먹는다는 생각이 들어 누구인지 모를 그 고객에게 약간 미안한 마음이 들기도 했다. 하지만 저녁 식사를 떡으로 해결해야 하는 내 처지를 핑곗거리로 삼아 불편한 마음에서 빠져나왔다.

'뭐 어때. 떡집 주인이 주는 건데….'

그런데 막상 떡을 받고 보니, 배달해야 할 떡 박스가 너무 커서 사장님이 들기에는 버거워 보였다. 받은 게 있으니, 모른 체할 수가 없었다.

"사장님, 제가 차까지 옮겨 드릴게요."

"아니야, 괜찮은데…."

사장님은 손사레를 치며 괜찮다고 했지만, 분명히 손이 필요한 상황이었다. 나는 주저하지 않고 박스를 가리키며 말했다.

"계단도 올라가야 할 텐데, 제가 차 있는 데까지만 들어드리겠습니다."

"그럼, 부탁할게. 총각, 미안해서 어쩌나…."

"떡도 공짜로 주셨는데, 제가 더 고맙죠."

나는 사장님이 싸 준 떡을 시루떡 박스 위에 올려놓고 두 손으로 번쩍 들었다. 그러자 사장님은 재빨리 가게를 정리한 후, 문을 걸어닫고는 앞장서서 계단을 올라가기 시작했다. 나는 양손으로 박스를 들고 사장님 뒤를 따라 주차장으로 들어섰다.

그런데 이게 웬일? 사장님이 트렁크를 열어 준 차는 이탈리아산 수입차 마세라티였다. 순간 멈칫했지만, 리모컨으로 열어 준 트렁크에 아무 생각 없이 박스를 내려놓자 자동으로 트렁크 문이 닫혔다.

"사장님도 부자시네요. 이렇게 좋은 차를 타시는지 몰랐어요."

"좋긴… 뭘. 나는 얼른 배달 가야 해. 또 봐요, 총각."

마세라티는 사자가 포효하는 듯한 배기음 소리를 내뿜으며 미끄러지듯 유유히 사라졌다.

또 갑자기 우울해졌다.

'오늘은 뭔 날인가? 온종일 만나는 사람마다 왜 이렇게 나를 비참하게 만들지….'

"이런!"

마세라티에 놀란 나머지 사장님이 챙겨 준 시루떡 봉지를 트렁크에 박스와 함께 넣고 만 것이다.

'젠장. 공짜로 줘도 못 먹네….'

이제는 저녁 먹을 생각 자체가 없어졌고, 머릿속은 멍한 상태가 되고 말았다.

'떡집 사장님이 마세라티를 몰 때, 형편없는 똥차나 굴리는 나는 그동안 뭘 했단 말인가….'

지난 수십 년 동안 머리를 싸매고 공부해서 회사에 취직했는데, 중국집 배달원보다도 적은 돈을 버는 내가 너무나 한심스러웠다. 후배의 코인 투자도 떠올랐다.

지금 다니고 있는 회사도 구조조정이니, 비용 절감이니 하며 매일 내 자리를 위협하고 있다. 게다가 지난 몇 년간 회사를 등 떠밀리다시피 떠난 입사 동기와 선배들을 볼 때, 내 미래도 불확실하기만 했다.

답답하고 무거운 마음을 가득 안고 발걸음을 옮기다가 편의점에 들러 훈제 오징어와 캔맥주 네 개를 사 들고 집에 들어섰다. 나는 전등도 켜지 않은 채 소파에 앉자마자 캔맥주를 따서 단숨에 들이켜고는 미끌미끌한 오징어를 안주로 우울한 마음을 달랬다.

캔 맥주를 다 마시고 내린, 기승전 결론은….

나만 '벼락거지'였다.

할머니, 그분이 누구시죠?

오늘, 토요일 오후 1시 30분.

계속 무거운 마음으로 이틀을 보냈고, 오늘도 등산로에 앉아 머릿속을 맴도는 그 생각 때문에 긴 한숨만 내뱉고 있었다.

"총각, 웬 한숨이여. 젊은 사람이?"

등산로에서 채소 파는 할머니가 평소와는 다른 내 행동이 조금 이상하게 보였는지, 내게 말을 걸어 왔다.

"뭐든 얘기해 봐. 그런 말 있잖아. 속 이야기를 털어놓으면 기쁨은 두 배가 되고, 슬픔은 반으로 준다고. 나도 여기 오래 있다 보니, 등산하는 사람들 표정만 봐도 무슨 일이 있는지 바로 알 수 있거든…."

나에게 문제가 있어 보였나 보다.

속을 털어놓으라고 부추기는 할머니가 한편으로 고마웠다.

"별거 아닙니다."라고 말하고는 손에 쥐고 있던 생수 병의 물을 벌컥 들이켰다.

내 머릿속에서는 코인 투자로 돈을 번 후배, 주식 투자로 돈을 번 중국집 배달원, 마세라티를 타는 떡집 사장님의 모습이 계속 맴돌고 있었다. 그러다가 문득 할머니는 이곳에서 얼마나 버는지 궁금해졌다.

"할머니는 한 달에 얼마나 버세요?"

"갑자기 내 벌이는 왜 물어. 회사에서 나가래? 여기서 장사라도 하려고?"

"아, 아닙니다, 그냥 궁금해서요…."

"이거 말을 해줘야 하나, 말아야 하나…. 왜 그런 걸 물어봐서 곤란하게 만들어."

"아닙니다. 제가 결례를 범했어요. 말씀하지 않으셔도 돼요…."

"그러니까… 여기서 장사를 시작한 지도 벌써 10년이 지났지. 그런데 내 벌이를 물어본 사람은 총각이 처음이야. 한겨울을 빼고, 어림잡아 월 평균 600만 원 정도는 벌어."

나는 또 뭔가에 얻어맞은 것처럼 앞이 캄캄해졌다. 벌써 네 번째다. 내 앞에 있는 할머니마저 나를 미치게 만들었다.

'다들 약속이나 한 것처럼, 왜 나를 괴롭히는 거지?'

혹시나 했는데 역시나였고, 또 가슴이 저려 왔다. 차라리 몰랐으면 좋았을 걸, 괜히 물어봤다. 후배가 번 돈이 나를 초라하게 만들었고, 중국집 배달원이 내 속을 뒤집어 놓았고, 떡집 사장님이 마세라티로 기를 죽이더니, 이제는 채소 파는 할머니까지 확인 사살 하듯이 나를 짓밟아 버렸다.

"정말이세요? 생각보다 많이 버시네요…."

"말이 나온 김에 자랑은 아니지만, 저 아래 일식집 있잖아. 동경스시."

"압니다. 음식이 깔끔해서 저도 가끔 갑니다."

"그 일식집이 있는 5층 건물을 내가 작년에 지은 거야."

헉! 충격에 또 충격이었다.

세상에 돈 많이 번 부자들은 많겠지만, 주말마다 만나는 이 할머니까지도 부자일 줄은 꿈에도 몰랐다.

"사위와 큰딸이 1층에서 일식집을 하고, 2층은 둘째 내외가 미술학원을 해. 3, 4층은 사무실로 임대를 줬고, 나는 시집 안 간 공무원 막내딸과 5층에서 같이 살아."

대충 계산해 봐도 할머니 가족의 전체 소득은 월 2~3억은 되는 듯 싶었다. 갑자기 속이 타서 생수 병에 남아 있던 물을 한꺼번에 다 마셔 버렸다.

채소 파는 평범한 할머니로만 생각했는데, 준재벌이 아니라 이미 재벌 할머니였다. 인생이 꼭 돈으로 비교될 수는 없다고들 하지만, 피부로 느끼는 좌절감에 가슴이 쓰라렸다. 그래도 내색은 못하고 계속 말을 이었다.

"할머니, 그 정도면 벌이가 충분하시잖아요. 그런데 왜 여기서 채소를 팔고 계세요?"

"놀면 뭐 해. 그냥 좋아서 하는 거야. 건강에도 좋고, 등산하는 사람들 만나서 좋은 얘기도 듣고. 또 나처럼 나이 먹은 사람은 하는 일 없이 방구석만 지키면, 빨리 늙고 아프기만 해. 움직일 수 있을 때까지 일하는 게 건강에도 좋아."

할머니의 말을 듣다가 쓰린 속을 진정시키려고 하늘을 올려다 보았다. 오늘 등산 때부터 하늘이 꾸물꾸물하더니 점점 어둑어둑해지고, 갑자기 소나기라도 퍼부을 기세였다.

이야기를 나누던 할머니가 고개를 들어 하늘을 보시더니 재빨리 좌판의 채소들을 정리하기 시작했고, 때마침 굵은 빗방울이

후두둑 떨어졌다. 나도 안 되겠다 싶어서 할머니를 도와 간이 움막으로 채소들을 옮겨 드렸다. 대충 정리하고는 비를 피해야 하기에, 어쩔 수 없이 움막 안에서 할머니와 마주 앉게 되었다. 밖을 보니 빗방울은 어느새 굵은 소나기로 바뀌어 있었다.

"할머니, 혹시 담배 있나요?"

갑자기 담배 생각이 간절했다.

"산에서는 담배를 못 피우게 되어 있잖여!"

할머니는 벼락같은 소리로 나를 나무랐다.

"산이 다 뭐여? 음식점이건 커피숍이건 모든 건물에서 담배를 못 피우게 하잖아!"

"그래도 혹시 있으신가 해서 물어본 거예요…."

할머니의 지적에 찔끔한 나는 모기만 한 소리로 대꾸했다.

그러자 할머니는 간이 서랍을 뒤지시더니, 반쯤 남은 담배와 라이터를 꺼내 주셨다.

"어떤 사람이 맡기고 간 건데, 담배 생각나면 여기 와서 몰래 피우고 가더라고."

할머니가 다시 내게 물었다.

"뭔 일 때문에 땅이 꺼지라고 한숨을 쉰 게야?"

그런 일을 남에게 말하는 게 창피스러웠지만, 너무도 답답한 마음에 결국은 돈으로 상처받았던 이틀간의 모든 일을 털어놓게 되었다.

"어제 점심시간에 짬뽕을 시켰는데, 신용카드 한도가 차서 계산할 수 없었거든요. 그래서 계좌로 이체하겠다고 했더니, 중국집 배달원이 한심하다는 듯이 바라보고는 짬뽕 값을 받지 않고 서비스로 주더라고요. 나중에 알고 보니, 그 친구는 주식 투자로 수억 원을 벌었다고 하더라고요."

"총각, 그래서 자존심이 상한 게로군."

"솔직히 팀원들 앞에서 창피했죠. 거기다 그날 저녁 때는 떡집 사장님의 고급 외제차를 보고 또 충격을 받았는데, 할머니까지 부자이신 줄은 정말 몰랐어요. 그리고 같이 일했던 회사 후배도 코인 투자로 50억 원을 벌었는데, 호주로 이민을 간다더라고요."

"……."

"저는 열심히 공부해서 좋은 직장에 다니고 있다고 자부했거든요. 그런데 제 월급으로 내 집 마련은커녕 생활조차 빠듯하고, 앞으로도 희망이 보이질 않아요. 모아 놓은 돈도 없고요. 저만 벼락거지가 된 기분이에요…."

내 얘기를 듣고 있던 할머니가 혀를 차며 말했다.

"쯧쯧… 돈 얘기로구먼. 그래도 돈이 부족하다 싶을 때가 좋은 거야."

"무슨 말씀이세요. 돈이 많으면 삶이 달라지고, 하고 싶은 것도 다 하고. 돈 많으면 좋다는 건, 어린아이들도 다 알잖아요?"

"아이고, 그건 총각이 뭘 모르고 하는 소리야. 건물 관리와 세금 문제를 비롯해서 돈 굴리는 게 얼마나 골치 아픈 일인데. 월세는 뭐 거저 나오는지 알아? 거친 세입자라도 만나면 월세 받는 것도 쉽지 않아."

"……."

"돈 있는 사람들은 있는 대로 또 고민이 얼마나 많은데. 의사, 변호사, 사장이라고 다 돈 많은 줄 알아? 그런 사람 중에도 포장마차에서 소주 마시고 돈 낼 때, 부들부들 떠는 사람들도 있어. 돈이 많으면 많은 대로 또 고민이 있는 거야."

"저도 돈이 많아서 그런 고민 좀 해 봤으면 좋겠습니다."

"돈 없는 사람들은 잘 몰라. 돈 많아서 고민하는 게 얼마나 고통스러운지. 그저 겉보기에 좋아 보이니 부러워할 뿐인 게지."

"그래도 할머니는 돈 걱정 없는 부자잖아요."

"그래서… 총각도 부자가 되고 싶은 거야?"

"할머니, 세상에 부자 되기 싫은 사람이 어디 있습니까? 저도 정말 돈 많이 벌어서 부자 되고 싶어요."

"돈 많이 벌어서 뭐 하게? 비싼 외제차 타면서 주말마다 골프 치고, 예쁜 여자들이랑 해외여행 다니면서 인스타에 사진 올리고, 명품에 물 쓰듯이 돈 쓰며 흥청망청 살려고?"

"아닙니다! 저는 부자가 되면, 그렇게는 안 살 거예요."

"그럼, 어떻게 살려고?"

"저는 여유가 생기면, 소년 소녀 가장들을 도와주면서 살고 싶어요. 고급 룸살롱에서 하룻저녁 술값으로 쓰는 돈이면 그 아이들 몇 달 치 생활비인데, 그 돈이면 아이들의 인생이 바뀔 수도 있잖아요. 저는 그렇게 나눠 주고 도와주면서 살고 싶습니다."

"그런 일은 큰돈이 없어도 지금 당장 할 수 있어. 단돈 몇 만 원이라도 매달 정기적으로 기부해서 도와줄 수 있잖아?"

사실 적은 금액이지만, 매달 월급에서 자동이체로 어린이 구호

단체에 기부하고 있다. 하지만, 이 자리에서 할머니께 말씀드리고 싶지는 않았다.

"총각, 정말로 부자가 되고 싶어?"

"네. 부자가 되어서 어려운 아이들을 도와주고 싶어요. 물론… 지금처럼 쪼들리는 생활에서 벗어나고 싶은 욕심도 있고요."

"기특하네. 요즘 젊은 사람답지 않게 마음이 착해. 우리 애들도 총각 같은 마음을 가지고 살았으면 좋으련만. 욕심들만 많아서…."

할머니도 나름의 고민이 있는지 한숨을 쉬셨다.

"……."

잠깐의 침묵이 흐르고, 딱히 할 말이 없던 나는 움막 밖으로 시선을 돌렸다. 세차게 내리던 소나기는 어느새 보슬비로 변해 있었다. 내리는 비를 멍하니 바라보고 있는데, 할머니가 내 팔을 툭 쳤다. 나는 고개를 돌려 할머니를 쳐다보았다. 한숨을 내쉬던 조금 전의 표정과는 달리, 할머니의 눈빛은 밝게 빛나고 있었다.

"음… 내가 총각을 부자로 만들어 줄 수는 없어. 하지만, 총각에게 부자 되는 방법을 가르쳐 줄 수 있는 분을 알려 줄 수는 있는데…."

"할머니! 그게 정말이세요?"

"총각도 참, 내가 이 나이 먹고 실없는 소리를 할까."

나는 마치 다 죽어가다 살아난 사람처럼, 눈을 동그랗게 뜨고는 큰 소리로 물었다.

"그… 그분이 누구시죠?"

"그분은 백만장자도 아니고 '천만장자'로 불리는데, 자세한 건 나도 잘 몰라. 그분이 부자라는 걸 우연히 알게 되었지. 나도 그분에게 물어서 건물도 지었고, 돈 관리도 하고 있어."

"처… 천만장자라고요? 정말로 그런 분이 있어요?"

"뭘, 그렇게 놀라. 총각이 몰라서 그렇지, 우리 주변에 숨어 있는 부자가 얼마나 많은데. 아무튼, 총각이 그분을 봤을 수도 있어. 등산객들 중에 다리가 불편해서 지팡이를 짚고 산을 오르시던 인상 좋은 할아버지가 있는데, 기억이 나는지 모르겠네."

할머니 말씀을 듣고 보니, 어렴풋이 기억이 나는 것도 같았다. 지팡이에 의지해서 굉장히 힘들게 산을 오르시던 모습이 인상 깊었기에, 쉽게 떠올릴 수 있었다.

"그분이 몇 년 동안 꾸준히 등산을 하더니, 이제는 정상으로 회복되었다는 얘길 들었어. 본인 말로는, 의사가 거의 기적이라고 했데. 얼마 전에는 그분 또래의 지인들과 함께 단체로 등산을 다닌다는 소식도 들었어. 그분을 만나서 가르침을 받으면, 총각도 부자가 될 수 있을 거야."

갑자기 희망이 생기는 것 같았다.

'부자의 가르침을 받으면, 나도 부자가 될 수 있다고?'

할머니께서 진지하게 말씀하시는 것으로 봐서 농담을 하시거나 사기꾼을 소개하려는 것 같지는 않았다.

"어떻게 하면, 그분을 만날 수 있죠?"

"오늘이 무슨 요일이지?"

"토요일인데요."

"맞아. 그분은 토요일 오후 3시가 되면 저 아래 목욕탕 있지, 율곡사우나. 항상 그 시간에 거길 간다는 얘기를 들었어. 어여 가봐. 그분을 만나면 어떻게든 붙들어서 부자 되는 법을 배워 봐."

휴대폰의 시간을 보니, 2시 40분을 지나고 있었다. 서둘러 가면 만날 수도 있을 것 같았다. 마침 소나기는 그쳤고, 나는 할머니께 다음 주에 만날 것을 인사드리고는 뒤돌아서 목욕탕을 향해 뛰기 시작했다.

그분이 정말로 돈이 많은 천만장자인지, 나에게 부자가 되는 방법을 가르쳐 줄 것인지, 목욕탕에서 만날 수 있을 지도 알 수 없다. 하지만, 지금 내 처지에서는 지푸라기라도 잡고 싶은 심정이었다. 부자가 될 수 있다면, 뭔들 못하겠는가.

오랜만에 내리막길을 뛰어 내려왔더니 숨이 차고 무릎과 허리까지 아파 왔다.

'그래, 밑져야 본전이다. 일단 부딪쳐 보는 거야!'

왠지 모를 흥분과 기대감이 내 몸을 감싸기 시작했다.

'3시까지는 가야 하는데….'

"아차!"

그러고 보니, 할머니께 생수 값을 드리지 않았다.

자의든 타의든, 이틀간은 철저하게 공짜 인생이 되고 말았다.

2장

천만장자의
테스트를 받다

자네는 왜 부자가 되고 싶은가?

오늘, 토요일 오후 3시 10분.
등산로 입구에서부터 뛰기 시작해 목욕탕에 도착하니, 온몸이 땀으로 흥건했다. 나는 허리를 숙여 두 손을 무릎에 걸치고 가쁜 숨을 몰아쉬었다. 그런데 문득 이런 생각이 들었다.

등산로에서 몇 번 보기만 했을 뿐, 얼굴도 기억이 나지 않는다. 거기다 오늘 그분이 목욕탕에 들르는지, 또 그렇게 돈 많은 부자가 허름한 동네 목욕탕에 오는지도 의심스러웠다. 그런데도 나는 뭐에 홀린 듯, 할머니 말만 듣고 무작정 달려온 것이다.

부자가 되겠다고 이 자리에 서 있는 내가 한심스럽게 느껴져 헛웃음이 나왔다. 하지만 그러면서도 마음 깊숙한 곳에 똬리를 튼 부자를 향한 욕망이 목욕탕으로 빨리 들어가라고 나를 재촉했다.

'그래 이왕 여기까지 왔으니, 목욕이나 하고 가자. 그분을 만날 수 있으면 더 좋고….'

나는 개인적으로 목욕탕을 좋아한다. 우리나라에서 유일하게 서민이든 부자든, 평등하게 대우 받는 곳은 목욕탕뿐이라고 생각한다. 돈 만 원으로 개운함과 청결함, 피로 해소와 잠깐의 수면, 그리고 구운 달걀 까먹는 재미…. 우리나라 목욕탕은 여러 가지 혜택을 동시에 누릴 수 있는 유일한 가성비 짱의 공간이다.

뜨거운 온탕에 들어가 모래시계가 바닥에 찰 때까지 땀을 뻘뻘 흘리다 뛰쳐나와 냉탕에 뛰어들 때의 그 시원한 기분은 정말 죽인다. 늦은 밤 여자 친구를 바래다 주고 아쉬워하며 뒤돌아서는데, 여자 친구가 갑자기 다가와 찐한 키스를 해 주고는 뒤도 안 보고 집으로 뛰어들어 간다. 그런 여자 친구의 뒷모습을 눈에 담고 골목길을 돌아 나올 때, 세상을 다 얻은 것 같은 째지는 기분. 뭐 그런 느낌이 아닐까 싶다.

그런데 오늘은 목욕의 즐거움을 만끽할 상황이 아니었다. 머릿속은 온통 그분의 이미지로 꽉 차 있었고, 시선은 목욕탕을 찾은 이들 한 사람 한 사람을 훑고 있었다.

혹시 지금 옷을 벗는 사람 중에 천만장자가 있는지, 목욕을 끝내고 나가는 사람 중에 있는지, 탕 안에 있는지 도무지 알 수가 없었다. 최대한 천천히 옷을 벗으며 주위를 둘러봤지만, 천만장자처럼 보이는 사람은 눈에 들어오지 않았다.

'오늘은 안 오시는 날인가…?'

혹시나 하는 막연한 기대감을 안고 왔기에, 설령 만나지 못하더라도 크게 실망할 일은 아니었다. 나는 목욕을 하며 기다려 보기로 했다.

옷을 벗고 안으로 들어가 이를 닦고 머리를 감은 후, 탕 안에 몸을 담갔다. 발부터 쫙 풀려 오는 개운한 느낌이 온몸을 감싸 오며 피로가 풀리고 편안해지기 시작했다.

그렇게 점점 시간이 흐르자, 생면부지의 천만장자를 만나겠다고 무작정 목욕탕에 온 나 자신이 우습다는 생각이 들기 시작했다. 할머니의 말만 듣고 무작정 뛰어온 내가 무모했다는 생각도 들었다. 옛말에 '재물 복은 타고난다'고 했는데, 내가 '허황된 꿈을 좇는 것은 아닐까?' 하는 생각에까지 이르자, 희망 풍선에서 바람 빠지는 소리가 들리는 것 같았다.

탕 안에 몸을 담그고 있으니, 몸이 풀리면서 이마에 땀방울이 맺히기 시작했다. 그리고 나를 이 자리로 이끈 지난 며칠 동안의 일들이 주마등처럼 눈앞을 스쳐 갔다.

코인 투자로 50억 원을 번 후배.

중국집 배달원의 짬뽕 값 서비스.

떡집 사장님의 최고급 수입차.

채소 파는 할머니가 건물주라는 사실에 놀랐던 일.

이런 일들과 지금의 내 현실이 뒤섞여 녹아들며 탕의 따스한 기운에 졸음이 몰려오기 시작했다.

"톡!"

목욕탕 천장에 맺힌 물방울이 이마에 떨어져 튀기는 순간, 정신이 번쩍 들었다.

'내가 목욕탕에 온 이유는 천만장자를 만나 부자가 되는 방법을 배우기 위해서야…. 천만장자를 찾아야 해!'

정신을 가다듬은 나는 고개를 들어 주위를 둘러봤다.

아직도 천만장자로 보이는 사람은 없었다.

시선을 돌려 시계를 보니, 3시 40분을 가리키고 있었다.

혹시나 하고 탕에서 나와 사우나에 들어갔는데, 어떤 분이 머리에 수건을 두르고 가만히 앉아 계셨다. 피부로 봐서는 어느 정도 나이가 들어 보였지만, 수건에 가려서 얼굴을 확인할 수 없었다.

5분 정도 지나자, 피부가 따끔거리면서 머리부터 발끝까지 땀이 비 오듯 쏟아지고 있었다. 더 이상 버틸 수가 없어 사우나를 박차고 나와 냉탕으로 뛰어들었다.

시원함을 온몸으로 느끼며 개구리처럼 차가운 탕에 가만히 앉아 있는데, 사우나 안에 앉아 있던 그분이 머리의 수건을 젖히며 냉탕으로 들어왔다.

70대쯤으로 보이는 외모에 근엄한 인상의 노인이 입가에 잔잔한 미소를 머금고 있었다. 무엇보다도 눈빛이 선하고 따뜻해 보였다.

'혹시… 이분이 천만장자 아닐까?'

5분쯤 지나고 그분이 몸을 일으켜 냉탕에서 나와 본인이 잡아놓은 자리로 가는데, 걸을 때 오른쪽으로 약간 기우는 모습이 내 눈에 들어왔다. 바로 천만장자였다.

나는 재빨리 냉탕에서 나와 때타올에 수건을 말아 들고 그분 등 뒤로 다가갔다.

"어르신, 등 좀 밀어드릴까요?"

그분은 나를 돌아보시더니 빙긋이 웃으시며 말했다.

"젊은이, 고마워서 어쩌지…."

그리고는 인자한 표정을 지으신 후, 등을 구부려 내게 내미셨다. 순간, 내 머릿속은 온통 천만장자로부터 부자 되는 가르침을 받을 기회를 잡아야 한다는 생각뿐이었다.

'어떻게든 기회를 잡아야 해. 최선을 다해 시원스럽게 밀어드리자!'

나는 전문 세신사라도 된 듯이, 부위마다 적절히 힘을 주어 구석구석 시원하게 두 번씩 밀어드렸다. 그러고는 수건에 비누를 묻혀 거품으로 등을 문지른 후, 샤워기로 비눗기를 깨끗이 씻어드렸다.

"어르신, 됐습니다!"

그분이 뒤돌아보시며 말했다.

"내 앞에 앉게. 자네 등도 밀어 주겠네."

나는 플라스틱 의자를 끌어당겨 어르신 옆에 앉으며 이렇게 말씀드렸다.

"아닙니다, 어르신! 대신 제게 부자 되는 방법을 가르쳐 주시겠습니까?"

나는 두 손을 모아 무릎에 올리고는 얼굴과 목소리에 간절함을 담아 정중히 부탁드렸다.

내 말이 끝나자, 천만장자의 눈빛이 경계 모드로 바뀌면서 표정이 굳어지더니 이렇게 말했다.

"사람을 잘못 본 것 같군요. 나는 그런 사람이 아닙니다."

이 말과 함께 노인은 앞의 거울 쪽으로 몸을 틀어 돌아앉아 버렸다.

갑자기 서늘한 기운이 나와 천만장자 사이를 파고들었다. 쉽게 풀릴 것이라고는 기대하지 않았지만, 막상 일언지하에 거절을 당하고 보니 눈앞이 캄캄했다. 시작부터 난관에 부닥친 것이다.

'어떡하지? 이대로 물러서야 하나?'

그러나 여기서 포기할 수는 없었다. 나는 목욕 의자를 끌어당겨 천만장자 옆에 바싹 붙어 앉고는 이렇게 말씀드렸다.

"주말마다 동네 뒷산에 오르면서 어르신을 몇 번 뵌 적이 있습니다. 그리고 오늘 등산로에서 채소 파는 할머니로부터 어르신께서 이 시간쯤 목욕탕에 오신다는 얘기를 듣고 부자 되는 가르침을 얻으려고 무작정 왔습니다. 뭐든 가르쳐만 주신다면, 열심히 배우겠습니다."

나는 진심 어린 눈빛에 간절함을 담아 말씀드렸다.

"……."

"……."

나와 천만장자 사이에 어색한 침묵이 흘렀다.

그렇게 4~5분쯤 흘렀을까. 거울에 시선을 고정한 채 앉아 있던 천만장자가 고개를 돌려 내 얼굴을 뚫어지게 쳐다봤다.

천만장자와 나의 시선이 허공에서 맞부딪치며 얽혀 들었다.

천만장자의 눈빛은 강렬하게 빛나고 있었다. 그의 시선은 내 마음을 꿰뚫는 강렬한 눈빛이었고, 어린 시절 군것질을 하다가 엄마한테 들켜 버린 것처럼 내 심장은 쿵쾅거렸다.

그렇게 나를 지긋이 바라보던 천만장자가 천천히 입을 열었다.

"자네는 왜 부자가 되고 싶은가?"

"……."

천만장자의 질문을 듣는 순간, 내 머릿속은 팽이처럼 빠르게 회전하기 시작했다.

'어떤 대답을 내놓아야 기회를 잡을 수 있을까?'

'잘 먹고 잘 살고 싶어서?' 아니면 '소년 소녀 가장과 가난한 사람들을 도와주며 좋은 일을 하고 싶어서?'

지금 상황에서 이런 대답을 내놓을 수는 없었다.

나는 생각을 거듭한 끝에 어렵게 입을 열었다.

"진정한 자유인이 되고 싶습니다!"

"자네가 생각하는 '진정한 자유인'은 어떤 사람인가?"

"인생의 주인으로서 자기 인생을 남이 아닌, 스스로 결정할 수 있는 그런 사람입니다."

"이 목욕탕도 자네 스스로 결정해서 온 것 아닌가? 그럼 자네는 이미 자유인이 아닌가?"

"돈을 벌기 위해 출근하지 않아도 되는 자유. 제가 하고 싶은 일을 할 수 있는 자유. 원하는 사람만 만날 수 있는 자유. 어려운 사람들을 도와줄 수 있는 자유. 떠나고 싶을 때 언제든지 떠날 수 있는 자유. 세계의 이곳저곳을 여행할 수 있는 자유. 일출과 일몰을 바라보며 자연의 아름다움을 느낄 수 있는 자유. 천사 같은 여인을 영원히 사랑할 수 있는 자유…. 이 세상을 살면서 다양한 자유를 진정으로 누릴 수 있는 참 자유인이 되고 싶습니다."

"……"

아무 말없이 나를 바라보던 천만장자는 고개를 돌려 전면의 거울 속, 자신의 얼굴을 뚫어져라 바라보았다. 그렇게 한참을 생각에 잠겨 있던 천만장자가 나를 향해 이렇게 말했다.

"자네가 원하는 진정한 자유인이 되기 위해서는 돈이 필요하지. 그리고 그 돈을 벌기 위해서는 부자의 길로 들어서야 하네. 그러나 그 길은 결코 험난한 길이 아니라네. 부자가 되는 방법은 너무 쉽고도 간단해서 누구나 부자가 될 수 있지. 그런데 사람들이 부자가 되지 못하는 이유는 딱 두 가지 때문이라네. 자네는 그 이유가 뭔지 아나?"

"잘… 모르겠습니다."

"첫 번째 이유는 '게으름'이라네. 돈 버는 방법을 찾아보지 않는 게으름. 배운 것을 실천하지 않는 게으름. 절약하고 저축해서 목돈을 만들어 투자하지 않는 게으름. 문제를 외면하고 해결점을 찾지 않는 게으름. 스스로 정한 약속을 지키지 않는 게으름…. 모든 게으름은 절박하지 않기 때문에 생기는 것이네. 부지런하다고 해서 반드시 부자가 되는 것은 아니지. 하지만 게으름은 반드시 가난을 불러온다네."

"그럼… 두 번째 이유는 뭔가요?"

"두 번째는 '두려움'이라네. 실천에 대한 두려움, 잃는 것에 대한 두려움, 실패에 대한 두려움, 처자식과 미래에 대한 두려움, 새로운 일에 대한 두려움, 투자에 대한 두려움, 망하는 것에 대한 두려움, 재기 여부에 대한 두려움…. 이 모든 두려움의 원인은 부족한 지식과 경험, 그리고 나약한 의지 때문이네. 그로 인해서 사람들은 평생을 두려움에 짓눌려 평범하게 살아가거나, 오히려 가난해지는 것에 익숙해진다네. 그러나 돈에 대한 목표가 생기면 두려움은 극복되고, 게으름 역시 사라지게 된다네."

"……"

난생 처음 들어보는 게으름과 두려움의 정의에 대해 할 말을 잃은 나는 묵묵히 듣기만 했고, 천만장자의 말은 계속 이어졌다.

"두려움은 영어로 'Fear'인데, 무슨 약자들의 조합인지 아는가?"

당연히 알지 못하기에, 나는 침묵할 수밖에 없었다.

"……."

"F는 'False', E는 'Evidence', A는 'Appearing', R은 'Real'을 의미하네. 다시 말해서 잘못된 증거가 진짜처럼 보이지만, 진짜는 아니라는 말이지. 자네가 부자가 되고 싶다면, 게으름에 앞서 두려움을 먼저 극복해야 하네. 자네는 '두려움'을 극복할 준비가 되어 있는가?"

긴 설명 끝에 질문을 던진 천만장자는 내가 어떤 대답을 내놓을지 궁금하다는 듯, 미소 띤 표정으로 나를 빤히 바라보았다.

나는 천만장자의 질문을 듣는 순간, 무엇인지 모를 막연한 두려움이 가슴 깊은 곳에서부터 밀려왔다. 그런 한편으로 그 두려움을 극복하고 싶은 신비스러운 충동에 휩싸이고 있음을 동시에 느꼈다. 어차피 벼락거지 인생이란 걸 안 이상, 이제부터는 부자가 되기 위해 나 스스로 선택한 걸음이고 외길이었다.

"어떤 두려움도 극복할 준비가 되어 있습니다. 최선을 다하겠습니다!"

"최선을 다하는 것만으로는 부자가 되지 못하네. 최선을 다할 뿐만 아니라, 목표를 반드시 이루어 내야만 부자의 길에 들어설 수 있다네."

"네, 무엇을 말씀하시는지 잘 압니다. 제게 가르침을 주신다면 무엇이든 하겠습니다."

내 말을 들은 천만장자는 눈을 감은 채 생각에 잠겼다.

그렇게 잠깐의 시간이 지난 후, 눈을 뜬 천만장자는 강렬한 눈빛으로 내게 말했다.

"그런데 자네의 배움과 관련해서 세 가지 전제조건이 먼저 충족되어야 할 것이네."

"무슨 말씀이신지… 여쭤 봐도 될까요?"

"첫째, 내가 부자이어야 하고. 둘째, 내가 잘 가르쳐야 할 것이고. 셋째, 자네가 잘 배우는 똑똑한 학생이어야 할 것이네."

"……."

"첫 번째 조건에서 솔직히 나도 내가 부자인지 잘 모르겠네. 자네나 나나 이건희 회장 앞에서는 가난한 사람이 될 것이고, 노숙자 앞에서는 부자일 것이네. 두 번째, 잘 가르치는 것에 대해서도 확신이 서질 않네. 내가 하버드 대학 교수도 아니고, 재미있게 말 잘하는 전문 강사도 아니니 잘 가르칠 수 있을지도 의문이네. 어찌 보면 이 두 가지 조건은 내 문제이기에 그렇다고 치더라도, 더 큰 문제는 세 번째 조건이네. 오늘 처음 본 자네가 배움에 대한 열정과 기본 자세를 갖춘 똑똑하고 성실한 학생인지 알 수가 없다는 것이지."

결국 천만장자가 내건 전제조건의 숨은 뜻은 처음 본 나를 믿지 못하겠다는 의미였다. 천만장자의 의도를 눈치챈 나는 이렇게 말씀드렸다.

"제가 어르신께 배울 수만 있다면, 무엇이든 하겠습니다. 손으로 맨땅을 파라고 하시면 그렇게 하겠습니다. 저의 성실함과 열정을 입증할 수만 있다면, 그 어떤 것이라도 좋으니 저에게 기회를 주시기 바랍니다."

나는 여전히 두 손을 무릎에 가지런히 모은 채, 속마음이라도 꺼내 보일 듯한 간절한 눈빛으로 말씀드렸다.

나를 지켜보던 천만장자가 잠시 생각하는 듯한 표정을 짓고는, 이렇게 말했다.

"좋아! 자네의 청을 고려해 보겠네. 하지만, 나는 아무에게나 부자 되는 법을 가르쳐 주지 않아. 최소한 부자가 될 수 있는 기본 자질을 테스트해서 검증이 된 사람에게만 기회를 준다네."

"테스트라고요?"

"그렇네. 자네는 내가 제시하는 세 가지 시험을 통과해야 하고, 그것을 통과한 후에만 내 학생이 될 수 있지."

천만장자가 단호하게 물었다.

"준비되었나?"

"네!"

나도 모르게 아랫배에 힘이 들어간 목소리로 대답했다.

내 대답 소리가 너무 컸던 걸까. 목욕탕 안에 있던 사람들의 시선이 우리에게로 집중됐다. 벌거벗고 마주 앉은 젊은이와 노인. 마치 젊은이가 노인에게 훈계를 듣는 듯한 상황이 그들에게는 이상하게 보였으리라.

나는 창피하기도 했지만, 그들의 시선을 애써 무시하고 천만장자의 말에 귀를 기울였다.

저 사람들 중에 누가 부자인가?

"그럼, 첫 번째 문제를 주겠네."

나는 너무 초조하고 긴장한 나머지 마른침을 꿀꺽 삼켰다.

"지금 우리 앞에는 샤워기가 있고, 다섯 사람이 샤워를 하고 있네. 샤워를 하는 사람들 중에 누가 부자이고, 누가 가난한 사람인지 가려내 보게. 지금 시간이 4시 10분이니까, 4시 반까지 20분 안에 그 답을 찾아서 밖으로 나오게."

말을 마친 천만장자는 곧바로 자리에서 일어나 탕을 나가 버렸다.

멘~붕!

알몸으로 목욕하는 사람들의 무엇을 보고 부자와 가난한 사람을 구분하라는 말인가. 그렇다고 목욕 중인 사람에게 재산이 얼마나 되냐고 물어볼 수도 없고, 물어본들 가르쳐 주지도 않을 것이다. 오히려 미친놈 소릴 들을 게 뻔하다.

'하… 어떻게 해야 하지?'

첫 번째 문제부터 난관에 부딪힌 상황. 무슨 이런 문제가 다 있단 말인가. 첫 문제부터 돌아버릴 것 같았다. 그사이에 벌써 5분이 흘러 15분밖에 남지 않았다.

'다른 방법이 없어. 일단 최선을 다해 관찰하는 수밖에….'

나는 모든 말초신경을 열었다. 그러고는 마치 쥐를 잡는 고양이처럼, 온몸의 털을 바짝 세우고는 샤워하는 사람들의 행동을 유심히 관찰하기 시작했다. 그렇게 10분여가 지날 즈음, 처음에는 보이지 않던 행동들이 눈에 들어왔다.

샤워기를 틀어 놓은 채로 비누칠을 하거나 면도를 하는 사람들이 있는 반면, 어떤 사람은 샤워기를 잠근 후에 비누칠을 하거나 면도를 한다는 점이었다.

그리고 선반에는 치약이 세 개 놓여 있었는데 두 개는 새것이었고, 하나는 거의 다 쓴 치약이었다. 샤워를 하는 사람들 대부분은 새 치약의 가운데 부분을 푹 눌러 치약을 짜서 사용했다. 하지만 오직 한 사람만이 굳이 다 쓴 치약의 끝부분부터 쥐어짜서 겨우 나온 치약을 칫솔에 묻혀 사용했다.

그런데 관찰을 해 본 결과, 치약을 쥐어짜서 쓴 사람은 샤워기를 잠그고 비누칠했던 그 사람과 정확히 일치했다. 이런 행동의 차이가 부자와 가난한 사람을 구별하는 기준인지는 모르겠지만, 오랫동안 몸에 밴 습관임이 분명해 보였다.

고개를 돌려 시계를 보니, 정확히 4시 반. 천만장자가 정해 준 시간이었다. 내가 찾아낸 차이점이 천만장자가 원하는 답인지는 알 수 없지만, 달리 방법이 없었다.

탕을 나와 주변을 둘러보니, 천만장자는 탈의실 세면대에서 낡은 수건을 비틀어 짜며 마지막 물방울을 쏟아내고 있었다. 마른 수건이 저렇게 많이 쌓여 있는데, 굳이 본인이 쓴 수건을 짜고 또 짜서 몸의 물기를 닦고 있는 게 아닌가.

나는 수건 한 장을 집어 재빠르게 물기를 닦아내고는 천만장자

옆으로 다가가 섰다. 그러자 몸의 물기를 닦고 있던 천만장자가 나를 바라보면서 물었다.

"음료수 한 잔 하겠나?"

"네…."

내가 찾아낸 차이점이 천만장자가 원하는 답인지를 알 수 없었기에, 나는 불안감을 안은 채 천만장자의 뒤를 따랐다.

우리는 냉장고 문을 열어 각자 원하는 음료수를 집어 들었다. 천만장자는 매실 음료를, 나는 이온 음료를 선택했다. 계산대에 앉아 있던 직원이 음료수와 번호표를 확인하더니 노트에 금액을 적었다.

"저기 가서 앉지."

우리는 휴게실에 마련된 의자에 앉아 음료수 뚜껑을 열고 한 모금씩 시원하게 마셨다. 그러고는 한숨 돌릴 틈도 없이 천만장자가 내게 물었다.

"자, 이제 누가 부자이고, 누가 가난한 사람인지 말해 보게!"

내가 찾아낸 차이점이 정답인지 확실하지 않았지만, 다른 방법이 없었기에 자신감이라고는 전혀 없는 목소리로 이렇게 말씀드렸다.

"부자는 샤워기 앞에서 필요할 때만 물을 틀고, 필요하지 않을 때는 꼭 잠그는 습관이 있는 것 같습니다. 그런데 가난한 사람은 계속 틀어 놓은 채로 다른 행동을 합니다."

"또 있는가?"

"한 가지 더 발견한 것이 있다면, 치약을 쓸 때 가난한 사람은 새 치약의 가운데 부분을 푹 눌러 짜서 씁니다. 반면에 부자는 다 쓴 치약이라도 끝에서부터 쥐어짜서 사용하는 습관이 있는 것 같습니다."

"혹시 다른 점은 발견하지 못했는가?"

"네…. 제가 찾아낸 차이점은 그 두 가지입니다."

"내가 한 가지를 더 추가하지. 부자는 수건을 쓸 때 처음에 가지고 들어간 수건 한 장으로 목욕을 마친다네. 반면에 가난한 사람은 많게는 서너 장씩 수건을 사용한다네. 부자와 가난한 사람 사이에 왜 이런 차이가 있다고 생각하는가?"

"제 생각이 맞는지는 모르겠지만 부자들은 뭐든지 아껴 쓰는 반면에, 가난한 사람은 헤프게 사용하는 것 같습니다."

"내가 이렇게 설명하겠네. 부자는 자기 것이 아니라도 항상 아껴 쓰지. 왜 그런 줄 아는가? 그런 행동은 평소 몸에 밴 절약 습관이기도 하지만, 낭비하는 것을 몹시도 싫어한다네. 자기 것이 아니더라도 아껴 쓰고 소중히 사용하려고 하지. 이러한 사소한 습관들이 쌓여서 부자와 가난한 사람을 운명적으로 갈라놓게 만드는 것이라네. 없어서 어쩔 수 없이 아껴 쓰는 것과 있으면서도 절약하는 것은 하늘과 땅 차이지!"

천만장자의 말을 듣고 있던 나는 그가 가난한 사람들을 모두 비하하는 것 같아서 이렇게 물었다.

"그럼, 가난한 사람들은 모두 낭비한다는 말씀입니까?"

"내 말은 그런 뜻이 아닐세. 가난한 사람은 무언가 약간의 여유만 생기면 그 즉시 원하던 소비를 해서 다시 원래 상태의 가난으로 되돌려 버린다는 것이네. 그런데 부자는 소비하고 싶은 욕망을 참고 인내한다는 것이지. 그렇게 해서 생긴 약간의 여유를 투자로 연결해서 큰돈으로 만든 다음, 거기서 나온 이득으로 참고 미루었던 소비를 한다네."

천만장자의 설명을 듣고 보니, 전적으로 수긍이 가는 얘기였다. 나 역시 어쩌다 조금만 여유가 생기면, 해외 직구와 술 마시는 데 돈을 써 버리고는 바닥을 봐야 직성이 풀리는 그런 타입이었다. 그렇다면 부자들은 어떨까?

"그럼, 부자들은 모두 다 아껴 쓰고, 항상 절약하며 생활합니까?"

"모든 부자가 다 그렇다고는 할 수 없지. 하지만 자기 손으로 부를 일궈낸 사람들은 절약의 미덕과 아껴 쓰는 철칙을 항상 지킨다네. 그리고 자식들에게도 그 철칙을 따르도록 가르친다네."

나는 남은 이온 음료를 단숨에 들이켜고는 잔뜩 긴장한 채로 1차 관문 통과 여부에 대한 답을 기다렸다.

"좋아. 짧은 시간이었지만 중요한 것을 발견했네. 1차 관문을 통과한 것으로 인정하겠네."

너무 기뻤다. 평생 처음 보는 문제를 20분이라는 짧은 시간에 관찰한 결과가 정답과 일치했다는 말을 듣자, 스스로 대견스러웠다. 그와 동시에 부자로 가는 문턱에 아주 조금 가까워졌다는 생각이 들었다. 그러나 한편으로는 나머지 두 문제가 마음에 걸렸다.

'또 무슨 문제가 나를 시험에 들게 할지….'

구멍이 뚫린 페이지 수는?

"이제 두 번째 문제를 내겠네. 자네, 담배 피우나?"
"네. 어르신도 담배 드릴까요?"
"그러지. 모처럼 나도 한 대 맛보고 싶네."
나는 옷장을 열고 등산로 할머니에게서 받은 담배와 라이터를 꺼내 들고 왔다.
"옥상으로 올라가세."
옥상 휴게실에 올라가 야외 벤치에 자리를 잡고 담배에 불을 붙여 드렸다.
천만장자가 담배 한 모금을 빨며 이렇게 말했다.
"두 번째 문제는 산수 문제라네. 종이와 펜을 사용하지 말고 직관적으로 암산해 보게. 한 번만 얘기할 테니, 잘 듣기 바라네."
나는 학창 시절부터 수학에 유독 자신이 없었다. 천만장자가 수학 문제를 내겠다는 말을 듣는 순간, 내 심장은 다시 쿵광거리기 시작했다.
"도서관 서가에 전집 10권이 왼쪽 1권부터 오른쪽 10권까지 순서대로 꽂혀 있네. 각각의 책은 앞표지와 뒤표지가 있고, 본문은 100페이지로 구성되어 있지. 만약 1권의 책 앞표지부터 마지막 10권의 책 뒤표지까지 벌레가 구멍을 냈다면, 총 몇 페이지에 구멍이 뚫려 있을까? 이것이 두 번째 문제이네. 힌트를 주자면,

한 권의 책은 앞뒤 표지를 포함하여 102페이지이니까 단순하게 '1,020페이지'라고 생각할 수 있지. 하지만 그건 정답이 아니라고 미리 말해 주겠네."

"……."

두 번째 역시 처음 들어보는 문제였다.

"나는 내려가서 신문을 보고 있겠네. 담배 한 대 피우는 시간 안에 정답을 찾아오게."

말을 마친 천만장자는 한 모금 피운 담배를 재떨이에 버리고 옥상을 내려갔다.

또다시 멘~붕!

쉬워 보이는 듯하면서도 함정이 있어 보이는 문제였다.

종이와 펜을 사용하지 말고 암산으로 담배 한 대 피울 시간 내에 풀라고? 갑자기 담배를 피우고 싶은 마음이 싹 사라졌다.

책 한 권은 앞뒤 표지를 포함하여 총 102페이지인데, 천만장자가 1,020페이지는 답이 아니라고 했다. 따라서 정답은 무조건 이 숫자보다 작을 수밖에 없다.

일단 눈을 감고 도서관 서가에 10권의 책이 시리즈로 꽂혀 있는 모습을 상상해 보았다. 왼쪽 1권부터 시작하여 오른쪽 끝 10권까지 순서대로 꽂혀 있을 것이다. 다시 책 한 권으로 시각을 좁혀 보았다. 한 권의 책이 서가에 꽂혀 있다면, 정면에 책 제목이 보일 것이다. 그리고 왼쪽에는 책 뒤표지, 오른쪽에 책 앞표지가 있다. 벌레가 책에 구멍을 낸다면, 책 뒤표지부터 시작하여 책 앞표지까지 구멍을 내게 될 텐데….

'잠깐! 이상하다?'

천만장자가 낸 문제는 1권의 책 앞표지부터 마지막 10권의 책 뒤표지까지 구멍이 났을 때, 구멍이 뚫린 전체 페이지 수를 알아내는 것이다. 그런데 벌레가 구멍을 낸다면, 1권의 책 뒤표지부터 구멍을 뚫어야 하지 않나?

'아~ 그렇구나!'

나는 무릎을 '탁' 쳤다.

아래층 탈의실로 내려가 신문을 보고 있는 천만장자의 옆에 앉으며 이렇게 말했다.

"어르신, 정답은 818페이지입니다."

천만장자가 얼굴에 미소를 지으며 내게 물었다.

"어떻게 계산한 결과인가?"

"1권의 책 앞표지부터 벌레가 구멍을 내려면, 1권의 책 뒤표지와 본문 100페이지는 구멍이 뚫리지 않아야 합니다. 더불어 10권의 책 뒤표지까지만 구멍이 뚫려 있다고 했으니까, 마지막 10권의 본문 100페이지와 앞표지에는 구멍이 없어야 합니다. 그러므로 10권 전체 1,020페이지 중에서 1권의 101페이지와 10권의 101페이지, 총 202페이지는 구멍이 없어야 합니다. 따라서 1,020에서 202를 빼면 818. 구멍이 뚫린 전체 페이지 수는 818입니다."

"잘했네. 정답이네."

천만장자로부터 정답이라는 말을 듣자, 나는 안도의 숨을 내쉬었다.

"이 문제는 많이 배우고 적게 배운 것과는 전혀 상관이 없네. 평소와는 다른 관점으로 사물을 바라보고, 자신이 알고 있는 상식을 한 번쯤 뒤집어 보려는 노력이 필요한 문제였네."

"부끄럽지만 제가 수학에 약해서 계산적인 관점보다는 문제의 의도를 찾아내려고 시도했는데, 그 점이 통했던 것 같습니다."

"그렇네. '사람은 자신이 아는 것의 노예'라는 말이 있지. 자기의 틀 안에서만 생각하고, 그 틀 모양으로만 세상을 바라보고 판단하지. 틀을 바꾸거나 깨뜨리지 않으면 평생을 그 틀 안에서만 살다가 가난하게 죽는다네."

나는 고개를 끄덕이며 천만장자의 말에 귀를 기울였다.

"다른 예로 우리나라 돈으로 8만 원 하는 미국 기업의 주식이 있다고 가정해 보세. 이 주식이 어제 오전에 50% 올랐다가, 오후에 다시 50%가 빠져서 장을 마감했고, 다시 오늘 오전에 50%가 올랐다면, 현재 시가는 얼마일까? 이런 질문을 하면 대부분의 사람은 그냥 8만 원에 50% 상승분 4만 원을 더해서 12만 원이라고 틀린 숫자를 대답하네. 왜냐하면 50% 상승과 50% 하락을 상계하고, 오늘 오른 50%만 계산하기 때문이지. 학창 시절에 배웠던 수학 문제들을 그렇게 풀었으니까 이런 방식이 머리에 박힌 것이지. 그러나 차분히 계산해 보면 8만 원에서 50% 상승하면 12만 원이 되고, 이 12만 원이 다시 50% 하락하면 6만 원이 되네. 그 6만 원이 다시 50% 상승하면 9만 원이 되니까 정답은 9만 원인 것이네."

"그렇군요…."

"보통 사람들이 부자가 되지 못하는 이유 중의 하나는 가난한 사람들의 사고방식, 생활 습관, 미숙한 투자와 금전적 손실이 자신감 상실로 이어져 가난을 반복하기 때문이라네."

곰곰이 생각하니 맞는 얘기였다. 부자들의 생활 습관, 사고방식, 투자 기법 등에 대해 제대로 배울 기회도 없었고, 방법도 찾을 수 없었다. 그저 막연한 상상과 들려오는 얘기로만 추측할 따름이었다.

"자, 이제 목욕탕에서 나가세."

천만장자와 함께 옷을 입고 나가려고 할 때, 테이블에 앉아 있던 직원이 우리를 향해 말했다.

"음료수 값은 6,000원입니다."

천만장자가 지갑을 꺼내 이리저리 뒤졌다. 곁눈질로 살짝 훔쳐봤더니, 10만 원짜리 수표부터 100만 원짜리 수표까지 대략 몇 백만 원은 되는 것 같았다. 그런데 흔한 만 원짜리는커녕 천 원짜리 한 장이 없었고, 모두 수표뿐이었다. 그리고 신기하게도 지갑 속에는 신용카드가 한 장도 없었다.

나는 당연히 천만장자가 계산할 거라고 생각했다. 그런데 지갑을 뒤지던 천만장자가 나더러 계산하라며 눈짓을 하고는 훌쩍 나가 버리는 게 아닌가. 하는 수 없이 지갑에서 신용카드를 꺼내 계산하면서 이런 생각이 들었다.

'있는 사람들이 더 짜다고 하더니, 돈에 대해서는 더 무섭다니까.'

나는 부자가 되기 위한 수업료라 여기고 목욕탕을 나섰다.

천만장자의 초대를 받다

목욕탕 앞에서 기다릴 줄 알았던 천만장자는 보이지 않았다. 주변을 둘러보니, 목욕탕 앞 한쪽에 국내에서는 보기 드문 황금색 롤스로이스 한 대가 버티고 있었다. 내가 두리번거리는 사이, 롤스로이스 보조석 창문이 천천히 내려가면서 운전석에 앉은 천만장자가 보였다.

"자, 이리 와 타게."

생전 처음으로 타 본 롤스로이스였다.

"기사가 기다리고 있었는데, 주말이어서 돌려보냈지. 나도 가끔 차를 몰며 운전을 즐긴다네."

천만장자가 50여 미터 정도를 가다가 차를 세우더니, 나를 돌아보며 말했다.

"마지막 세 번째 문제는 천천히 내도록 하지. 아, 그리고 자네를 저녁 식사에 초대하고 싶은데, 어떤가?"

나는 한 치의 망설임도 없이 곧바로 대답했다.

"네, 가겠습니다."

"그럼, 저녁 7시까지 트럼프호텔로 오게. 이따 보세."

나는 차에서 내려 정중히 인사한 후, 문을 닫았다.

롤스로이스는 눈 위의 썰매처럼 부드럽게 미끄러져 눈앞에서 사라졌다. 멀어져 가는 차를 바라보고 있으려니, 지난 몇 시간이 몇 년간의 추억처럼 머릿속을 스쳐 갔다.

 내가 지금 잘하고 있는 건지, 무엇에 홀린 건지 혼란스럽기만 했다. 하지만 지금까지 나를 지배해 온 고정관념이 흔들리고 있다는 느낌과 함께 내 안에서 무언가 변하고 있음을 알아차렸다. 그리고 그 변화가 긍정적일 것이라는 확신이 들었다.

 천만장자와의 저녁 식사에서 어떤 진수성찬을 먹게 될지 궁금하기도 하고, 부담스러워서 제대로 먹을 수 있을까 하는 걱정도 들었다. 하지만 평생에 한 번 올까 말까 한 부자 되는 기회를 놓칠 수는 없었다. 이왕 내친걸음이고, 이미 틀어쥔 줄기이니 끝까지 뿌리를 봐야겠다는 의지로 하늘을 올려다보며 두 주먹을 불끈 쥐었다.

 나도 부자가 되어 보는 거야!

 부자들이 걷는 황금 카펫을 밟아 보는 거야!

 가즈아~ 부자의 길로!

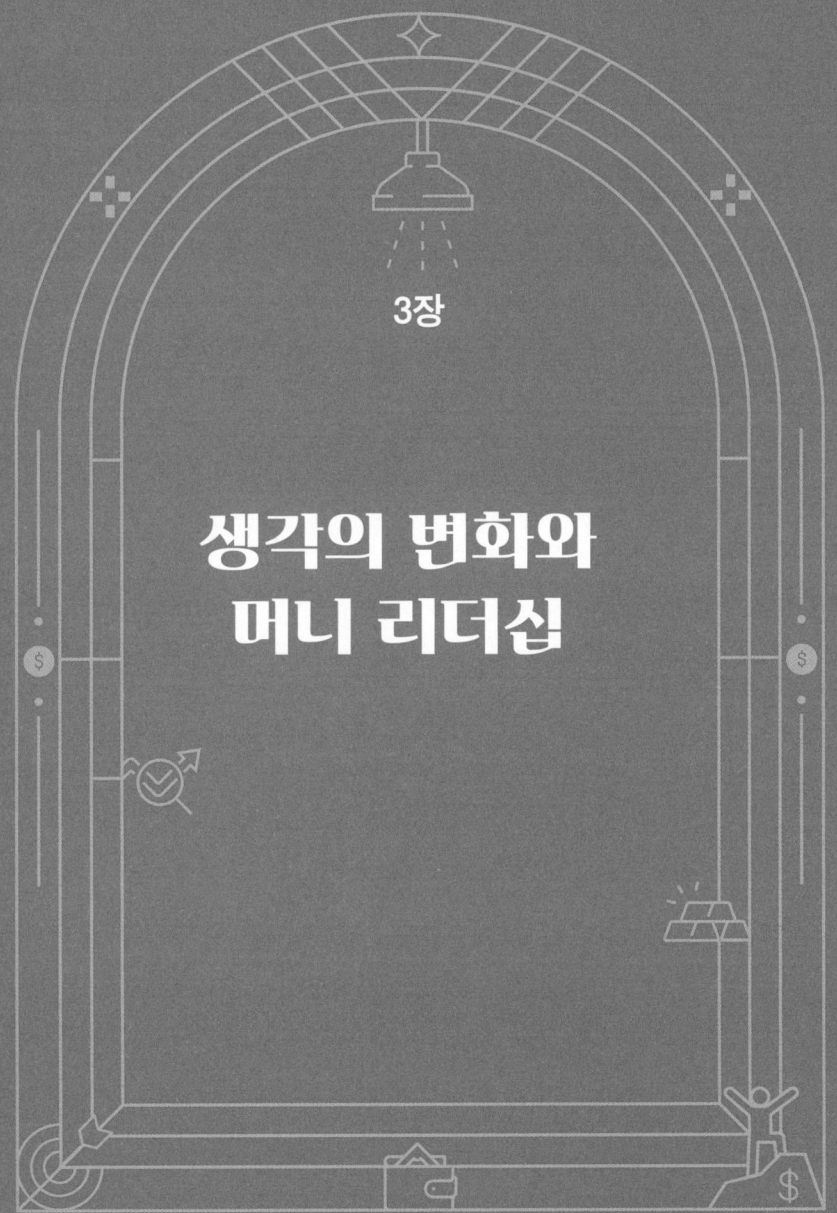

3장

생각의 변화와
머니 리더십

첫눈에 반하다

오늘, 토요일 오후 6시 30분.

나는 천만장자와 헤어진 후, 집으로 돌아와서 잠깐 휴식을 취했다. 오는 길에 스타벅스에서 사 온 커피를 마시며 목욕탕에서 있었던 일을 떠올리자 저절로 웃음이 나왔다.

맨땅에 헤딩 하듯이 시작한 일이 현실이 되었으니, 어찌 기쁘지 않겠는가. 뭔가를 해낸 것 같은 성취감이 들기도 했지만, 앞으로 벌어질 일에 대한 기대와 불안감이 뒤섞인 탓에 마음은 혼란스럽기만 했다.

그렇게 시간을 보내던 나는 약속 시간에 늦지 않기 위해 차를 운전해서 트럼프호텔로 출발했다.

호텔에 도착한 시간은 6시 30분.

다행히 도로에 차가 많지 않아서 약속 시간보다 일찍 호텔에 도착할 수 있었다. 그런데 막상 와서 보니 어떤 식당을 예약했는지, 어느 방에 묵는지에 대한 정보가 전혀 없었다. 심지어 천만장자의 이름도 모르는 나는, 남산에 올라 김 씨를 찾는 꼴이 되고 말았다. 나의 부주의함 때문에 난처한 상황에 놓이고 만 것이다.

'어떻게 천만장자를 찾지?'

망설이며 주차장을 한 바퀴 도는데, 천만장자가 타고 갔던 황금색 롤스로이스가 눈에 띄었다. 얼른 운전석 창문을 내리고 주차원에게 물어보았다.

"저기 롤스로이스 타시는 분을 만나러 왔는데, 혹시 어디 계시는지 알 수 있을까요?"

주차원이 미소를 짓고는 내게 물었다.

"KP님을 만나러 오셨습니까?"

내가 무슨 말인지 이해하지 못하는 표정을 짓자, 주차원은 이렇게 말했다.

"저희는 그분을 'KP님'이라 부릅니다."

"아… 네. 저는 7시에 그분을 만나기로 약속한 사람입니다."

그러자 주차원이 손에 든 무전기를 들고 'KP 7시 손님'이라고 속삭이더니, 내 차의 문을 열며 말했다.

"저희가 주차해 드리겠습니다. 정문을 통과하시면 안내해 주실 분이 마중 나올 겁니다."

나는 얼떨결에 차에서 내려 호텔 정문으로 향했다.

자세를 가다듬고 회전문을 통과해서 호텔 로비로 들어서는데, 한눈에 쏙 들어오는 뛰어난 미모의 여성이 나를 향해 걸어오는 모습이 보였다.

첫눈에 시선을 사로잡는 외모가 무척 인상적이었다. 뭐라고 표현해야 할까? 동양과 서양의 아름다움이 적절히 혼합된 미스 유니버스급 미인이었다. 빨간색 치마에 하얀 재킷이 너무나 잘 어울렸고, 드러난 목선은 남성의 마음을 흔들 정도로 자극적이었다. 그녀의 아름다움에 반해 다시 한 번 쳐다보고 싶었지만, 속물이 되고 싶지 않았던 나는 애써 눈길을 다른 데로 돌렸다.

그런데 그녀가 내 앞에 다가와 섰다.

"KP님을 만나러 오셨습니까?"

쳐다보기만 해도 숨 막힐 정도로 아름다운 여자가 내게 말을 걸고 있었다.

"그분과 7시에 약속이 되어 있습니다."

"그럼, 저를 따라오세요."

한 손에는 태블릿 PC, 다른 손에는 작은 무전기를 들고 걸어가는 뒷모습도 아름다웠다. 나는 주인을 따르는 충실한 강아지처럼 그녀의 뒤를 따라 로비의 커피숍으로 들어섰고, 직원이 우리 두 사람을 창가 쪽 테이블로 안내했다.

"우선, 차 한 잔 드시겠습니까?"

"약속 시간이 얼마 남지 않았는데…."

"지금 KP님께서는 미팅 중이시라, 저에게 마중을 부탁하셨습니다."

"그럼, 커피로 하겠습니다."

그녀와 마주 앉으니, 빼어난 아름다움에 숨을 제대로 쉴 수가 없었다. 마치 회사 대표님과 마주 앉아 있는 것처럼, 부담스러워서 쳐다보지 못하고 딴청을 부리며 조심스럽게 말을 걸었다.

"저… 궁금한 게 있는데, 물어봐도 될까요?"

"네, 물어보시죠."

"그분을 'KP님'이라고 부르시는데, 그분 성함의 약자인가요?"

그녀가 빙그레 미소를 지으며 답했다.

"K.V.I.P.를 줄여서 'KP'로 씁니다. 저희 호텔에서는 알파벳 스물여섯 자를 기준으로 26명의 VIP 회원을 모시고 있습니다. 오늘 만나시게 될 그분께서는 K를 선택하셨기 때문에, 저희는 'KP'로 부릅니다."

나는 호기심을 참지 못하고 다시 물었다.

"그럼, 어떤 기준으로 26명의 VIP를 선정했나요?"

"여러 가지 기준이 있습니다만, 차차 말씀드릴 기회가 있을 겁니다. 그리고 한 가지 정정할 것은 스물여섯 분의 VIP가 아니고, 현재는 스물다섯 분의 VIP가 계십니다. 마지막 남은 한 분은 Z를 사용하시게 됩니다."

"제 생각에는… 앞으로 VIP들이 더 늘어날 텐데, 26개의 알파벳만으로는 부족하지 않을까요?"

"저희는 스물여섯 분만을 집중적으로 관리할 계획입니다."

"특별한 VIP들이니까 회원 가입 절차나 연회비, 탈퇴 등에 관한 내부 규정도 있겠죠?"

"전혀 없습니다. 다만, 저희는 회원들을 위한 정기 모임을 한 달에 한 번씩 개최하고 있습니다."

"회비도 받지 않고 그런 서비스를 제공하면 호텔 입장에서는 손해가 아닌가요?"

"꼭 그렇게만 볼 수는 없습니다. 예를 들어, VIP 분들이 해외에서 오는 손님들을 이곳에 묵게 하거나 1,000명 이상이 참가하는 연회 행사를 1년에 한두 번씩만 기회를 주셔도 대형 연회와 그에 따르는 부수적인 소규모 연회 및 부대 행사를 포함한다면 의미가 있다고 봅니다."

"한 마디로 '빅 피처(big picture : 큰 목적을 위해 계획을 크게 짠다는 의미)'군요!"

"쉽게 설명하면, 먼저 서비스를 제공하고 나중에 저희 호텔이 대접을 받는 것이라고 할 수 있습니다."

재킷의 왼쪽 가슴에 달린 금박 명찰이 번쩍거려 이름이 잘 보이지 않았는데, 자세히 보니 '이세화'라고 적혀 있었다.

'이세화!'

그녀는 겨울에 하얀 눈밭을 뛰노는 고결한 한 마리 꽃사슴 같은 분위기로 나에게 다가왔다. 이미 내 머릿속에는 그 사슴을 잡기 위해 눈밭을 이리 뛰고 저리 뛰는 장면이 그려지고 있었다.

나 혼자만의 상상의 나래는 그녀의 목소리에 놀라 순식간에 흩어지고 말았다.

"여기 제 명함입니다. '이세화'라고 합니다."

그녀가 자신의 명함을 내밀었고, 나 또한 명함을 건네며 이름을 밝혔다.

"저는 '선우 민철'이라고 합니다."

그녀의 미모와 첫인상에 반한 나는 초면임에도 불구하고, 그녀의 기억 속에 나를 각인시키고 싶었다. 가수 비가 김태희를 잡았듯이, 용기 있는 자만이 미인을 얻는다고 하지 않았던가. 그래서 용기를 내어 이렇게 말했다.

"세화 씨, 사무실로 립스틱 하나 선물로 보내드려도 될까요?"

당황한 이세화가 눈을 동그랗게 뜨고는 내게 물었다.

"초면이고 만난 지 10분도 안 됐는데, 선물을 주신다고요?"

"세화 씨를 위한 선물이 아니라, 저를 위한 선물입니다."
"네?"
이세화가 어리둥절한 표정으로 나를 바라보았다.
나는 그런 이세화를 마주 바라보며 말했다.
"연구 결과, 남자들은 립스틱을 평생 여섯 개에서 스물세 개 정도를 먹는다고 합니다. 제가 선물하지만, 결국 제가 먹을 거니까 저를 위한 선물이지요. 그렇다고 제가 립스틱을 까서 직접 씹어 먹지는 않을 거예요."
내 말이 끝나자, 이세화의 얼굴은 물론 귀까지 발그스레 물들었다. 나와 눈을 마주치지 못한 이세화가 눈을 내리깔고 한 손으로 입을 가리며 웃었다. 웃음 뒤에 나와 마주친 이세화의 눈빛에는 인연이 닿을 수 있음을 암시하는 듯한 무언가가 담겨 있었다.
바로 그때, 이세화와 나 사이의 어색한 분위기를 깨려는 듯 테이블 위에 놓인 무전기가 삑삑거렸다.
이세화와 나는 커피숍을 나와 엘리베이터를 향해 걸어갔다.
이세화의 뒤를 따라 걷는데, 갑자기 긴장되기 시작했다.
어린 시절, 해가 뉘엿뉘엿 넘어갈 때까지 운동장에서 뛰놀다가 나를 데리러 오신 엄마를 보고 놀란 그 순간처럼 말이다.
엘리베이터 앞에 이르자, 이세화가 나를 멈춰 세웠다.
"고객 등록을 위해 사진 한 장 찍겠습니다."
그러고는 자신의 태블릿 PC를 내 얼굴 높이로 들어올렸다.
내가 손가락으로 V 자를 만들자, 이세화가 빙그레 웃으며 이렇게 말했다.

"소풍 사진 아니에요. 손가락은 내려주세요."

이세화가 사진을 찍은 후, 태블릿 PC를 내밀며 개인 정보 '동의'란에 서명해 달라고 했다.

"왜 이런 게 필요하죠?"

"저희 호텔의 특수 고객들은 안면인식 기술을 적용한 인공지능으로 서비스하고 있습니다. 이제부터 저희 호텔에서의 모든 결제는 인공지능이 자동으로 인식하여 처리하기 때문에, 별도로 서명하실 필요가 없습니다. 엘리베이터는 음성인식으로 작동하는 VIP 전용 칸을 이용하시면 됩니다."

설명과 함께 신용카드 크기의 노란색 마그네틱 카드를 건네주었다. 그럴 일은 거의 없지만, 인공지능의 오류에 대비하기 위한 위치 및 신분 확인용 보안카드라는 설명도 덧붙였다.

이세화가 내미는 마그네틱 카드를 받으면서 엉겁결에 그녀의 손가락 두 개가 내 손을 스쳤다. 부드럽고 따뜻한 느낌이 좋았다. 하지만 이세화는 모른척하고 내게 인사를 건넸다.

"그럼, 또 뵙겠습니다."

"바쁘실 텐데, 친절한 설명 감사합니다."

뒤돌아선 이세화는 세련되고 반듯한 총총걸음으로 사라졌다. 내심 '이게 마지막은 아니겠지' 하는 아쉬움이 컸지만, 천만장자와의 만남을 앞둔 긴장감으로 인해 아쉬움은 금세 사라졌.

VIP 전용 엘리베이터 문이 열렸다.

걸음을 옮겨 안으로 들어서자, 문이 닫히면서 엘리베이터의 스피커에서 음성이 흘러나오기 시작했다.

"KP님을 만나러 오신 선우 민철 님께 감사드립니다. 필요하신 사항이 있으시면 언제든 말씀해 주시기 바랍니다. 바로 서비스 하겠습니다. 뜻깊은 시간 되시기 바랍니다. 감사합니다."

통상적인 인사말이 아니라, VIP 방문객을 진정으로 배려하고 있음이 느껴지는 멘트였다.

엘리베이터가 고속으로 올라가더니 멈춤과 동시에 문이 열렸다. 밖으로 나오니 전면이 거울이었다. 마치 육면체의 거울 속에 들어온 것 같은 착각이 들었고, 영화 〈큐브〉의 한 장면처럼 느껴졌다.

갑자기 거울이 자연스럽게 움직여 문이 열렸다.

은은한 조명의 불빛 아래 긴 복도가 드러났고, 바닥에는 붉은 양탄자가 깔려 있었다. 복도의 중간쯤에 밝은 조명이 반대편의 문을 비추고 있어, 그 방에 내가 만나야 할 천만장자가 묵고 있음을 암시해 주고 있었다. 복도를 따라 걸으며 둘러보았는데, 각 방에는 번호 대신에 알파벳이 한 자씩 붙어 있었다.

드디어 K 자가 붙은 천만장자의 방 앞에 섰다.

긴장되고 떨리는 마음을 깊은 호흡으로 안정시키고 손잡이를 찾았는데, 문에는 손잡이가 없었다.

'어떻게 문을 열지? 노크를 해야 하나?'

어찌할 줄 몰라 당황한 순간, 문에 붙은 모니터에 이세화가 찍은 내 사진이 뜨면서 문이 부드럽게 열렸다.

방의 전면이 시야에 들어왔다.

무척 궁금했다. 천만장자들은 어떤 방에 묵는지, 방의 구조, 침대, 가구, 샹들리에, 칵테일 바 등 모든 것을 알고 싶었는데 드디어 궁금증이 풀릴 시간이다.

그러나 나는 깜짝 놀라고 말았다.

그 방은 내가 예상했던 고급스럽고 화려한 방이 아니었다. 전원 카페에 들어온 듯한 착각에 빠질 정도로, 1960년대의 시골 분위기가 그대로 연출되어 있었다. 소달구지가 벽에 세워져 있었고, 문갑, 창호지, 항아리, 장구, 꽹과리, 북 등이 잘 어울려 배치되어 있었다.

장식물 중에는 어린 시절 할머니께서 애지중지하시던 싱어(Singer) 재봉틀도 보였고, 내가 갖고 싶었던 빈티지풍의 마크레빈슨 턴테이블과 매킨토시 앰프도 보였다.

특이한 점은 한쪽 벽에 아홉 개의 QHD가 연결된 대형 모니터였다. 아마도 화상 회의 및 금융 시세판으로 사용하는 것 같았다.

거실 중앙에는 대형 회의용 테이블이 있었고, 그 끝에 앉은 천만장자가 나를 기다리고 있었다.

"어서 오게, 젊은이."

두리번거리는 나를 의식한 듯, 내게 물었다.

"방의 분위기가 특이한가?"

"예, 경기도 외곽의 전원 카페가 떠오릅니다."

"그래. 나는 이런 분위기를 좋아해서 호텔에 부탁했더니, 마음에 들게 잘 꾸며 주더군. 우리 식사하면서 이야기를 나누도록 하지."

나는 꽤 긴 테이블을 사이에 두고 천만장자의 건너편에 앉게 되었다. 테이블에는 청와대 만찬에서나 볼 수 있었던 큰 쟁반에

국, 반찬 등이 정갈하게 놓여 있었고, 그 옆에 캔 맥주가 하나 놓여 있었다.

약간 실망스러웠다. 상어알, 곰 발바닥 요리, 제비집 요리, 하다못해 훠궈라도 나올 줄 알았는데, 평범한 된장국에 캔 맥주라니…. 부자들은 인색하다는 말처럼, 준비된 저녁 식사는 너무나 평범했다.

천만장자가 캔 맥주를 따서 건배를 제의했다.

너무 멀어서 캔을 부딪칠 수는 없었지만, 눈높이만큼 치켜들었다. 그러자 천만장자가 물었다.

"무엇을 위해 건배하지?"

나는 망설이지 않고 바로 제의했다.

"진정한 자유인을 위하여~. 어떻습니까?"

"좋군. 진정한 자유인을 위하여!."

"진정한 자유인을 위하여!."

건배 제의와 함께 캔맥주를 절반쯤 들이켜고 식사를 시작했다. 반찬은 깔끔했지만, 나로서는 거의 굶는 식사나 다름없었다. 천만장자와 보조를 맞추려니 식사 시간이 더디게 느껴졌다.

천만장자가 식사를 하면서 물었다.

"자네, 집에서 저녁 식사를 하는 경우가 1년에 몇 번쯤 되는가?"

갑자기 무슨 황당한 질문인가? 내 생각에는 '1년에 몇 번이나 밖에서 저녁 식사를 하는가?'라고 물어야 올바른 질문 같은데, 그 반대로 물었다. 물론 부자들은 바쁘고 인적 교류도 많기에 점심, 저녁을 밖에서 먹는 경우가 대부분일 것이다. 하지만 그렇더라도 '1년이 아니라, 1주일에 몇 번 정도 밖에서 저녁을 먹고 들어가는가?'라고 묻는 게 정상 아닌가?

"1주일에 두 번 정도는 밖에서 먹습니다."

"나는 1년에 2주 정도는 집에서 저녁 식사를 하고, 나머지는 밖에서 사람들을 만나서 먹는다네."

1년에 2주면, 한 달에 한 번 정도만 집에서 저녁 식사를 한다는 얘기인데, 부자들은 원래 그렇게 바쁘게 사는 건가?

나에게는 꽤나 놀라운 얘기였다.

지금 만날 수 있는 전문가는 몇 명인가?

"내가 저녁 식사 횟수를 물어본 이유를 말해 주겠네. 자네는 젊은 사람이니까, 컴퓨터를 잘 다루겠지?"

컴퓨터라면 어느 정도 자신이 있었다. 필요한 부품을 직접 구입해서 원하는 사양의 PC를 조립하는 데는 3시간이면 충분하다. 문과생치고는 프로그램들과 코딩에도 나름대로 실력이 있다고 자부하기에, 자신 있게 대답했다.

"최고는 아니지만, 잘 다룹니다."

천만장자의 질문이 이어졌다.

"자네는 컴퓨터를 배울 때, 처음부터 끝까지 책을 보면서 배웠나?"

컴퓨터 관련 서적이나 잡지를 사 보며 꾸준히 공부하고 있지만, 처음부터 끝까지 책을 보면서 컴퓨터를 배웠다고는 생각되지 않았다. 그냥 하다 보니 알게 된 것뿐이다.

"관련 서적을 구입해서 보기는 했지만, 처음부터 끝까지 책을 보면서 배우지는 않았습니다.

"그렇군. 만약 컴퓨터를 사용하는 중에 문제가 생기면, 자네는 어떻게 해결하는가?"

"일단 스스로 문제 해결을 시도해 보고, 그래도 안 되면 책과 인터넷을 찾아보거나, 컴퓨터를 잘 아는 사람에게 물어서 해결합니다."

"컴퓨터를 잘 아는 사람은 어떤 사람들인가?"

"컴퓨터의 달인이라고 부를 수 있는 전문가들입니다. 아마추어도 있고, 프로 중의 프로들도 있습니다."

"바로 그거네! 전문가를 만나면 자네가 해결하지 못하는 문제도 그들은 쉽게 풀어내지. 예를 들어, 자네가 일주일 동안 고민했던 문제를 혹시나 해서 회사 선배에게 물어보았더니, 그 선배는 전화 몇 통으로 금방 해결하는 것을 본 적이 있을 것이네. 부자가 되는 것도 같은 방식이네. 돈에 관한 전문가들을 만나서 묻고 배운다면, 누구나 부자가 될 수 있지."

내가 고개를 끄덕이며 수긍하자, 천만장자가 물었다.

"다시 묻겠네. 자네가 지금 전화해서 당장 만날 수 있는 컴퓨터 전문가는 다섯 명 이상인가?"

소위 '전문가'로 인정받는 사람은 내 주위에 열 명도 넘었기에, 자신 있게 대답했다.

"네, 최소한 다섯 명 정도의 전문가는 즉시 만날 수 있습니다."

"그럼, 돈에 관해서 즉시 만날 수 있는 전문가는 몇 명인가?"

나는 이어진 천만장자의 질문에 말문이 턱 막혔다.

내가 즉시 만날 수 있는 돈에 관한 전문가는 솔직히 한 명도 없었기 때문이다. 내가 다니는 회사의 대표도 자수성가하여 성공한 기업인으로서 돈에 관한 전문가로 볼 수 있지만, 지금 전화해서 당장 만날 수 있는 사이는 아니다. 친구 중에 펀드매니저가 한 명 있지만, 운용했던 펀드가 코로나 때 70%나 손실을 보는 바람에 쫓겨났다. 그러니 그를 돈에 관한 전문가로 볼 수는 없었다.

"죄송합니다만… 한 명도 없습니다."

"부자가 되려면 돈에 관한 전문가를 많이 알아야 하고, 그런 사람들을 자주 만나야 한다네. 돈은 돈을 부르고, 성공은 성공을 부른다는 말도 있지 않은가."

"하지만 저와 같은 평범한 소시민이 돈에 관한 전문가를 만나는 건… 현실적으로 어렵다고 생각합니다."

내가 부정적인 입장을 취하자, 천만장자가 물었다.

"자네는 왜 그런 사람들을 만날 수 없다고 생각하지?"

"제가 부자가 아니기 때문에, 그런 사람들을 만날 수 없다고 생각합니다."

"바로 그런 생각 때문에 자네가 부자가 되지 못하는 걸세. 돈이 없어서, 부자가 아니라서 돈에 관한 전문가들을 만나지 못할 거라고 단정 짓는 것은 매우 잘못된 생각이네. 돈이 없어도, 부자가 아니라도 그런 전문가들을 언제든 만날 수 있다고 생각을 바꿔야 하네. 자네에게 1년에 몇 번이나 집에서 저녁 식사를 하느냐고 물은 이유는, 그런 전문가들을 만나기 위해 시간을 투자하고 기회를 잡으라는 개념으로 말한 것이네."

식사를 마친 천만장자가 수저를 내려놓으며 말했다.

"자, 이제부터 자네의 기본적인 생각을 바꿔 주겠네. 돈이 없어도 돈에 관한 전문가를 만날 수 있다는 생각, 돈이 없어도 돈을 벌 수 있다는 생각, 돈이 없어도 부자가 될 수 있다는 생각과 믿음을 주겠네."

천만장자가 고개를 들어 허공에 대고 얘기했다.
"테이블을 치우고 솔잎차를 주게."
그러자 바로 문이 열렸고, 밖에서 대기하고 있던 직원이 들어와 테이블을 정리한 후 솔잎차를 한 잔씩 내려놓고 나갔다.

인식의 지도와 부자의 지도

천만장자가 찻잔을 들어 한 모금 마시고 내려 놓으며 대화를 시작했다.

"미국의 심리학자 에드워드 체이스 톨만 교수의 '인식의 지도(認識地圖)' 이야기부터 하겠네."

갑자기 심리학자 이야기가 나와서 조금 의아스러웠지만, 일단 천만장자의 말에 귀를 기울였다.

"영어로는 'Cognitive Maps'라고 하는데, 톨만 교수는 생쥐를 대상으로 이런 실험을 했네. 매일 생쥐 한 마리를 미로 속에 가두고 반대쪽에 먹이를 놓았지. 그 생쥐가 냄새를 맡고 먹이를 찾아 미로의 이곳저곳을 다니다 마침내 먹이를 찾았네. 그리고 그 다음 날도, 또 그다음 날도 미로에 생쥐를 풀어 놓고 같은 위치에 먹이를 두면 실수를 거듭하던 생쥐가 어느 순간부터는 어려움 없이 최단 거리로 먹이를 찾게 되지. 이것은 생쥐의 뇌에 먹이의 위치가 인식되어 자동으로 먹이가 있는 장소로 이동하게 되는 것이지. 생쥐의 뇌에 먹이를 찾아가는 지도가 그려지고, 이것을 '인식의 지도'라고 하네."

"톨만 교수의 연구 결과인지는 몰랐습니다만, 한 번쯤 들어본 얘기입니다. 그런데 생쥐에게 새겨진 지도와 부자와는 어떤 관계가 있습니까?"

"그 인식의 지도 때문에 부자는 더욱 부자가 되고, 가난한 사람은 점점 더 가난하게 되네. 왜냐하면 부자는 '부자의 지도'를, 가난한 사람은 '가난의 지도'를 가지기 때문이지."

"그럼 가난한 사람은 부자의 지도를 손에 쥘 수 없습니까?"

"물론, 가난한 사람도 부자의 지도를 가질 수 있고, 당연히 그렇게 해야만 부자가 될 수 있는 것이네. 부자는 더 큰 부자가 되고, 가난한 사람은 더욱 가난해진다는 재미있는 이야기가 있지. 독일 출신으로 세계적인 동기 부여 전문가이자 멘탈 코치인 '보도 셰퍼'가 쓴 책에 보면 이런 이야기가 나오네."

나는 호기심 가득한 얼굴로 다음 말을 기다렸다.

"만약, 내일 아침에 대한민국 국민의 모든 재산을 몰수하여 전 국민에게 1인당 5천만 원씩 공평하게 나누어 주면 어떻게 될 것 같은가? 내일 저녁이 되면 전 국민의 반 이상이 3천만 원 정도를 써 버리고, 2천만 원만 주머니에 남게 될 것이네. 이유는 가난한 사람들은 뜻하지 않은 목돈이 들어오면, 그동안 돈이 없어서 하지 못했던 것에 바로 돈을 써 버리지. 그러나 부자들은 현실을 냉정히 바라보고 다시 한 번 부자로 도약할 기회를 물색하면서 새로운 계획을 짠다네. 그 결과, 1년 후에는 전 재산을 몰수당하기 이전의 재산 상태로 다시 돌아가게 되지. 결국, 공평한 기회가 온다고 해도 부자는 계속 부자의 자리를 지키게 되고, 가난한 사람은 다시 가난해진다는 것이네. 이 이야기의 핵심은 부자들은 주머니에 5천만 원밖에 없어도 부자의 지도를 이용해서 더 큰 부자가 되고, 가난한 사람은 5천만 원이 손에 들어와도 가난의 지도 때문에 다시 가난해진다는 원리를 '인식의 지도'를 통해서 비유적으로 설명한 사례라네."

곰곰이 생각해 보니 그럴듯했다. 나 역시 5천만 원의 목돈이 손에 들어오면 보나마나 최고로 멋진 하룻밤을 놀아보고, 나머지 돈으로 배낭 싸서 세계 일주를 떠났다가 빈털터리로 귀국했을 것이다. 그 돈을 밑천 삼아 사업을 시작해서 부자가 되겠다는 생각보다는, 어떻게 하면 이 공돈을 기가 막히게 써 볼까 하는 궁리만 했을 것이다. 안 봐도 넷플릭스다.

부자의 지도를 얻으려면?

인식의 지도 개념을 이해한 나는 천만장자에게 직설적으로 물었다.

"그렇다면, 가난한 사람들은 어떻게 해야 부자의 지도를 구할 수 있습니까?"

"간단하게 구할 수 있네. 그러나 그 지도를 구하기 전에 먼저 인식의 지도를 구성하는 요소들, 다시 말해 기본적인 생각들을 바꿔야 하네."

"기본적인 생각이라면… 어떤 점을 말씀하시는 겁니까?"

"모든 사람들이 알고 있고, 옳다고 믿고 있는 그런 기본적인 상식부터 뒤집어야 하네. 지금부터 자네의 기본적인 생각을 바꾸도록 하겠네. 몇 가지 질문을 할 테니, 맞았는지 틀렸는지를 나에게 말해 주면 되네."

갑자기 질문이라는 말에 천만장자의 세 번째 문제일 것 같아 긴장되기 시작했다. 이런 내 생각을 알아차린 걸까?

"마지막 세 번째 문제는 아니니까, 너무 걱정하지 말게."

천만장자는 나를 안심시킨 후, 말을 이었다.

"쉬운 문제부터 시작하겠네. 차가운 물이 뜨거운 물보다 더 빨리 언다. 맞는 말인가, 틀린 말인가?"

왜 천만장자가 초등학생들도 다 아는 이런 유치한 문제를 낸단 말인가. 순수한 물은 0°C에서 언다. 찬물이 뜨거운 물보다 0°C에 더 가까우므로, 당연히 찬물이 먼저 얼 것이다. 상식 아닌가?

"당연히 찬물이 뜨거운 물보다 먼저 얼게 됩니다."

천만장자가 티스푼을 들어 찻잔을 가볍게 쳤다.

"땡!"

"틀렸네. 뜨거운 물은 차가운 물보다 더 빨리 언다네. 이 문제를 '엠펨바 효과'라고 부르는데, 아리스토텔레스도 기록에 남겼을 정도로 오래전에 발견된 미스테리한 현상이네. 지금까지도 과학자들이 정확한 이유를 밝혀내지 못하고 있지만, 사실이라네. 가장 인정받는 이론은 물을 데우면 물에 녹아 있었던 이산화탄소와 같은 기체들이 모두 빠져나가 찬물에 비해 어는점이 높아져서 더 빨리 언다는 과냉각현상으로 설명하고 있네."

'엥~?'

정답일 거라고 확신했던 나는 당황한 표정을 지을 수밖에 없었다.

"계속해서 자네의 기본적인 생각과 인식을 바꿔 보도록 하겠네. 끓는 냄비 속에 개구리를 집어넣으면 개구리가 바로 튀어나와 살 수도 있지만, 서서히 냄비 온도를 높이면 결국 개구리는 그 안에서 나오지 못하고 죽는다. 이 문장은 맞는가, 틀리는가?"

'끓는 물 속의 개구리(Boiling Frog)'는 사람들이 급격한 변화는 인식하고 대처하지만, 점진적인 변화는 알아채지 못하고 그 속에서 안주할 때 생존을 위협할 수도 있다는 교훈으로, 변화의 중요성을 강조할 때 자주 인용하는 누구나 한 번씩은 들어보았을 법한 이야기다. 그런데 왜 이분이 당연한 이야기를 묻는다는 말인가?

천만장자의 질문 의도가 점점 더 이상하게 느껴졌다.

"맞다고 생각합니다."

"땡!"

천만장자가 또 티스푼으로 찻잔을 치며 말했다.

"1990년쯤 하버드 대학 교수들이 물의 온도를 서서히 높이면, 과연 개구리들이 냄비 속에서 죽는지를 실험해 보았네. 그 결과 정반대의 사실을 발견했네. 끓는 물에 개구리를 넣으면 죽거나 화상을 입고 튀어나왔지만, 서서히 물의 온도를 높이면 한 마리만 빼고 다 튀어나와 살았다네."

'욱~'

갑자기 정신이 혼미해지기 시작했다.

그럼에도 천만장자는 정신없이 나를 몰아쳤다.

"다음 문제를 내겠네. 키보드 영어 자판이 알파벳 순서대로 되어 있는가? 아니면 순서와 다르게 배열되어 있는가?"

"키보드의 영문자 배열은 알파벳 순서대로 되어 있지 않습니다."

"그럼, 묻겠네. 키보드 영어 자판 배열은 사람들이 가장 쓰기 편하게 배열해 놓았을 것이다. 이 문장은 맞는가, 틀리는가?"

이건 또 무슨 얘기인가? 지금까지 키보드 영문 자판이 왜 이런 순서로 배열되어 있는지에 대해 한 번도 생각해 본 적이 없었다. 하지만 '키보드를 만든 사람이 고민해서 사람들이 가장 쓰기 편하게 배열해 놓지 않았을까?' 하는 생각에 이렇게 말씀드렸다.

"키보드 영문 자판은 사람들이 가장 쓰기 편하게 배열해 놓았으리라 생각합니다."

천만장자가 '또 걸려들었군!' 하는 표정으로 미소를 지으며 티스푼으로 찻잔을 쳤다.

"땡!"

그 소리가 내게는 심장 멎는 소리로 들렸다.

"자네 생각이 틀렸네. 키보드 영어 자판은 사람들이 가장 쓰기 불편하게 배열되어 있네."

이건 또 무슨 황당한 이야기란 말인가.

내가 고개를 갸웃거리며 의문을 품자, 천만장자의 질문이 이어졌다.

"사람들이 컴퓨터 이전에는 무엇을 사용했었지?"

천만장자가 질문하면서 손가락으로 타이핑 하는 시늉을 했다.

"타자기입니다…."

"그렇다네. 타자기는 자판을 누르면 알파벳이 붙은 긴 활대(Typebar)가 올라와 먹끈(Ribbon)을 치게 된다네. 그러면 먹끈 뒤의 종이에 활자가 찍히는 방식으로 문서를 만들어 가지. 그런데 타자기를 사용할 때, 자주 사용하는 활자들이 동시에 눌러져 활대끼리 서로 엉겨 붙는 현상이 빈번히 발생했다네. 이를 방지하기 위해 활자들을 ABCD 순서대로 배열하지 않고, 다른 순서로 배치하여 사용하기 불편하게 만들었다네. 그 결과, 지금은 국제 표준이 된 '쿼티(QWERTY) 방식'으로 정착되었네."

천만장자는 한 번도 들어본 적이 없는 이야기를 하고 있었고,

나는 점점 바보가 되어 가는 느낌이 들었다.

"또 자네의 생각을 바꾸도록 하겠네. 1936년 독일 베를린 올림픽에서 우승한 손기정 옹, 1992년 스페인 바르셀로나 올림픽에서 우승한 황영조 선수가 달렸던 마라톤 종목의 완주 거리는 고대 아테네의 병사가 달린 거리를 측정하여 42.195km로 정했다. 이 문장이 맞는가, 틀리는가?"

앞이 캄캄해졌다. 초등학교 때부터 마라톤 완주 거리는 42.195km로 알고 있었고, 42.195km가 아니라는 사람도 본 적이 없다. 분명히 진실인데 왠지 분위기상 '틀렸습니다'라고 말하고 싶었지만, 근거가 없었다. 그래, 남자라면 소신이 있어야 해. 죽어도 삼세판이다!

"마라톤 완주 거리는 42.195km로 처음부터 정해져 있었다고 생각합니다."

천만장자가 손가락으로 내 찻잔을 가리키며 치라는 신호를 보냈다.

"땡!"

'윽~'

"기원전 590년 페르시아 대군을 아테네가 마라톤 광야에서 대파하여 전쟁에서 승리했네. 이때 승전보를 알리기 위해 달린 병사(페이디 피데스)의 실제 거리는 36.75km였기 때문에, 1896년 제1회 그리스 올림픽 때부터 이 거리를 기준으로 마라톤을 실시하였네. 그런데 1908년 4회 런던올림픽 때 영국 왕실이 마라톤의 출발과 우승 장면을 편하게 구경하려고 윈저 성에서부터 출발하도록 변경하는 바람에 마라톤의 완주 거리가 늘어났네. 그 후 8

회 파리 올림픽 때부터 공식 완주 거리를 42.195km로 확정했기 때문에, 마라톤의 최초 완주 거리는 36.75km가 맞네."

계속되는 문제에 연거푸 틀린 답만 말하는 내 마음은 점점 무거워졌고, 마치 끝없는 낭떠러지로 떨어져 가는 느낌이었다. 내가 잘못된 건지, 아니면 천만장자가 계속 꼬이는 질문만 한 것인지 혼란스럽기만 했다.

사실, 나는 초등학교 때부터 퀴즈 대회에서 우승한 경험도 여러 번 있었고, 사회생활을 하면서도 상식에 해박하다는 칭찬도 들었다. 그러나 지금 천만장자가 던지는 질문은 모든 사람이 옳다고 생각하고, 그렇게 믿는 지극히 보편적인 상식에 의문을 던지는 질문들이었다. 그렇다 보니, 지금까지의 내 믿음이 모조리 깨지고 있었다.

천만장자는 오답을 유도하는 문제를 계속 낼 것이고, 나는 그 문제가 틀렸다는 '심증'은 가지만 '물증'이 없기에 그의 논리에 계속해서 말려들고 있었다.

점점 자신감은 떨어지고 계속 틀리기만 하니, 부자가 되기는 글렀다는 생각마저 들었다. 이러한 내 심리를 읽었는지, 천만장자가 분위기 전환을 유도했다.

"이번에는 부자와 돈에 관계되는 질문을 하겠네. 부자가 죽어서 하늘나라에 가는 것은, 낙타가 바늘귀를 통과하는 것만큼 어렵다. 맞는 말인가, 틀린 말인가?"

멀쩡한 사람을 정신병자로 몰아가려는 말에 휘둘리는 것처럼, 내가 점점 정신이상자가 되어 가는 건 아닐까 하는 의문이 들 정도로 정신이 혼미해지고 있었다.

착하고 가난한 사람은 천국에 가고, 욕심 많은 부자는 지옥에 간다. 이 말은 착하게 살아야 한다는 교훈적인 이야기로, 어린 시절부터 수없이 들었던 말이다. 그런데 이것도 틀렸단 말인가? 이건 맞는 말 아닌가?

나는 확신을 가지고 대답했다.

"맞다고 생각합니다."

천만장자가 또 신호를 보냈다.

나는 자동으로 티스푼을 들어 찻잔을 쳤다.

"땡!"

"틀렸네. 중동의 고대 언어인 아람어로 쓰인 원래 문장은 '부자가 죽어서 하늘나라에 가는 것은, 밧줄이 바늘귀를 통과하는 것만큼이나 어렵다.'였네. 밧줄은 아람어로 '감타(gamta)', 낙타는 '감라(gamla)'인데, 이를 번역한 사람이 두 단어를 혼동하는 바람에 '낙타'로 알려졌네. 자네도 생각해 보게. 실을 꿰어 쓰는 바늘귀에는 밧줄을 꿰어 쓸 수 없으니, 밧줄이 좀 더 논리적이지. 아무리 중동 지역의 속담이라지만, 낙타와 바늘은 너무 비약적이지 않나?"

'헉!'

낙타든 밧줄이든, 내가 부자 되는 것과 무슨 상관관계가 있다는 말인가. 갑자기 머릿속이 하얘졌다.

하지만 천만장자는 또다시 질문을 던졌다.

"자동차 회사의 이익 중, 가장 큰 부분은 자동차를 팔아서 생긴

이익이다. 이 말이 맞는가, 틀리는가?"

당연히 맞는 얘기 아닌가? 자동차 회사는 자동차를 생산하고 판매해서 얻는 이익이 가장 클 것이기에, '자동차 회사'라고 부르는 것 아니겠는가. 그래도 찜찜했다. 무언가 내가 모르는 변수가 또 숨겨져 있으리라 의심은 들었지만, 다른 생각이 떠오르지 않았다.

"자동차 회사는 자동차를 팔아서 얻는 이익이 가장 클 것으로 생각합니다."

천만장자가 손을 들었다. 나는 또 자동으로 티스푼을 들어 찻잔을 쳤다.

"땡!"

"이 말도 역시 틀렸네. 자동차 회사는 자동차를 팔아서 얻는 이익보다 자동차 할부금융에서 얻는 이자가 훨씬 많은 돈을 벌어주고 있네. 자동차 회사는 차를 만드는 제조업이기보다는 금융업이라고 봐야 하네."

이제는 아무 생각도 들지 않았다. 세상 모든 사람이 자동차 회사는 차를 팔아서 직원 월급도 주고 공장도 세우는 것으로 알고 있는데, 금융업이라는 말에 기가 막혔다. 정말 내가 틀린 것인가? 아니면 계속 이상한 이야기만 하는 천만장자가 틀린 것인가?

신용카드에 숨겨진 함정

"마지막으로 한 가지만 더 묻겠네. 자네, 신용카드는 몇 장 가지고 있겠지?"

신용카드라면 할 말이 많다. 새로 카드를 발급받으면 기쁜 마음으로 저녁을 사는 것은 당연하고, 한 번씩 무리해서 긁는 바람에 몇 달씩 고생했던 경험은 누구나 있을 것이다.

"저와 같은 직장인들은 여러 장 가지고 있으리라 봅니다."

"그럼, 문제를 내겠네. 카드 회사의 이익 중 가장 큰 것은 가맹점 수수료이다. 이 말이 맞는가, 틀리는가?"

카드 회사는 가맹점에서 받는 수수료가 가장 큰 이익이라고 생각되었다. 물론 다양한 부가 서비스에서도 이익이 발생하겠지만, 그래도 가맹점 수수료가 가장 클 것이다.

"가맹점 수수료가 가장 큰 이익이라고 생각합니다."

"틀렸네. 신용카드 회사의 가장 큰 이익은 가맹점 수수료가 아니고 현금 서비스 수수료라네."

'아이고~.'

오늘 천만장자가 낸 문제를 전부 틀렸으니, 점수로 환산하면 당연히 빵점이었다.

'어찌 된 게, 오늘은 계속해서 빵점짜리 인생이란 말인가….'

나 자신이 한없이 초라해졌다. 돈도 부자도 천만장자도 모두 관심이 없어졌다. 무능해 보이는 나 자신이 싫었고, 빨리 이 자리를 벗어나고 싶어졌다.

　내가 우울해져 가고 있을 때, 천만장자가 말을 이었다.

　"자네, 현금 서비스 수수료가 너무 비싸다고 생각해 본 적이 있는가?"

　"당연히 비싸다고 생각합니다. 말만 현금 서비스이지 고리대금 내지는 정부가 인가해 준 합법적인 사채업자와 다를 바 없다고 생각합니다."

　"나는 조금 다른 생각이네. 신용카드 회사들은 리스크, 소위 신용 위험에 노출되어 있기 때문에 그에 대한 보상으로 비싼 이자를 받는 것은 당연하다고 보네."

　"왜 그렇습니까?"

　"그럴 리는 없겠지만, 만약에 자네가 연체를 하거나 개인파산에 직면한다면, 신용카드 회사는 빌려 준 현금 서비스 금액을 어떻게 회수하지?"

　"빨리 갚으라고 매일 협박성 전화를 할 것이고, 마지막에는 채권 회수 절차를 밟아 제 월급을 압류하겠지요."

　"자네에게 묻겠네. 신용카드가 문제가 되어 월급에 압류가 들어올 정도라면, 그 사람의 경제적 상황은 최악이겠지?"

　"매우 심각하고 위태로운 신용 상태라고 생각됩니다."

　그 정도라면, 각종 금융권 대출에 사채, 카드깡 등 할 수 있는 모든 수단을 동원해도 막지 못하는 상황일 것이다.

　"그렇지. 그때쯤이면 카드 회사는 받을 수 있는 돈이 거의 없을 것이네. 은행도 대출을 회수하고, 보증기관들도 서두르겠지. 따라서 신용카드 회사는 리스크에 대한 부담을 질 수밖에 없고, 그 리스크를 담보하기 위해 현금 서비스 수수료 이자율을 높게 책정하는 것이라네. 즉 높은 이자율은 자네 때문이 아니고, 갚지 못하는 다른 사람들의 신용을 기초로 해서 자네에게 부과하는 것이지. 다시 말해서, 현금 서비스를 갚을 수 없는 사람으로부터 발생하는 손실을 현금 서비스를 갚는 사람들에게 높은 이자율을 책정하여 그들로부터 대신 받는 것이라네. 자네가 갚는 현금 서비스 수수료 안에는 현금 서비스를 갚지 못하는 사람들의 원금과 이자까지도 포함되어 있다는 말이지. 결론적으로 자네 때문이 아니라, 다른 사람들 때문에 자네도 높은 이자를 낼 수밖에 없다는 것이네. 왜 다른 사람의 신용 문제 때문에 자네가 피해를 봐야 하는가? 따라서 현금 서비스는 절대로 받지 않아야 하네. 계속해서 자네에게 불리한 게임이 전개되기 때문이지."

현금 서비스를 몇 번 받아본 나는 천만장자의 말에 크게 공감하며 고개를 끄덕였고, 그의 설명은 계속 이어졌다.

"그런데 더욱 심각한 문제는 보이지 않는 추가적인 빚이 현금 서비스 안에 숨어 있다는 것이네. 마치 빙산이 10분의 1만 수면 위로 올라와 작게 보이는 것처럼 말이야."

"무슨 말씀인지 감이 잘 오지 않습니다."

"이렇게 설명하겠네. 예를 들어, 자네가 100만 원의 현금 서비스를 받으면 60일 후에 3% 이자를 붙여 103만 원을 갚아야 하네. 내 말이 맞는가?"

"네. 개인별 신용 등급에 따라 차이는 있지만, 대략 그 정도 금액으로 갚아야 합니다."

"그런데 숨겨진 문제는 자네가 신용카드 회사에 갚아야 할 103만 원을 마련하기 위해 얼마를 벌어야 하느냐이지."

이건 또 무슨 말인가? 100만 원을 현금 서비스 받았으니, 이자 3만 원을 붙여 103만 원을 갚으면 되는 것 아닌가? 그냥 103만 원이면 되는데, 혹시 인플레이션까지 감안하라는 건가? 나는 이해가 되지 않아서 천만장자에게 물었다.

"글쎄요. 무슨 말씀인지 잘 모르겠습니다만, 인플레이션으로 인한 화폐 가치의 하락까지 고려한다면 조금 더 벌어야 할 것 같습니다…."

"내가 말하려는 건 그것이 아닐세. 부자들이 틈만 나면 고민하고, 전문가들과 상의하는 문제가 바로 '세금'이라네."

"그야, 부자들은 돈이 많으니까 당연히 세금도 많이 내겠죠. 그래서 세금을 줄이려고 전문가들과 이리저리 빠져나갈 궁리를 하는 것 아닐까요?"

"그런 뜻이 아니야. 자네가 신용카드 회사에 갚을 103만 원과 연관된 세금 문제를 한 번이라도 생각해 본 적이 있느냐는 걸세."

내가 받은 현금 서비스와 세금이 무슨 관계가 있단 말인가? 설사 세금 문제가 있다고 해도 현금 서비스로 돈을 번 신용카드 회사의 문제이지, 나와는 관계가 없지 않은가.

"세금은 신용카드 회사의 문제이지, 제 문제는 아닌 것 같습니다."

"정신 바짝 차리고 듣게. 자네가 103만 원을 벌어 신용카드 회사에 갚으려면, 세금을 낸 후에 103만 원이 되어야 하지 않겠나? 그 돈을 고스톱이나 카지노에서 따지 않는 이상, 일해서 벌어 세금을 공제한 후에 103만 원이 되어야 할 것이네."

나는 정확한 이해를 위해 천만장자의 말에 더욱 집중했다.

"일반 직장인의 경우, 소득세율을 대략 20%로 잡으면 103만 원에 대한 세금을 공제하기 전에 자네가 벌어야 할 돈은 103만 원 곱하기 120%로 1,236,000원이네. 103만 원보다 206,000원이 더 필요하지. 현금 서비스로 받은 100만 원을 갚으려면, 수수료를 포함해서 무려 23.6%나 더 벌어야 한다는 것이네. 이제 이해가 되는가?"

가슴이 철렁했다. 현금 서비스 이자가 고리대금 수준이라는 건 알고 있었지만, 그 돈을 갚기 위해 세금 문제까지 생각해 본 적은 없었다. 세금까지 감안하면 부담되는 금액임이 분명했다. 나는 심각한 얼굴로 고개를 끄덕였고, 천만장자의 설명은 계속 이어졌다.

"100만 원이 작아 보인다면, 이번에는 500만 원으로 계산해 보세. 500만 원을 현금 서비스 받아서 60일 후에 3% 이자로 갚는다면 5,150,000원이 되네. 그런데 5,150,000원을 갚기 위해 번 돈에 세금 20%를 반영하면, 실제로 벌어야 할 돈이 최초 원금보다 무려 1,180,000원이 늘어난 6,180,000원이나 된다네. 60일 안에 이 돈을 더 벌어야 한다는 계산이야. 놀랍지 않은가?"

숨이 탁 막혔다. 60일마다 500만 원씩 1년간 현금 서비스를 돌리면 여섯 번 정도를 받아야 하는데, 연간으로 세금까지 고려하면 700만 원을 더 벌어야 한다는 얘기다. 이 돈은 결코 적은 금액이 아니다. 현금 서비스가 이렇게 큰 부담일 줄은 꿈에도 몰랐다. 정신이 번쩍 들었다. 아무리 급해도 현금 서비스는 절대로 받지 말아야겠다.

"그렇게 큰돈으로 불어날 줄은 몰랐습니다."

"빚은 재앙을 부르고, 저축은 재복을 부른다는 얘기가 있듯이 현금 서비스는 절대로 받지 말아야 하네. 은행은 우리가 저금할 때 낮은 이자를 주면서 대출해 줄 때는 높은 금리로 받는 예금이자와 대출이자의 차이(예대마진)로 돈을 벌지. 금융기관은 태생적으로 항상 유리한 게임을 하는 집단이네. 신용카드를 이용한 현금 서비스는 우리가 절대로 싸워서 이길 수 없는, 금융 회사에 완벽한 승리를 가져다주는 상품이라는 걸 절대로 잊지 말게."

"네, 알겠습니다."

나도 모르게 배에 힘이 들어간 대답이 저절로 나왔다.

이때 천만장자가 찻잔을 가리키며 '땡!' 소리를 재촉했다.

"이번에는 빠뜨렸군. 빨리 치게."

나는 이번이 마지막이라고 생각하여 티스푼으로 찻잔을 힘껏 쳤다.

"쨍그랑~."

너무 힘이 들어간 나머지 찻잔이 깨지고 말았다.

찻잔이 깨지는 순간, 나 자신도 이렇게 살다가 찻잔처럼 깨질 인생이라는 생각이 번쩍 들었다. 동시에 천만장자가 박수를 치며 말했다.

"바로 그거야. 생각을 깨뜨려야 해. 잘했네!"

그러면서 천만장자도 찻잔과 받침을 들어 서로 부딪쳐 깨뜨려 버렸다. 깨진 파편이 테이블 위에 쏟아졌다.

전혀 예상치 못했던 과격한 저녁 식사의 피날레였다.

천만장자가 흐뭇한 표정을 지으며 말했다.

"축하하네. 이 깨진 찻잔처럼 자네의 모든 생각과 경험, 그리고 기본적인 사고방식과 잘못된 믿음들을 깨뜨려야만 부자의 대열에 들어설 수 있다는 걸 명심하게. 자, 이제 산책하러 가세."

나와 천만장자는 룸을 나와서 복도의 반대 방향으로 함께 걸었다. 그 끝에는 별도의 엘리베이터가 있었다.

우리가 다가가자, 화려한 야경이 한눈에 들어오는 유리창이 달린 엘리베이터가 자동으로 열렸다.

엘리베이터에 탑승한 천만장자가 "sky"라고 말하자, 조용히 문이 닫히며 빠르게 위로 올라갔다.

다시 엘리베이터 문이 열리자, 별천지의 장관이 눈앞에 펼쳐졌다. 호텔 최상층에 준비된 별도의 파라다이스였다.

마치 아마존의 열대 자연림을 그대로 옮겨 놓은 듯한 원시 밀림의 느낌을 풍기고 있었다. 자연 그대로의 큰 수목들과 과일 열매들, 날아다니는 새, 인공폭포의 물소리는 실제로 밀림 속에 들어온 느낌이었다.

폭포와 조화를 이루는 큰 연못이 있었고, 그 연못 위에는 타잔처럼 줄을 타고 물에 뛰어들 수 있도록 긴 밧줄이 몇 개 매달려 있었다. 수영을 즐기는 사람들이 입은 호피 무늬 수영복은 이곳의 분위기와도 잘 어울렸다.

그리고 주변을 따라 걸을 수 있는 산책로도 있었다. 산책로를 따라 활짝 피어 있는 아름다운 열대의 꽃들에서 풍겨나오는 꽃향기는 너무나 황홀했다. 서울 한복판의 호텔 최상층에 이런 시설이 있으리라고는 누구도 상상하지 못했을 것이다.

어떤 여인은 해먹(Hammock)에 누워서 쏟아지는 별빛을 받으며 책을 읽고 있었다. 몇 개의 끈으로만 연결된 아슬아슬한 수영복을 입은 여인이 너무나 매혹적이어서 쳐다볼 수 없을 정도였다. 혹시 오늘 만난 이세화가 아닌가 해서 곁눈질을 했는데, 그녀는 아니었지만 빼어난 몸매와 눈부신 백옥 피부에 한숨만 절로 나왔다.

내가 여인에게 시선이 꽂혀 있을 때, 천만장자가 입을 열었다.

"나는 식사를 마치면 빼놓지 않고 이곳을 산책한다네. 모든 병의 95%는 걷기만 해도 낫는다는 말이 있듯이, 매일 실천하고 있네. 걸으면 소화도 잘 되고, 졸음도 쫓고, 허리, 무릎, 발목 관절도 강화되고, 폐활량도 증가하니 건강에 이보다 더 좋은 게 어디 있겠나."

천만장자와 함께 산책로를 걸어 나오는데, 앞에 자그마한 산이 나타났다. 큰 유칼립투스 때문에 잘 보이지 않았지만, 분명히 산처럼 모양을 낸 언덕이었다. 계단은 오르기 편하게 되어 있었고, 산의 정상까지 연결되어 있었다.

'이곳에 산까지 만들어 놓다니, 정말 대단해!'

이런 시설을 처음 보는 나로서는 감탄할 수밖에 없었다.

계단을 걸어 정상에 오르자 작은 테이블과 의자가 눈에 들어왔고, 천만장자와 나는 테이블로 다가가서 의자에 앉았다.

"이곳 경치가 참 멋지지 않나?"

"정말 좋습니다."

"자네는 이곳에서 어떤 느낌을 받았나?"

"저도 빨리 부자가 되어 이 호텔의 VIP 멤버가 되고 싶습니다."

"좋은 생각이야. 자네가 그런 생각을 하게 된 것도 이곳의 환경에 자극을 받았기 때문이겠지."

"네, 그렇습니다."

천만장자가 경치를 감상하며 내게 말했다.

"부자가 되려면 계속해서 자극을 받아야 하고, 그 자극을 통해 목표를 구체화하고, 그것을 성취해야 하네. 그러려면 평소에도 부자들의 틈에 끼어서 그들과 부대껴야 하네. '가난해도 부자의 줄에 서라'는 말이 있듯이, 부자들의 느낌과 자극을 받아들이기 위해서 말일세. 자네에게 묻겠네. 만약 자네가 에베레스트 산에 도전한다면, 등반에 관한 정보를 어떻게 얻겠는가?"

천만장자의 갑작스런 질문에 잠시 머뭇거렸지만, 나는 생각나는 대로 답했다.

"인터넷에서 자료를 검색하고, 관련 서적을 통해 정보를 정리하겠습니다. 그리고 필요하다면 전문가를 직접 찾아가서 만나겠습니다."

"더 빨리 정보를 얻는 방법은 없을까?"

"에베레스트 산에 다녀온 사람을 직접 만난다면, 더 빠를 것 같습니다."

"그렇지. 한국인 최초로 에베레스트를 등정한 고 고상돈 씨나 히말라야 8,000m 이상 14개 봉우리를 모두 등정한 엄홍길 씨를 만나서 물어보는 것이 가장 빠른 방법이 아니겠는가? 자네가 정말로 에베레스트에 도전하기로 계획을 세웠다면, 이미 등정에 성공한 사람들을 만나서 정보를 얻어야 하네. 하지만 사람들 대부분은 '나 같은 사람이 만날 수 있을까? 그분들이 시간을 내어 줄까?'라는 생각에 미리 겁을 먹고 포기하지. 자네라면 어떻게 하겠는가?"

비록 식사를 겸한 짧은 시간이었지만, 천만장자로부터 교육을 받았기 때문일까? 나는 망설이지 않고 자신 있게 대답했다.

"적극적으로 도움이 필요함을 간절하게 호소하고 매달리면 만나줄 것 같습니다."

내 대답이 만족스러웠는지, 천만장자는 흡족한 표정을 지으며 말했다.

"이런 말이 있네. 운동선수들은 자기 종목에서 메달을 딴 선수와 함께 훈련할 때, 가장 빠르게 실력이 향상된다고 하네. 팝의 황제 마이클 잭슨도 이런 말을 했지. '위대한 예술가의 연습 장면만 지켜봐도 엄청난 성장을 할 수 있다.' 돈도 마찬가지네. 부자들을 만나서 그들의 생각과 경험을 배운다면, 자네도 얼마든지 부자가 될 수 있지. 그러니 무슨 수를 써서라도 부자들을 자주 만나게."

돈이 나를 따르는 '머니 리더십'

천만장자의 말은 계속 이어졌다.
"대부분의 사람들은 무언가를 이루고 싶어 하지만, 시도해 보기도 전에 부정적인 생각과 잘못된 정보들 때문에 행동으로 옮기지 못한다네. 사람들은 부자가 되고 싶고, 부자를 부러워하지. 하지만 주위에서 망한 사람들 이야기, 사업 실패로 자살했다는 뉴스, 쉽게 사업에 뛰어들지 말라는 충고, 주식과 부동산으로 손해만 봤다는 지인들, 이런 부정적인 요인들이 부자로 가는 길을 가로막는다네. 바로 이런 것들 때문에 찾아보려 하지도 않고, 움직이지도 않고, 현실에 안주하고 말지."

나는 고개를 끄덕여 천만장자의 말에 공감을 표했다.

"한 마디로 부자가 되지 못하는 이유는 두려움과 게으름 때문이라네. 두려움은 게으름을 낳고, 게으름은 두려움을 낳는 악순환이 이어지지. 이러한 악순환의 고리는 본인의 결단으로 끊어낼 수도 있지만, 훌륭한 리더를 만나 그분을 본받아 노력하는 과정에서 극복된다네. 자네, 혹시 지금까지 살아오면서 진정한 리더로 존경한 분이 있는가? 위인전에 나오는 인물이나 부모님 말고, 자네의 삶 중에서 말일세."

곰곰이 생각해 보니, 그런 인물이 한 사람 떠올랐다.

"예, 한 사람 있습니다."

"그 사람이 누군가?"

"제가 군에서 모셨던 중대장님이셨습니다. 모든 부하들의 역량을 최대로 이끌어 내셨고, 부하들이 자발적으로 따르게 만든 리더십의 모범을 보이신 진정한 대한민국의 군인이었습니다."

"훌륭한 리더를 만났었군. 부자들도 마찬가지네. 부자들은 돈에 관한 리더들이지. 돈을 쫓아다니지 않고 돈이 자기를 따르도록 만들고, 돈이 스스로 뭉치게 하는 리더십을 발휘하지. 그게 바로 '머니 리더십(Money Leadership)'이라네."

부자들이 돈에 대해 리더십을 발휘한다는 얘기는 태어나서 처음 듣는 말이었다.

"슈바이처 박사의 말씀대로 리더십은 모범을 보이는 것이고, 그 모범은 '자기 일 똑바로 하는 것'에서부터 시작된다면, 머니 리더십은 돈을 향해 모범을 보이는 것이라네. 그 '모범'이란 돈을 아껴 쓰는 모범, 절약하고 저축하는 모범, 돈을 비난하지 않고 긍정적으로 바라보는 모범, 어렵게 벌어 좋은 일에 쓰는 모범을 보여야만 돈도 따르는 것이라네. 돈이 따르지 않는 사람 중에는 이런 사람들이 꽤 있지. 소위 돈을 '원수' 취급하는 사람들 말이야. 돈을 미워하고, 돈을 증오하고, 돈 때문에 인생을 한탄하고, 돈은 모든 악의 근원이라며 돈을 저주하는 사람들 말이야. 그런 사람들에게는 머니 리더십이 발휘되지 않아서 어떤 돈도 모이지 않지. 내가 돈이라고 해도 그런 사람들에게는 가까이 가지 않을 걸세."

나는 속으로 뜨끔했다. 내가 바로 그런 타입이었다. 돈을 원수로 취급하고, 돈을 증오했다. 돈이 모이지 않는 내 운명을 한탄했고, 큰돈 벌어서 원 없이 써 보고 죽는 것이 소원이었다.

내가 우울한 표정을 짓자, 그런 나를 위로라도 하려는 듯이 천만장자의 말이 이어졌다.

"그렇다고 인생에서 오직 돈만이 목적이 되면 안 된다네. 돈은 누가 뭐래도 수단에 불과하네. 자동차를 운전하기 위한 운전면허증, 영화관에 들어가기 위한 입장권, 집에 들어가기 위한 현관 열쇠처럼 말이야. 꼭 없어서는 안 되지만, 없다고 해서 전혀 불가능한 것도 아닌 것처럼!"

"무슨 말씀인지 잘 알겠습니다만… 돈이 충분하다면 자동차, 영화관, 집을 통째로 사 버릴 수 있지 않겠습니까?"

"그렇게 볼 수도 있지만, 내 말은 돈 자체를 추구하지 말고 돈이 나를 추구하고 따를 수 있도록 돈의 기본적인 원리인 '머니 리더십'을 발휘하는 것이 핵심이네."

"그 핵심은 무엇입니까?"

"그것에 대해서는 방으로 돌아가서 이야기하세."

천만장자와 함께 계단을 내려와서 엘리베이터로 향했다.

걸어가는 내내 '이런 곳을 언제 다시 와 볼 수 있을까?' 하는 아쉬움과 간절함이 몰려왔다.

엘리베이터 앞에 이르자, 내 마음을 읽기라도 한 듯이 천만장자가 이렇게 말했다.

"나는 이 아름다운 곳을 '꿈의 정원'이라고 부르지. 자, 다시 한번 두 눈을 크게 뜨고 둘러보게. 그리고 꼭 부자가 되어 다시 오겠다고 스스로 다짐하게. 자네는 가능성이 있어 보이는군. 아니, 자네는 이곳이 어울리는 사람이야. 꼭 다시 올 수 있을 것이네."

천만장자의 말을 듣자, 침울했던 내 마음은 이내 밝아졌다. 지금 이 순간은 아무것도 가진 게 없지만, 나도 부자가 될 수 있다는 그분의 말씀에 왠지 모를 희망이 솟아나고 있었다.

가즈아~, 부자의 길로!

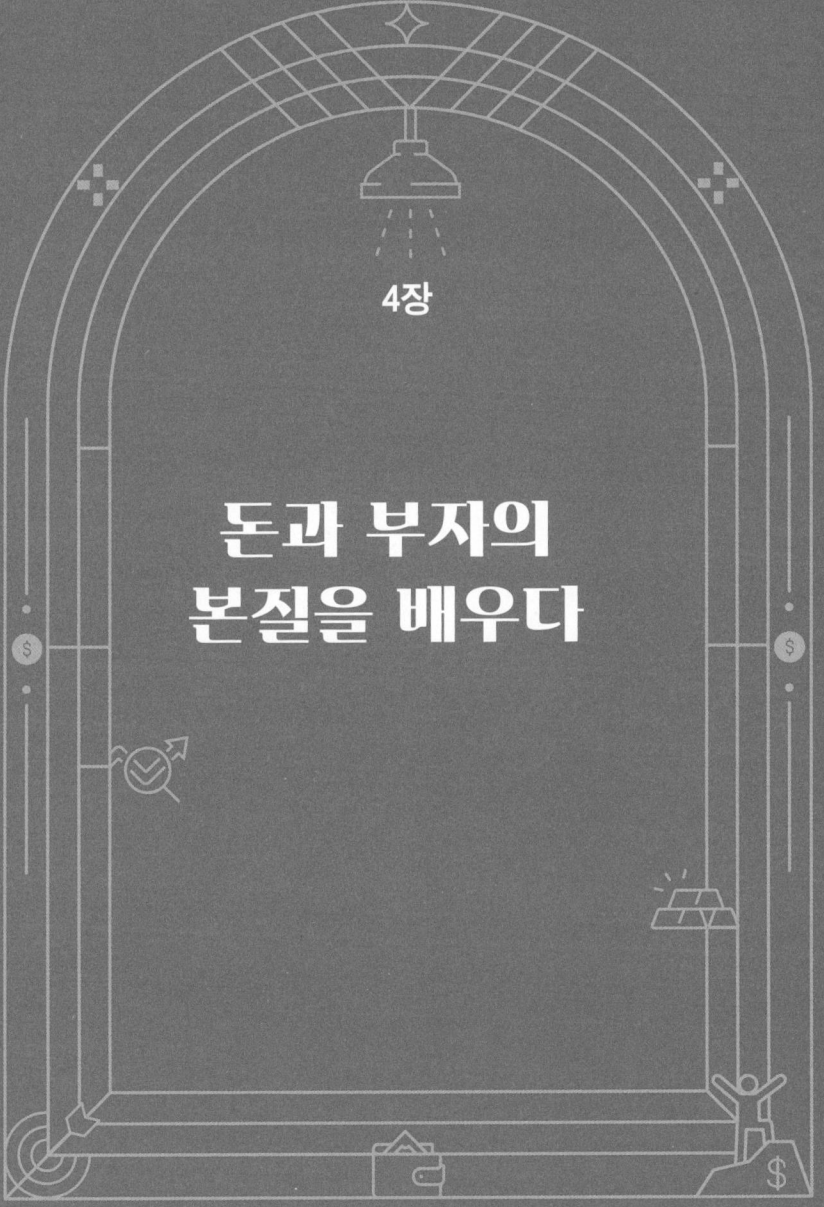

4장

돈과 부자의
본질을 배우다

부자 되기 위한 첫걸음

방으로 돌아온 천만장자와 나는 테이블을 사이에 두고 마주 앉았다. 천만장자 옆에는 화이트보드가 준비되어 있었고, 이제부터 본격적으로 교육이 시작될 것 같은 느낌이 들었다. 이런 분위기에서는 뭔가를 적어야 할 것 같은 생각에 자리에서 일어나 테이블 건너편에 놓인 메모지와 펜을 집어 들고 돌아와 앉았다.

내가 필기 준비를 하자, 천만장자가 미소를 지으며 이렇게 말했다.

"무언가를 적으려는 마음가짐은 정말 좋은 자세이네. 혼란한 생각들은 글로 쓰면서 정리되고, 다듬어진 내용들은 우리에게 나아가야 할 방향과 지혜를 일깨워 주지. 무일푼의 세일즈맨에서 시작해 미국의 50대 재벌로 올라선 클레멘트 스톤은 세계적으로 1억3천만 부나 팔린 『생각하라 그리고 부자가 되어라(Think and Grow Rich)』 저자인 나폴레온 힐과 함께 책도 출간했고, 나폴레온 힐 재단의 회장도 역임했지. 그는 이런 말을 했다네. '생각이 바뀌면 행동이 바뀌고, 행동이 바뀌면 습관이 바뀌고, 습관이 바뀌면 운명이 바뀐다'라고 말이야. 나는 여기에 한 가지를 덧붙여 이렇게 말하고 싶네. '기록하면 생각이 바뀌고, 생각이 바뀌면 행동이 바뀌고, 행동이 바뀌면 습관이 바뀌고, 습관이 바뀌면 부자가 된다'라고 말일세. 기록의 중요성은 여러 번 강조해도 지나치지 않을 만큼 정말로 중요한 자세이고, 기록은 부자가 되는 출발점의 하나라네."

솔직히 클레멘트 스톤이 누군지는 잘 모르지만, 나폴레온 힐은 알고 있었다. 한참 자기계발에 신경 쓸 때, 그가 쓴 책을 몇 권 사 읽기도 했었다. 모처럼 만에 내가 아는 사람 이름이 나와서 고개를 끄덕일 때, 천만장자가 물었다.

"자네, 사람들의 생각과 태도가 언제 바뀌는지 아는가?"

내가 곧바로 대답하지 못하자, 천만장자가 그럴 줄 알았다는 표정으로 슬쩍 웃고는 말을 이었다.

"자기가 쓴 글을 다시 볼 때 바뀐다네. 남이 써 놓은 글을 통해서도 바뀌지만, 자신이 과거에 써 놓은 일기나 메모, 요약 정리한 글들을 다시 볼 때면 반갑고 놀랍기도 하고, 반성도 하면서 생각과 태도가 변한다네. 서양 속담에 이런 말이 있지. '일기를 지난 5년간 써 온 사람은 무언가를 이루려는 사람이고, 일기를 지난 10년간 써 온 사람은 이미 무언가를 이루어 놓은 사람이다'라고 말이야."

"그렇군요…."

"내가 만나본 부자 중 열에 아홉은 반드시 수첩을 가지고 다니면서 메모와 일정을 꼼꼼하게 기록하고, 틈이 날 때마다 읽으면서 정리하더군. 다양한 디지털 전자기기들 속에도 글쓰기 기능이 있지만, 자신이 직접 펜으로 꾹꾹 눌러 쓴 문장과 글들이 주는 느낌은 휴대폰과 같은 전자 제품들에서는 경험할 수 없는 아날로 그만의 매력이고 경쟁력이라네. 다시 한 번 강조하겠네. 기록하지 않으면 부자의 길에 절대로 들어서지 못하네. 알겠는가?"
"네!"
천만장자가 기록의 중요성을 힘주어 강조했다.
가슴이 섬뜩했다. 사실 머리도 별로 좋지 않은 나는 기록하는 습관과는 거리가 멀었다. 주변 동료들은 회사에서 나눠 준 다이어리를 1년에 두세 권씩 쓴다고 하는데, 나는 항상 10분의 1도 쓰지 못하고 새해를 맞았다.
이제부터라도 펜과 수첩을 꼭 들고 다녀야겠다!

돈의 본질을 배우다

천만장자가 화이트보드에 단어들을 적어 가면서 부자 교육을 시작했다.

"먼저, 돈의 본질에 대해 알아보세. 기본적으로 돈에는 다음과 같은 세 가지 특성이 있네."

> 수익성 : 많이 불어나는 곳에 모이는 성질
> 안정성 : 떼일 염려가 적은 곳에 모이는 성질
> 유동성 : 회수가 빠른 곳에 모이는 성질

"먼저 수익성부터 설명해 보겠네. 다른 조건이 같다고 가정하면, 이윤이 더 많이 붙는 곳에 모이는 성질이 수익성이네. 안정성은 돈을 떼일 가능성이 낮은 곳에 모인다는 성질이고, 유동성은 가능한 한 빨리 되찾을 수 있는 곳에 몰린다는 성질이네. 당연하면서도 정말로 중요한 돈의 3대 특성이라네. 이것을 명심하고 늘 잊지 말아야 하네."

천만장자가 내 눈에 시선을 맞추고 물었다.

"돈의 세 가지 특성이 뭐라고 했지?"

"수익성, 안정성, 유동성입니다."

일대일 과외 수업처럼 묻고 답하는 식의 교육이 나를 바짝 긴장하게 했고, 한 단어 한 문장이 머리에 쏙쏙 박히고 있었다.

"돈은 이 세 가지 특성을 기준으로 이윤이 남을 만한 곳을 찾아 쉴 새 없이 움직인다네. 어떤 이들은 돈이 있을 만한 길목을 지키고, 또 어떤 이들은 스스로 돈이 흐르는 길목을 만들기도 하지. 전자를 '투자가', 후자를 '경영자'라고 부르는데, 두 가지를 병행하는 사람들이 많네. 자네, 투자가와 경영자를 다시 한 번 정의해 보게."

"돈이 오는 길목을 지키는 사람을 '투자가', 돈이 흐르는 길목을 만드는 사람을 '경영자'라고 합니다."

"제대로 정의했네. 돈을 버는 것은 마치 어망을 들고 시냇가에서 물고기를 잡는 것과 같다네. 시냇가는 지역, 국가, 전 세계 시장이고, 물고기가 바로 '돈'이지. 투자가는 물고기가 많이 지나갈 곳으로 예상되는 지점에 미리 어망을 쳐서 길목을 지키는 사람들이지. 그리고 경영자는 아예 물길을 트고 저수지를 만들어 물고기가 한곳에 몰리도록 만드는 사람들이지. 낚시를 잘하는 사람은 '물고기처럼 생각하는 사람'이란 말이 있듯이, 돈을 벌려면 돈의 특성에 맞춰 생각하는 습관을 지녀야 하네. 내가 물고기라면 '어떤 낚싯밥을 덥석 물것인가?' 같은 상상력이 필요한 것이지. 물고기처럼 생각하는 마음이 바로 부자들이 돈을 버는 '부자 마인드'라네. 알겠나?"

"네, 알겠습니다."

천만장자는 돈이 물고기이고, 이 물고기를 어떻게 잘 잡느냐가 바로 부자 되는 비결이라고 했다.

"흔히 부자들을 '백만장자'라고 부르는데, 자네가 생각하기에 백만장자는 어느 정도의 부자라고 생각하는가? 아니, 이렇게 물어보는 게 좋겠군. 100만 달러가 얼마나 큰돈이라고 생각하나?"

"환율을 1,200원 정도로 계산하면 12억 원 정도 됩니다."

"12억 원, 물론 큰돈이지. 그런데 서울의 아파트 가격을 보면 평균 12억 원을 넘고 있네. 그렇다면, 서울에 아파트를 가진 사람들은 미국인들도 부러워하는 백만장자 아닌가?"

내가 항상 궁금한 부분이었다. 군사력과 경제력으로 세계 1등 국가의 미국 사람들이 서울 아파트 한 채 값도 안 되는 돈에 놀라는 것을 보고 스케일이 작다고 생각해 왔다.

천만장자가 미소를 지으며 말을 이었다.

"백만장자의 정의를 ChatGPT에 물어보니, '백만장자는 보유한 재산과 투자금, 현금에서 빚을 제외한 금액이 100만 달러 또는 그 이상 되는 사람'이라고 하더군. 나는 인공지능이 틀린 답을 했다고 보네. 내가 정의하는 백만장자는 자신이 가지고 있는 자산 가치가 100만 달러 이상이고, 거기에서 발생하는 소득이 연간 100만 달러 이상인 사람을 백만장자라고 보네."

천만장자의 정의에 따르면 백만장자는 빚을 제외한 자산이 12억 원 이상이고, 동시에 매년 12억 원 이상을 버는 사람이다. 그럼, 지금 내 앞에 있는 이분은 자산이 120억 원 이상이고, 더불어 매년 120억 원 이상씩 버는 사람이다.

눈앞의 천만장자가 위대해 보였다.

A급 부자와 B급 부자

백만장자의 진짜 의미를 알게 되었을 때, 내 앞에 앉아 있는 천만장자는 어느 정도의 자산을 가진 부자인지 궁금해졌다. 머릿속으로 딴생각을 하고 있을 때, 천만장자가 물었다.

"자네, 부자라고 하면 생각나는 단어 다섯 가지만 말해 보게. 떠오르는 대로 말이야."

나는 즉흥적으로 이렇게 대답했다.

"화려한 대저택, 크루즈 세계 일주, 명품, 스포츠카, 연예인과의 스캔들입니다."

"흠, 일반적으로 그렇게들 생각하지. 사람들은 부자를 돈에 전혀 구애받지 않고 화려하고 사치만 하는 부정적인 이미지로 바라보곤 하는데, 실제로는 그렇지 않다는 것을 알아야 하네. 즉 부자가 되려면, 부자의 참모습을 정확히 알아야 한다는 말이네. 그래야 자네가 백만장자가 될지, 천만장자가 될지를 꿈꿀 것 아니겠는가? 지금부터 부자의 특성을 체계적으로 살펴보도록 하세."

천만장자가 서랍에서 노트를 꺼내어 가운데 부분을 오른손으로 꾹꾹 눌러 노트가 잘 펴지도록 힘을 주었다. 자신의 비밀 노트인 것 같았다.

"1973년 이후 30년 동안 미국과 캐나다의 부자들을 연구한 교수 한 분이 있네. '토마스 스탠리'라는 사람인데, 그분이 집필한

『백만장자 마인드(The Millionaire Mind)』라는 책에 보면 부자의 특성이 잘 정리되어 있네. 그 내용을 중심으로 부자에 관한 그릇된 환상을 깨고, 부자의 참모습을 살펴보도록 하겠네. 비록 북미의 부자들을 연구했지만, 우리나라 부자들과도 너무 똑같아서 인종은 달라도 인간의 마음은 모두 같다는 사실을 알고 나 역시 많이 놀랐다네."

천만장자의 수업에 너무 긴장한 탓인지, 볼펜을 꽉 쥔 가운뎃손가락이 아파 오기 시작했다.

"우선 부자에 대한 진실을 살펴보기 전에, 자네와 내가 생각하는 부자에 대한 정의를 일치시킬 필요가 있네. 자네가 생각하는 부자에 대한 정의를 말해 보게."

초등학생들도 답할 수 있는 질문이라는 생각에 망설이지 않고 곧바로 대답했다.

"저는 '돈 많은 사람'을 부자라고 생각합니다."

천만장자가 미소를 짓고는 이렇게 말했다.

"국어사전에서 '부자'를 찾아보면 '많은 재산을 가진 사람, 부호, 갑부, 재산가'라고 쓰여 있네. 쉽게 말해서 자네가 말한 대로 돈을 많이 가진 사람이라고 볼 수 있지. 자네에게 한 번 더 묻겠네. 그럼, 돈이 얼마나 많아야 부자라고 부를 수 있지?"

나는 방금 배웠던 백만장자의 '정의'에 따라 이렇게 대답했다.

"보유한 재산이 12억 원 이상이고, 연간 소득이 12억 원 이상이면 부자라고 할 수 있습니다."

그런데 이렇게 대답하고 나니, 왠지 찜찜했다.

아니나 다를까, 천만장자로부터 바로 질문이 날아왔다.

"그럼, 11억 원을 가진 사람은 부자가 아닌가? 혹은 5억 원을 가진 사람은 가난한 사람인가?"

나는 천만장자의 질문에 말문이 막히고 말았다. 분명 11억 원을 가진 사람도 부자이고, 그보다는 작지만 5억 원을 가진 사람도 부자라고 볼 수 있다.

'그럼, 얼마나 가지고 있어야 부자라고 할 수 있지?'

이런 생각을 하니, 왠지 코너로 몰리고 있다는 느낌이 전신을 훑고 지나갔다. 그 순간, 천만장자의 말이 이어졌다.

"내가 정확히 정의해 주겠네. 재산이 10억 원이든, 100억 원이든, 그런 숫자로 부자를 정의하지 않네. 부자란 자신의 소득에서 생활비와 저축을 뺀 나머지 돈이 투자로 연결되어 다시 소득이 불어나는 순간부터 부자라고 부를 수 있네."

내가 생각하지 못했던 의외의 정의였다.

"예를 들어, 월 소득이 100만 원이더라도 생활비를 제하고 남은 돈이 투자로 이어져서 '돈이 돈을 만드는 구조를 가진 사람들'을 부자라고 볼 수 있지. 다시 말해, 부자의 정의는 절대적인 금액이 아니고 상대적, 즉 돈이 불어나는 재정 구조를 가진 사람들이라고 보면 된다네. 우리 주변에 보면 이렇게 말하는 사람들이 있지. '내가 성실히 벌어서 남에게 아쉬운 소리 하지 않고, 그럭저럭 생활하고 저축하고 살면 되지. 죽어서 가지고 가지도 못할 거면서 왜들 그렇게 많이 벌려고 하는지, 욕심도 많지!' 바로 이런 사람들이 부자들이네. 소득에서 생활비와 저축을 빼고 남은 돈이 투자 원금에 투자로 더해져서 이어져 소득이 계속 늘어나는 그 시점부터 부자가 되는 것이지. 따라서 돈의 크기로 부자를 구분하는 것이 아니라네."

월 소득이 100만 원인 사람도 부자라고? 말도 안 돼!

연세 드신 분들은 그런 소득으로도 생활할 수 있겠지만, 자식들 교육시키고 시집, 장가 보내려면 어림도 없는 금액이다. 동의할 수 없는 말이었다.

내가 고개를 갸우뚱거리자, 천만장자가 말을 이었다.

"우리가 아주 어렸을 적에는 부유함과 가난에 대하여 알지 못했겠지. 네댓 살 때는 초코파이 하나만으로도 만족하고, 그 순간이 가장 행복했을 것이네. 그러던 어느 순간 자기가 가진 돈으로 살 수 없는 물건을 발견했네. 자신은 절대로 가질 수 없는데, 옆집 아이는 이미 그것을 가진 것을 보았지. 그때부터 무언가 불편함과 부족함을 느끼기 시작했을 것이네."

어린 시절을 돌이켜 보니, 분명 그런 때가 있었다.

천만장자의 설명은 계속 이어졌다.

"그리고 자신이 원하는 걸 갖지 못한 이유를 부모와 친구들로부터 듣게 된다네. '저 아이 집은 부자야! 저 아이 아빠는 돈 많은 사장이야!' 이런 말을 듣고 돈에 대하여, 부와 가난에 대하여 알게 되었지. '나는 가질 수 없는데, 남들은 갖는 것!' 간절히 원해도 가질 수 없는 이유가 돈이 없기 때문이라는 걸 말이네. 그리고 그것이 '가난'이라는 말로 표현되는 것을 알고는 가난에서 벗어나 부자가 되는 것을 목표로 평생을 돈과 씨름하며 몸부림치지."

정말 그랬다. 나 역시 그렇게 살아왔으니까….

"사람들 대부분은 어느 순간부터 적당한 선에서 타협하고 부자가 될 수 없음을 받아들이지. 하지만 어떤 사람들은 악착같이 모은 돈을 투자로 연결해서 소득을 늘려 가고, 마침내 안정적인 재정 구조를 마련하고 나서 평생 꿈꿨던 부자가 된 것을 알게 된다네."

천만장자의 설명을 들으니 어릴 적 기억이 떠올랐다.

아버지는 공무원이셨는데 넉넉한 형편은 아니었지만, 그렇다고 몹시 어렵게 살지도 않았던 것 같다. 수저 등급으로 치면 동수저 정도였다고나 할까.

어느 날, 앞집 아이가 배터리로 충전하는 어린이용 장난감 자동차를 타고 놀러 왔는데, 한 번 타 보고 싶다고 했더니 배터리가 닳는다고 싫어했다. 결국 나는 그 자동차에 앉아 보려고 뒤에서 30분이나 밀어 주고 나서야, 겨우 1~2분 탔던 기억이 떠올랐다.

엄마에게 사 달라고 졸랐을 때, 나는 처음으로 엄마 입에서 '돈이 없단다, 저 아이는 부잣집 아이야. 다음에 돈 많이 벌면 사 줄게!'라는 말을 들어야 했다. 그럼에도 나는 끝까지 울고불고 고집을 피우다 회초리가 내 엉덩이를 뜨겁게 달군 뒤에야 장난감 자동차를 포기할 수 있었다.

지금은 어른이 되어 어린 시절의 추억으로 기억하지만, 가끔 장난감 자동차를 보면 잊었던 아픔이 떠오르곤 한다.

그런데 문제는 지금의 내 재정 구조로는 소득에서 저축과 소비를 하고 남은 돈이 투자로 이어져 돈이 불어나는 부자의 패턴이 영원히 만들어지지 않는다는 것이다. 오히려 토끼처럼 앞서가는 지출과 거북이처럼 기어가는 내 소득과의 격차는 점점 더 벌어지고 있었다. 왠지 모르게 가슴이 답답해지기 시작했다.

상념에 잠긴 나를 깨우려는 듯, 말없이 나를 지켜보고 있던 천만장자가 말을 이었다.

"그런데 내가 정의한 부자에도 등급이 있다네."

부자에도 등급이 있다고….

그럼 진품 부자가 있고, 짝퉁 부자도 있다는 말인가?

"매달 소득에서 저축과 생활비를 제외하고 남은 돈이 투자로 연결되어 소득이 늘어 가는 순간부터 부자라고 정의했네. 그런데 이런 부자들은 안타깝게도 매일 일해야 하는 부자들이지. 나는 이런 부자를 'B급 부자'라고 부르네. 그런데 투자에서 나오는 소득이 매달 들어가는 저축과 생활비보다 더 크다면, 매일 일할 필요가 없을 것이네. 'A급 부자들'이지. 이처럼 돈이 돈을 버는 투자 시스템을 갖춘 A급 부자를 나는 '진정한 경제적 자유인'이라고 부른다네. 'B급 부자'는 'A급 부자'로 올라서기 위해, 'A급 부자'는 'B급 부자'로 주저앉지 않고 'A급 부자'를 유지하면서 더 높은 '초특급 부자'가 되기 위해 매 순간 노력한다네."

조용히 설명을 듣고 있던 나는 한 손을 들고 물었다.

"그럼, A급 부자와 B급 부자의 핵심은 뭔가요?"

내 질문이 마음에 들었는지 천만장자가 미소를 짓고는 답했다.

"A급 부자든 B급 부자든, 부자의 정의에서 가장 중요한 것은 '투자'라네. '투자'는 다른 말로 '돈벌 짓'이고, 돈벌 짓은 '값이 오를 것을 미리 사 놓거나, 매달 돈이 들어오게 만드는 것'이지. 즉 '돈벌 짓'이라는 '투자'를 하지 않고는 아무것도 가질 수 없고, 절대로 부자가 될 수 없네. 세계적인 부자이자 투자 전문가인 워렌 버핏도 이렇게 말했지. '잠자는 동안에도 돈이 들어오는 방법을 찾지 못한다면, 당신은 죽을 때까지 일만 해야 할 것이다.' 석유로 돈을 번 미국 최고의 부자 록펠러 역시 '하루 종일 일하는 사람은 돈을 벌 시간이 전혀 없다.'라고 했네. 이 말의 핵심은 투자하지 않으면, 평생 일만 하고 부자가 되지 못한다는 것이네. 다시 한 번 강조하네. 투자하지 않고 부자 되는 방법은 지구상 그 어디에도 없네. 이 점을 죽을 때까지 잊지 말고 기억해 두기 바라네."

설명을 마친 천만장자가 힘이 들어간 눈빛으로 내게 물었다.

"부자가 되려면 반드시 무엇을 해야 한다고?"

나 또한 잔뜩 힘이 들어간 눈빛으로 소리 높여 답했다.

"투자입니다!"

"화재 예방은 '언제 어디서나 불조심'이듯, 부자 되는 비결은 언제 어디서나 '투자, 그리고 투자'이네. 알겠는가?"

"네!"

나도 모르게 아랫배에 힘이 실린 큰 소리로 대답했다.

천만장자는 부자가 되려면 반드시 '돈벌 짓'인 '투자'가 있어야 함을 재차 강조하고 있었다.

"그럼 이제부터는 부자들의 공통점을 하나하나 짚어 보도록 하겠네."

45세 이전에 부자가 되었다고?

❝부자들의 첫 번째 공통점은 45세 이전에 부자가 되었다는 것이네.❞

나는 천만장자의 첫 마디에 숨이 꽉 막히고 말았다. 45세라면 30대 중반인 나로서는 부자가 될 수 있는 시간이 10년도 남지 않았다고 생각하니, 가슴이 덜컹 내려앉았다. 젠장… 부자가 되는 데도 나이 제한이 있다는 말인가?

"대부분은 45세 이전에 부자가 되지만, 65세가 넘어서 부자가 된 사람도 있네. 자네, KFC 매장에서 덥수룩한 수염에 안경을 쓰고, 검은색 넥타이에 빨간 앞치마를 두른 할아버지 인형을 본 적이 있는가?"

"네, 보았습니다."

"그분이 바로 KFC 창업자 커넬 할랜드 샌더스(Colonel Harland Sanders)라네. 65세라는 늦은 나이에 세계 최초로 '프랜차이즈 계약'이라는 새로운 판매 형태를 도입해서 부자가 되었지. 지금은 전 세계에 1만 개가 넘는 매장을 가진 세계적인 회사가 되었네."

KFC 창업자 이야기는 신입사원 시절, 사내 교육 시간에 들은 적이 있어서 조금은 알고 있었다.

"샌더스가 여섯 살 때, 아버지가 돌아가시는 바람에 어머니는 가족의 생계를 위해 자식 셋을 집에 두고 매일 일하러 나가야 했지. 장남인 샌더스는 집안일은 물론 음식을 만들어서 동생들을 먹였는데, 일곱 살이 되자 집에서 할 수 있는 모든 음식을 조리할 수 있게 되었네. 커서는 철도 소방원, 보험설계사, 타이어 판매원, 유람선 종업원 등 닥치는 대로 일했고, 40대에는 편의점이 붙어 있는 주유소를 운영했다네. 이때 배고픈 여행객들의 요청으로 주유소에서 가끔 음식을 만들어 팔았는데, 음식 솜씨가 알려져 여행객들 사이에서 유명한 맛집이 되었지. 그런데 갑자기 도시개발계획으로 주유소가 헐린 후, 매달 사회보장기금을 받으며 어렵게 생활하던 중에 '프랜차이즈'라는 아이디어를 사업화 하려고 전국을 돌아다니며 가맹점을 모집하기 시작했네."

여섯 살 어린 나이에 동생들을 돌보고, 커서는 많은 직업을 전전했다니 마음이 짠했다. 왠지 그의 삶이 고달팠을 거라는 생각이 들었다.

"그런데 1955년 당시에는 프랜차이즈 계약 방식이 생소했기 때문에, 사람들을 설득할 수가 없었다네. 그 결과 무려 1,008번이나 거절을 당했고, 1,009번째에 가서야 첫 계약을 맺을 수 있었지. 이후 그의 회사는 세계적인 프랜차이즈 회사로 성장했고, 그때 나이가 65세였네. 자네, 45세 이전에 일찍 부자가 되고 싶은가? 아니면 65세까지 무려 1,008번이나 거절을 당하면서 느지막이 부자가 되고 싶은가? 말해 보게."

이건 뭐… 생각할 필요가 전혀 없었다.

나는 곧바로 답했다.

"45세 이전에 부자가 되고 싶습니다."

"당연하지. 이왕 부자가 되려면 남들보다 하루라도 빨라야 하지 않겠는가? 그래야 남은 인생을 더 여유롭게 살아갈 테니 말일세."

지금의 내 나이도 결코 빠르지 않다고 봤는데… 부자가 되는 나이를 45세로 제한한다고?

너무 늦었다는 생각이 들자, 조급함이 밀려왔다.

"현실적으로 45세 이전에 부자가 되어야 하는 또 다른 이유가 있네. 대한민국에서 평범한 남녀가 결혼해서 가정을 이루고 자녀를 낳았을 경우, 첫 아이가 고등학교에 들어갈 때부터는 소득보다 지출이 늘어나서 저축과는 영영 멀어지는 시점이 바로 45세라네. 왜 그렇다고 생각하는가?"

이 질문의 답은 우리나라 국민이라면 누구라도 알 수 있기에, 이번에도 곧바로 대답했다.

"자녀들의 사교육비 때문 아닐까요?"

"그렇지. 아이를 좋은 대학에 보내기 위해 학원비와 과외비를 지출하기 시작하면, 저축은 꿈도 꿀 수 없네. 여기서 끝나지 않고, 대학을 졸업시키고 결혼 비용까지 쓰고 나면 결국은 빚만 남게 되네. 그래서 반드시 45세 이전에 부자가 되는 재정 상태를 구축해 놓아야 하네. 듣기 좋은 소리로 나이는 숫자에 불과하다고 위로하지만, 나이를 먹으면 숫자도 잘 보이지 않고, 숫자 감각도 떨어지네. 이왕이면 45세 이전에 부자의 길로 들어서길 바라네."

아직 미혼인 나에게는 미래의 일들이지만, 45세라는 나이가 의미 깊게 다가왔다.

 비혼주의자가 아닌 이상, 결혼에서부터 자녀 교육, 자녀들 결혼 비용까지 감당할 걸 생각하니 앞날이 걱정됐기 때문이다.

자신의 힘으로 부자가 되었다고?

"부자들의 두 번째 공통점은 부모로부터 유산을 물려받아서 부자가 되지 않았다는 것이네. 부자들 대부분은 자신의 세대에서 자기 손으로 부자가 되었지. 그들 중 60%는 단 한 푼의 유산도 받지 못했고, 부모로부터 유산을 물려받아서 부자가 된 사람은 전체 부자들 중 2%도 안 된다네. 대부분은 흙수저에서 시작했고, 나 역시 부모로부터 단 한 푼도 받지 못했네."

내가 보기에는 반만 수긍이 가는 이야기였다. 내 주위의 부자들은 이름난 집안에, 부모 잘 만나서 부자인 사람들이 많았다. 물론, 그 중에는 어렵게 고생한 끝에 부자가 된 사람도 있다. 하지만, 밥그릇 하나라도 물려받아야 빨리 기반을 잡는다는 것은 누구나 다 아는 사실이다. 우리 속담에 '소도 비빌 언덕이 있어야 비빈다'라는 말도 있지 않은가.

"지금 세계에서 1등 부자는 누구지?"

"매년 순위가 바뀌어서 아직도 1등인지는 잘 모르겠습니다만, 테슬라의 CEO 일론 머스크 아닐까요?"

"주가 변동에 따라 순위가 바뀐다는 걸 고려하면 LVMH(루이뷔통, 모엣&샹동, 헤네시) 회장 바르나르 아르노, 일론 머스크, 제프 베이조스, 워렌 버핏, 빌 게이츠를 1등 그룹에 넣어 볼 수 있지. 루이뷔통 회장은 원래부터 다이아몬드 수저보다 더 높은 비브라늄

(영화 〈캡틴 아메리카〉의 방패, 〈블랙팬서〉의 슈트에 들어가는 금속) 수저였고, 빌 게이츠도 금수저급으로 볼 수 있지. 하지만 제프 베이조스와 워렌 버핏, 일론 머스크는 나무 수저에서 출발했네."

워낙 유명한 사람들이라 그런가 보다 했지만, 나머지 세 사람이 나무 수저라는 말에 호기심이 일었다.

"시간이 많지 않으니, 빌 게이츠와 워렌 버핏에 대해서만 이야기하겠네. 빌 게이츠는 자녀들에게 기본적인 교육만 시키는 것 외에 유산으로 각자 100억 원 정도만 주고, 자신의 모든 재산을 사회에 환원하겠다고 발표했네. 물론 서민들에게는 100억 원만으로도 엄청난 유산이겠지만, 빌 게이츠 회장에게는 자기 재산의 10,000분의 1도 안 되는 매우 적은 돈이지. 워렌 버핏은 한 술 더 떠서 자기 재산의 99%를 사회에 환원하고, 자식들에게는 한 푼도 물려주지 않기로 했네. 이 세상의 부모라면 누구라도 재산을 아낌 없이 물려줘서 자식들이 여유 있게 살도록 해줄 텐데, 왜 굳이 최소한만 주거나 유산을 전혀 안 남기겠다고 선언했겠는가?"

흙수저인 나로서는 부자들의 속 깊은 뜻을 알 수 없기에, 뉴스에서 듣고 본 대로 모범 답안에 가까운 답변을 내놓았다.

"글쎄요, 세계적인 유명 인사로서 '부의 대물림'이라는 사회적 비난을 피하고, 기부 재단을 만들어 세금을 줄이려는 의도가 아닐까요?"

"아니지. 빌 게이츠와 워렌 버핏도 그렇고, 내 생각도 그렇네. 자식에게 분에 넘치는 유산을 물려주면, 그 자식은 돈 때문에 자기 능력을 적극적으로 발휘하고, 도전하고, 목표를 이루어 내는 인생의 참맛을 알지 못하기 때문이라네. 물려받은 돈으로 부족함 없이 무기력하게 인생을 즐기면서 살아갈 뿐이지. 오히려 돈이 없었다면 성공한 인생이 될 수도 있었던 것을, 돈 때문에 실패한 인생, 평범한 인생이 되고 만다네."

사실 돈이란 게 많으면 많을수록 좋은 것 아닌가?

돈이 있으면 하지 않아도 될 고생을 사서 한다는 게 선뜻 수긍하기 어려웠지만, 일단 천만장자의 말을 들어보기로 했다.

"그래서 부자들은 자식들이 부모 재산에 의지하는 나약함에서 벗어나, 자립심과 경쟁력을 갖추고 최선을 다하는 인생이 되기를 바라는 마음에서 무일푼 또는 아주 적은 유산만 물려주려는 것이네. 내가 빌 게이츠, 워렌 버핏이라고 해도 또는 그 누구라도 같은 결정을 내렸을 것이네. 그럼에도 불구하고, 부자들은 자식들보다는 손자, 손녀에게는 더 많은 유산을 상속하는데, 왠지 아는가?"

부자들이 자식들에게 많은 유산을 물려주지 않으려는 이유는 이해할 수 있다. 하지만 손자, 손녀에게 유산을 더 많이 준다는 말은 의외였다.

"잘… 모르겠습니다."

"인간의 본성이라고 할까? 부모로서 자식들에 대한 애정과 사랑도 크겠지만, 할머니, 할아버지로서 손자나 손녀를 대하는 사랑이 훨씬 더 크다네. 왠지 모르게 손자나 손녀에게는 더욱 애정이 가고, 뭘 주어도 아깝다는 생각이 전혀 들지 않네. 아들과 며느리의 결혼을 극력 반대했던 시아버지, 시어머니일지라도 손주를 품에 안으면 무너지지. 그리고 자식들에게는 지금껏 교육시키고, 결혼을 시키는 것으로 할 도리를 다했다고 생각하지. 하지만 손자나 손녀를 보면 그 아이들이 커 갈 때까지 살아 있지 못한다는 생각에 유산이라도 더 주어 사는 데 보탬을 주고 싶은 측은지심이 아니겠는가."

"네… 그렇군요."

부자들 대부분은 45세 이전에 부자가 되었고, 모두 어렵게 출발해서 재산을 모았다는 천만장자의 이야기를 듣자, 조급함이 밀려왔다. 마음은 급해졌고, 또 한편으로는 험난한 여정을 극복해야 한다는 두려운 생각에 갈 길이 더욱 멀게만 느껴졌다.

나도 모르게 깊은 한숨이 쏟아져 나왔다.

신용카드를 쓰지 않는다고?

"부자들의 세 번째 공통점은 신용카드를 사용하지 않는다는 것이네. 자네는 왜 그렇다고 생각하는가?"

신용카드를 애용하는 내 경험상, 생각할 필요도 없었다.

"당연히 현금이 많으니까 그렇지 않겠습니까? 게다가 신용카드를 사용하면 신분이 노출되고, 국세청에 데이터가 넘어가니까 신용카드 대신 현금만 들고 다니겠죠."

천만장자가 빙그레 웃으며 말했다.

"물론, 그런 면이 없다고는 하지 않겠네. 그러나 본질을 정확히 알아야 하네. 부자들은 신용카드를 들고 다니면 충동 구매에 쉽게 빠진다는 걸 잘 알고 있지. 그래서 현금만 사용한다네. 다시 말해, 자기 예산의 범위 안에서만 지출하려는 목적에서 과소비를 자극하는 신용카드를 사용하지 않는다네."

갑자기 천만장자의 설명에 반발심이 생겼다.

"그렇지만, 정부에서도 연말정산 때 신용카드 사용 금액에 대하여 세금을 일부 공제해 주고 있고, 자영업자나 법인의 경우에는 필요경비나 접대비는 신용카드를 사용하도록 의무화하고 있지 않습니까? 현금 사용은 정부 방침에도 역행하는 것 아닌가요?"

천만장자가 화이트보드에 'Card'라는 단어를 쓰며 설명을 이어갔다.

"신용카드를 사용하면 현금을 사용할 때보다 경기 부양에 긍정적인 효과가 있는 것은 분명하네. 또한 신용카드를 사용하면 세원이 노출되어 세수 증대에도 도움이 되고, 신용카드 회사에도 수익이 발생하여 고용 증대 효과를 기대할 수 있지. 하지만 그것은 그 사람들의 논리이고, 부자들의 입장은 전혀 다르네. 신용카드 지출은 반드시 갚아야 할 빚이고, 외상값이지. 그리고 그 누구도 빚에서 벗어날 수 없네. 부자들은 신용카드 지출을 심각한 빚이라고 생각하네."

신용카드 지출이 빚이라는 말에 대해서는 반박의 여지가 없었다.

"……."

"신용카드 사용은 결국 자신의 미래 소득을 먼저 당겨쓰는 것이고, 이것이 누적되면 빚만 갚아 나가는 희망 없는 인생이 되고 마는 것이지. 다음 달 소득의 주인이 자신이 아니고 신용카드 회사나 은행이라고 생각해 보게. 통장에 월급이 들어와도 곧바로 빠져나가는 '텅장'이 되어 버리니, 기운 빠지지 않겠나? 더욱 안타까운 것은 해외 근무나 직장 이동, 또는 자기 사업을 시작할 좋은 기회가 왔어도 빚 때문에 실행에 옮기지 못하는 상황이 올 수도 있다는 것이네. 신용카드 때문에 천금 같은 기회를 놓칠 수도 있고, 삶이 바뀔 수도 있다고 생각해 보게. 얼마나 끔찍한 일인가? 거듭 말하지만, 신용카드는 은행과 신용카드 회사가 만들어 놓은 '빚의 늪'이라는 걸 명심하게."

천만장자의 설명을 들으니, 어느 정도 이해가 되었다.

대학 동창인 한 친구는 회사 융자금과 은행 대출, 그리고 카드

론을 받아서 우리사주 주식을 샀는데, 이것 때문에 발목 잡혀서 후회가 막심하다고 했다. 그 친구는 좋은 스타트업에서 회사 지분을 주는 대신, 월급을 많이 삭감하는 조건으로 입사를 제안 받았다고 했다. 그런데 줄어든 월급 때문에 금융기관에서 대출금 일부를 상환하라고 할 것 같아, 이직을 하지 못했다는 이야기가 생각났다.

돈으로 인생이 바뀔 수도 있지만, 자신에게 찾아온 천금 같은 기회를 돈 때문에 잡지 못한다면 얼마나 억울할까. 빚과 신용카드 대금으로부터 빨리 벗어나야 되겠다는 각오를 다지며 천만장자의 설명에 집중했다.

"신용카드보다 현금을 사용해야 하는 또 다른 이유는, 현금에는 '현금구매력(Bargaining Power)'이라는 것이 있기 때문이라네. 예를 들어 200만 원짜리 가전제품을 구매한다고 할 때, 신용카드는 할인이 거의 없지만 현금은 할인율이 높아서 돈을 절약할 수 있네. 다시 말하지만, 신용카드를 사용하면 열에 아홉은 예산 범위를 넘어 과소비를 하게 된다네. 부자가 되려면 먼저 충동구매와 과소비를 억제해야 하고, 그러려면 반드시 현금으로만 구매해야 하네."

잠시 설명을 멈춘 천만장자가 생수병의 물을 컵에 부어 목을 축인 후, 신용카드에 대한 설명을 이어갔다.

"이번에는 조금 더 무서운 이야기를 하겠네. 자네, 'Card'라는 단어가 영어사전에 어떻게 번역되어 있는지 아는가?"

"글쎄요? 'Card'는 '카드' 아닌가요?"

"Card를 영어사전에서 찾아보면 두 번째 뜻으로 '양털을 빗는 빗'이라는 명사형이 있고, 동사로 '빗다', '솔질하다', '소모하다'라는 의미가 있네. 즉 Card는 '재산을 빗으로 솔질하여 쓸어버린다'는 뜻이지. 섬뜩하지 않은가?"

'헉!'

당장 영어사전을 찾아보고 싶었지만, 그런 의미가 있다면 정말 무서운 단어가 아닐 수 없다. 신용카드가 내 재산을 쓸어내리는 빗이라면, 쓰면 쓸수록 재산이 없어지는 무서운 도구가 아닌가….

천만장자가 신용카드에 대해 또 다른 이야기를 시작했다.

"신용카드의 이런 의미를 모아서, 나는 'Card'를 이렇게 다시 정의했네. 사전에는 나오지 않는 나만의 해석이라네. 'CARD(Cards Always Require Death)'. 신용카드 사용은 항상 죽음을 요구한다!"

'오~ 마이!'

신용카드를 계속 쓰면 파산할 것이고, 결국 빚 압박에 못 이겨 자살하는 사람이 나오지 않았던가.

"다시 한 번 강조하지만, 반드시 현금 제일주의로 살아야 하네. 가장 좋은 방법은 모든 신용카드를 가위로 잘라 버리고 현금만으로 살겠다는 결단을 내려야 하네."

갑자기 살벌한 얘기를 들은 것 같다. CARD의 약자가 'Cards Always Require Death'라면 정말 오금이 저리는 무서운 말이다.

천만장자에게 물었다.

"신용카드를 모두 없애고 현금만으로 생활한다면, 매우 불편하고 불안하지 않겠습니까? 회사 근처 식당들은 신용카드만 받는 곳도 많은데요?"

"함께 간 동료에게 신용카드로 같이 계산하라고 하고, 자네가 현금을 주면 되잖아!"

약간 톤이 올라간 천만장자의 목소리였다.

"다시 묻겠네. 자네가 학생일 때도 신용카드를 사용했나?"

"아닙니다. 그때는 지금과 달리, 학생들에게는 신용카드를 발급해 주지 않았습니다."

"그럼, 그때는 신용카드 없이도 생활했는데, 왜 지금은 신용카드가 없으면 생활할 수 없다고 생각하지?"

"학생일 때와 직장생활은 돈 쓰는 규모와 방법이 다르지 않습니까?"

"심하게 표현하면 신용카드는 마약과도 같네. 마약을 모를 때는 잘 살아왔지만, 마약을 알게 되면 그 순간부터 인생의 폐인이 되지. 신용카드도 마찬가지라네. 신용카드가 없을 때도 잘 살아왔지만, 신용카드를 소유하고 나서부터는 반드시 문제가 생기지. 나를 믿게나. 신용카드 없이도 예전처럼 생활하는 데 전혀 문제가 없고, 세상 어딜 가도 현금을 거부하는 곳은 없네. 정 어쩔 수 없다면, 신용카드 대신 체크카드만 한 장 들고 다니면 되네."

천만장자는 신용카드에 관한 이야기를 계속 이어갔다.

"심리학적, 뇌과학적 관점에서 신용카드에 대해 두 가지만 더 강조하겠네. 신용카드 회사들이 가장 열심히 마케팅하는 고객군이 있지. 바로 청소년들이라네. 청소년들은 첫 신용카드를 발급

받게 되면, 본인이 비로소 성인으로 인정받았다는 자부심과 함께 신용카드를 발급해 준 카드 회사에 무한한 애정을 느껴 변심하지 않고 그 카드 회사의 평생 고객이 될 가능성이 매우 크다고 하네. 이것은 심리학자들의 연구 결과로도 밝혀진 사실이지. 그래서 신용카드 회사들은 충성도가 높은 어린 학생들을 확보하기 위해 학교들과 협업하여 신용카드 겸용 학생증을 발급해 주지. 물론 체크카드이지만, 결국 이들이 성장하면 자연스럽게 신용카드로 갈아타지 않겠나? 그렇기 때문에 나는 본인 체크카드든, 가족카드든, 부모님 카드든, 학생들은 신용카드를 사용하지 못하게 하고 현금만 사용하게 해야 한다고 주장하네."

신용카드에 이처럼 깊은 의도가 숨어 있다는 건 처음 듣는 이야기였다.

"또 한 가지는 우리의 뇌는 현금을 쓸 때보다 신용카드를 사용할 때 고통을 덜 느낀다고 알려져 있네. 미국 스탠퍼드 대학의 연구 결과, 신용카드로 물건을 살 때 현금 지불에 비해 전두엽 '측위신경핵'이 덜 활성화 된다는 사실을 발견했네. 뇌의 전두엽 측위신경핵은 우리가 무언가를 잃어버렸을 때 통증을 알려 주는 부위인데, 신용카드를 사용할 때 느끼는 통증의 정도가 현금을 낼 때보다 낮았다고 하네. 즉 현금을 내면 지갑이 얇아져 고통을 느끼지만, 신용카드는 다시 돌려받기 때문에 지갑에는 변화가 없어서 고통도 없다는 것이지. 그래서 우리의 뇌는 현금보다 신용카드를 선호한다고 하네."

"저는 처음 듣는 이야기인데… 과학적으로도 증명된 건가요?"

"물론이네. 설명을 덧붙이자면, 전두엽의 보상 체계에 관여하는 '복측선조체'라는 기관이 있네. 이 부위는 비용과 보상을 비교하여 쓴 비용만큼 산 물건이 자신에게 가치가 있는지를 판단하는 기능을 담당한다네. 바로 이 부위가 우리의 합리적 소비를 유도한다고 밝혀졌네. 즉 현금을 내면 복측선조체가 나간 돈과 구입한 물건의 가치를 비교하여 현명한 소비였는지를 판단하게 되지. 그런데 신용카드를 사용하면 당장 나가는 것이 없으니까 상대적으로 가치를 더욱 높게 인식해서 좋은 거래라고 오판한다는 것이네. 더더욱 놀라운 점은 신용카드로 결제하는 습관이 굳어지면, 뇌가 소비라는 행위 자체에 무뎌져서 알코올과 도박에 중독된 것처럼 쇼핑 중독에도 빠지기 쉽다고 하네. 그래서 뇌과학자들은 신용카드보다는 현금으로 결제하는 습관을 들이는 것이 중요하다고 강조했네. 내가 뇌과학자나 심리학자는 아니지만, 그들의 연구 결과에 100% 동의하네."

나 역시 신용카드의 늪에 빠져 살아왔기에, 천만장자가 예로 든 연구 결과에 적극 공감할 수밖에 없었다.

나는 천만장자가 물컵을 들어 목을 축이는 사이에, 그가 말했던 내용의 핵심을 되짚어 보았다.

부자들이 신용카드를 사용하지 않는 이유는 충동구매와 과소비를 막아 예산 범위에서만 지출하기 위함이다.

우리의 뇌는 현금을 사용할 때 더 고통을 느껴 신용카드 사용을 선호하지만, 신용카드 사용이 반복될수록 소비 행위 자체에 무뎌져 알코올과 도박 중독 환자처럼 쇼핑 중독에 빠질 수 있다.

그렇기 때문에 현금만 사용해야 한다.

머릿속에서 핵심을 정리하고 있을 때, 천만장자의 질문이 날아들었다.

"부자들의 세 번째 공통점이 뭐라고 했지?"

나는 목에 힘을 주어 큰소리로 대답했다.

"부자들은 신용카드를 사용하지 않고 현금만 사용합니다."

"내가 현금만 사용해서 부자 된 사람은 봤어도, 신용카드만 사용해서 부자 된 사람은 본 적이 없네. 이 시간 이후로는 절대로 신용카드를 쓰지 말아야 하네."

부자들은 공부를 못했다고?

"부자들의 네 번째 공통점은 자네가 좋아할 얘기라네."
"제가 좋아하는 얘기라고요? 그게 뭔가요?"
"부자들은 명문대학을 들어가지도 못했고, 뛰어난 성적으로 졸업하지도 못했지. 의대나 법대, MBA에 들어갈 실력도 안 되었네. 결국, 공부를 잘하지 못했다는 말이지."
"그거 정말로 반가운 얘기입니다."
"다시 말해, SKY 대학을 나오지 않아도 부자가 될 기본 자격이 된다는 것이네."

공부를 잘하지 못한 것과 부자가 되는 것이 상관관계가 높다면 정말 기쁜 일이지만, 그렇다고 사람들에게 '공부 못하는 것은 부자가 되는 기본 요건 중 하나입니다. 그러니 공부하지 마시고, 자식들도 공부시키지 마세요!'라고 말할 수는 없지 않은가?

희망적인 내용이지만, 하버드를 중퇴한 마이크로소프트의 빌 게이츠와 페이스북의 마크 주커버그, 프린스턴을 졸업한 아마존의 제프 베이조스, 구글 창업자 래리 페이지, 세르게이 브린, 스콧 하산은 스탠퍼드에서 박사 과정과 연구 조교를 한 것으로 알려져 있다. 다들 공부도 잘했고 세계적인 부자가 되었는데, 천만장자가 학교 성적이 부자 되는 것과 비례하지 않는다는 말에 의문이 들어 이렇게 물어보았다.

"학교 성적과 재산 상태가 비례하지 않는 이유는 무엇 때문입니까?"

"공부를 잘하지 못했던 사람들은 상대적으로 공부를 잘했던 사람들에게 콤플렉스를 가질 수밖에 없지 않겠나? 우등생들은 선생님으로부터 칭찬받고, 골든벨에 나가 우승하고, SKY에 합격해서 학교 정문에 현수막 붙고, 졸업식장에서 학생 대표로 나가 상도 받는 등 두각을 보이네. 그러니 공부를 못했던 열등생들은 당연히 주눅이 들 수밖에 없지."

"그건 그렇죠…."

"우등생들은 졸업 후에도 좋은 직장에 취직하거나 전문직에 진출하여 탄탄대로를 달리지. 그런 동창생들을 볼 때면 공부 못했던 열등생들은 당연히 다른 생각을 가질 수밖에 없네. 그들은 우등생들과 공부로 경쟁해서는 절대로 살아남을 수 없음을 깨닫게 되지. 그래서 우등생들과의 경쟁을 피하고, 남들이 쳐다보지 않는 험한 시장에 진입해 성공하려고 노력한다네. 즉 학업 성적으로 짓밟힌 자존심을 경제적 성공으로 만회하려고 새벽부터 밤까지 열심히 일하며 돈을 모으는 것이지. 좀 더 직설적으로 표현하면, 돈으로 복수한다고 할까? 물론 우리가 아는 사람들 중에는 공부도 잘했고, 사업으로 성공해서 부자가 된 인물들도 많지. 하지만 세상에는 의도적으로 언론을 피하거나 신분을 드러내지 않아서 대중이 잘 모르는, 공부 못했던 부자들이 훨씬 더 많다네."

천만장자가 말을 멈추더니, 내게 질문을 던졌다.

"좀 더 냉정하게 말해서, 자네는 사회생활을 하면서 상대방을 처음 만나면 무엇으로 그 사람을 평가하는가?"

"글쎄요. 외모와 명함, 말투, 이미지…. 그런 것들 아니겠습니까?"

"그렇지. 일반적으로 풍기는 인상과 주고받은 대화, 사회적 지위 등으로 그 사람을 평가하지. 만나자마자 다짜고짜 '무슨 대학 나오셨습니까?', '공부는 반에서 1등 하셨나요?', '수능에서 몇 등급을 받았고, 전국에서 상위 몇 퍼센트에 드셨나요?' 등을 묻지는 않지. 그런 내용은 학창 시절에나 중요했지, 사회생활에서도 중요할까? 학창 시절의 화려한 경력들은 부자로 이어지는 징검다리가 되어 주지 않는다네. 그런 것보다는 지인이 몰고 온 최고급 승용차, 친구들과 헤어질 때 먼저 나가서 식사비를 결제하는 배려, 부모 형제가 수술비를 걱정할 때 곧바로 병원비를 계산하는 능력이 더 중요한 것 아니겠는가? 내 말이 맞는가, 틀리는가? 말해 보게."

지금까지와는 달리, 천만장자의 목소리는 약간 격앙된 느낌으로 들려왔다. 더 이상 다른 의견을 제시했다가는 혼날까 봐 겁이 났다. 그래서 나도 모르게 아랫배에 힘이 들어갔다.

"네, 맞습니다!"

잠시 흥분한 듯한 모습을 보여주었던 천만장자가 물컵을 들어 목을 축이고는 다시 말을 이어갔다.

"부모들 대부분이 '공부=성공=부자'의 공식을 믿고 자식들을 과도하게 교육시켜서 성공과 부자를 바라는 것은 잘못된 사고방식에서 기인한 것이라고 보네. 학교에서의 성공은 시험 문제의 답을 많이 맞힌 것인데, 이는 결국 정답이 있는 게임에서 잠시 승리한 것에 불과하네. 그러나 사회에서의 성공은 정답이 없는 게임에서의 승리를 의미하지. 생각해 보게. 답이 있는 게임에서도 1등을 하기 어려운데, 답이 없는 게임에서 답을 찾아야 하는 사회생활의 게임은 얼마나 어렵겠는가? 특히 돈을 버는 게임은 상대적으로 공부보다 어려운 게임이지. 넷플릭스의 〈오징어 게임〉도 결국은 돈 게임 아니었나?"

"네, 그렇습니다."

456명의 사람들이 456억의 상금을 놓고 벌이는 서바이벌 데스 게임을 소재로 한 드라마 〈오징어 게임〉을 왜 모르겠는가.

천만장자의 설명을 듣고 보니, 드라마 속에서 가난한 사람들이 돈과 출세를 위해 물불을 안 가리고 서로 경쟁하는 적자생존의 현장이 현실 속의 우리 삶과 다르지 않다는 걸 새삼 깨닫게 된다.

"오죽했으면 인생에서 제일 어려운 일이 원 없이 돈을 벌어 보는 것이라고들 하지 않는가? 공부를 잘하지 못했던 부자들은 답이 있는 게임에서는 이기지 못한다는 걸 알았던 것이지. 그래서 정답은 없지만, 자신만의 답을 찾는 사회생활의 게임에 도전해서 돈을 벌었던 것이네. 그러고는 답이 있는 게임에서 성공했다고 답이 없는 게임에서도 성공할 수 있다고 착각하는 학교생활의 우등생들을 고용해서 자신들을 위해 평생 일하도록 만드는 것이 냉정한 현실이지."

나는 천만장자의 말을 부정할 수 없었다.

몇 달 전, 20여 명쯤 모인 고등학교 동창 모임에 참석했을 때의 일이 떠올랐다. 고교 시절에 공부를 제일 잘했던 친구는 펀드매니저였는데, 목표 수익률을 달성하지 못해 언제 잘릴지 모를 신세라며 불안해했었다. 두 번째로 공부를 잘했던 친구는 한때 외국계 회사에서 잘나갔는데, 코로나로 한국 지사가 문을 닫는 바람에 졸지에 실업자가 되어 새로운 직장을 찾고 있었다. 세 번째로 공부를 잘했던 친구는 육군사관학교를 졸업하고 현역 소령으로 재직 중인데, 대령까지 진급하지 못할 것 같다며 고민하고 있었다.

이에 반해서 공부도 못했고, 사고만 쳤던 문제아 친구들은 달랐다. 그들은 사회생활 초반에는 고생을 했지만, 지금은 대형 음식점 사장으로, 건설 회사 대표로, 유통업체 회장으로 불리며 다들 성공한 삶을 살고 있었다. 그 친구들은 기사가 운전하는 대형 승용차를 타고 모임에 와서 학창 시절의 요란했던 추억으로 이야기꽃을 피웠다. 그러고는 식사비와 술값을 번갈아 내며 성공을 과시하는 것으로 공부 잘했던 친구들을 기죽였다. 이것만 보더라도 '공부=성공=부자'라는 등식은 이미 깨진 것이다.

"네. 부자들은 공부를 잘하지 못했다는 공통점을 잘 이해했습니다."

천만장자가 다시 질문을 던졌다.

"자네, 혹시 톰 모나헌(Tom Monaghan)을 아는가?"

톰 크루즈는 알겠는데, 톰 모나헌은 누구지?

"죄송합니다만… 잘 모르겠습니다."

"그럼, '도미노 피자'는 알겠지?"

"당연히 잘 압니다."

"도미노 피자 창업자가 바로 톰 모나헌과 제임스 모나헌 형제라네. 1960년에 세계 최초로 피자를 일반 가정집으로 배달하는 서비스를 시작했고, 1973년에는 역시 세계 최초로 '30분 배달 보증제'를 도입해서 고객 만족을 실현한 경영자라네. 한 인터뷰에서 톰 모나헌은 자신이 이룬 성공에 대하여 이렇게 말했네."

"제가 성공할 수 있었던 가장 큰 이유는 학력이 높지 않았기 때문입니다. 저는 배우지 못했지만, 독창성을 활용하여 성공할 수 있었습니다. 그런데 학교 교육이라는 것이 이런 독창성을 개발하는 데 필요한 과정이라고는 생각하지 않습니다. 오히려 독창성을 방해하는 부분이 더 크다고 볼 수 있습니다. 어린 시절을 불우하게 보내거나 많이 배우지 못한 것은 중요하지 않습니다. 성공하겠다는 굳은 결의로 노력한다면, 누구나 자기 일에서 정상에 오를 수 있다고 봅니다."

"나는 이 말에 1,000% 동의하네. 성공과 부의 척도는 대부분 학력과 비례하지 않네. 공부 머리 따로 있고 돈 버는 머리 따로 있다는 말처럼, 더 이상 시험 점수에 목을 메지 않았으면 하네. 행복은 성적 순이 아니듯, 부자 역시 성적 순이 아니라네."

부자들 옆에는 머니 멘토가 있다고?

"부자들의 다섯 번째 공통점은 성공한 부자들 옆에는 항상 투자를 조언하고 재산을 불려 주는 재무 조언가인 '머니 멘토(Money Mentor)'가 있다는 것이네."

"머니 멘토라뇨?"

"자네, '멘토'라는 단어는 알겠지? 멘토는 제자에게 조언을 해주는 인생의 선생님이라고 할 수 있지. 부자들 곁에는 항상 돈에 관련된 의사 결정과 조언을 구할 수 있는 머니 멘토가 있다네. 자네는 재정적인 조언을 해주는 그런 멘토가 있는가?"

"제 주변에는 도움을 주는 머니 멘토는 없고, 돈을 쓰게 만드는 소비 멘토만 가득합니다."

천만장자가 모처럼 크게 웃었다.

"이제부터는 그런 사람들을 멀리하고 머니 멘토를 만나야 하네. 자네에게 도움을 주고, 자네를 부자로 만들 수 있는 진정한 조언가를 찾아야 하네. 소비 멘토들은 자네가 부자가 되어 성공하면 다시 돌아올 사람들이지. 지금 멀어지면 서운하겠지만, 전혀 문제가 되지 않네. 앞으로 눈 딱 감고 10년만 그들을 멀리하면 부자의 길에 한 걸음 더 다가서 있을 것이네. 부자들에게는 머니 멘토가 반드시 있지만, 가난한 사람들 곁에는 그런 사람들이 없다네."

친구들, 퇴근 후 술 한 잔 나누는 직장 동료들, 동호회에서 반겨주는 사람들까지 멀리해야 한다고?

부자가 되려면 인연도 끊어야 한단 말인가….

"그럼, 어르신도 머니 멘토가 있습니까?"

"그렇다네. 이제는 분야를 나누어 토지, 빌딩, 주식, 채권, 예술품, 해외 투자 그리고 인공지능까지 총 일곱 명의 머니 멘토를 두고 있네."

머니 멘토는 충분히 이해할 수 있지만, 보통 사람들은 주변에서 어떻게 머니 멘토를 만날 수 있는지 궁금해서 이렇게 물었다.

"부자들은 워렌 버핏과 같은 멘토에게 조언을 들으려고 경매를 통해 점심 식사 비용으로 무려 250억 원을 쓰기도 합니다. 하지만, 그럴 수 없는 보통 사람들은 어떻게 하면 머니 멘토를 만날 수 있을까요?"

"절대로 어렵게 생각하지 말게. 자네 주변에 자네보다 재산이 10배 이상 많은 사람을 찾아가서 만남을 요청하고 돈에 관한 조언을 구하면 되네. 자네가 무작정 나를 찾아왔듯이, 방법은 스스로 찾아내도록 하고. 알겠는가? 다시 정리해 보도록 하세. 부자들의 다섯 번째 공통점이 뭐라고 했지?"

"항상 머니 멘토가 옆에 있고, 그들에게 재정적인 조언을 구한다고 했습니다."

"좋아, 계속해서 나머지 공통점을 살펴보세."

부자들은 엄청난 독서광이라고?

부자들의 공통점에 관한 천만장자의 강의는 5부 능선을 넘어가고 있었다.

"자네, 영화 속에서 부자들이 사는 저택을 보면 어떤 것들이 떠오르는가?"

"형형색색의 꽃과 나무가 잘 가꿔진 아름다운 정원, 연미복을 입은 집사, 5~6대의 최고급 자동차가 주차된 차고, 멋진 수영장, 100명 정도가 참석할 수 있는 아름다운 연회장, 그리고 벽에 걸린 세계적인 명화 등이 떠오릅니다."

"그 중에 내가 원하는 답이 나오지 않았네. 자네 입에서는 내가 원하는 답이 영영 나오지 않을 것 같은데…."

계속 상상의 나래를 펼치며 열심히 단어들을 찾고 있는데, 천만장자가 말을 이었다.

"부자들의 여섯 번째 공통점은 집에 큰 서가가 있고, 그들은 엄청난 독서광이라는 것이네."

맞다. 생각해 보니, 영화에서 부자들의 저택이 나올 때면, 큰 서가가 있었던 장면이 기억났다. 진열용으로만 생각했기에 별로 관심을 두지 않았는데, 천만장자의 말을 들으니 이해가 되었다.

"자네는 한 달에 책을 몇 권이나 읽는가?"

천만장자가 갑자기 내 독서량을 물었다.

조금 창피하다는 생각이 들었다. 학교 다닐 때부터 야한 만화책을 빼고는 책이라면 항상 멀리했고, 기껏 본 책이라곤 은행이나 병원에서 차례를 기다리며 보던 럭셔리 잡지나 스포츠 주간지 정도였다. 내가 바로 대답하지 못하고 우물쭈물하자, 천만장자가 낙담한 눈빛으로 말을 이었다.

"우리나라 국민의 독서 통계량을 보면 자네가 선뜻 대답하지 못한 이유를 금방 알 수 있네. 성인의 한 달 독서량 기준으로 OECD 38개 국가 중에서 대한민국이 제일 밑바닥이지. 1위는 미국으로 6.6권, 2위 일본이 6.1권, 3위 프랑스는 5.9권, 중국도 2.6권이나 되고, 대한민국은 0.8권으로 꼴찌라네. 이를 1년으로 환산하면 대한민국 성인은 종이책, 전자책, 오디오북을 포함하여 연간 4.5권 정도 읽는 셈이지. 1년에 책 한 권도 읽지 않는 사람이 무려 10명 중 6명이나 된다는 말이네. UN 회원국 중에서도 166위로 하위권이네."

나도 책을 안 읽지만, 이 정도일 줄은 미처 몰랐다.

"……."

"한 일본 기자가 우리나라 국민의 독서량을 알아보고는 신문에 이런 기사를 썼더군. '일본이여 안심하라! 한국은 절대로 일본을 따라잡을 수 없다. 왜냐하면 이런 독서량으로는 절대로 선진국이 될 수 없기 때문이다.' 한글을 만드신 세종대왕, 왜군을 섬멸하신 이순신 장군, 이토 히로부미를 저격하신 안중근 의사가 통곡하실 일이네."

이 지점에서 천만장자가 약간 흥분하며 말을 이었다.

"자네, 솔직히 묻겠네. 책은 읽고 있나? 최근에 읽은 책을 말해 보게."

나는 쥐구멍에라도 숨고 싶은 창피함에 기어 들어가는 작은 목소리로 답했다.

"1년에 소설책 두세 권을 읽고요. 최근에 읽었던 책은…."

"그만! 부자가 되려고 노력한다면 경제, 경영 분야 및 자기 계발 서적에 관심을 가지고 읽어야 하지 않겠나? 물론 책만 읽는다고 부자가 되는 것은 아니지만, 책도 안 읽으면서 어떻게 부자에 가까워지겠는가!"

"국내외를 막론하고 부자들은 엄청난 독서광들이네. 어떤 부자들은 더 많은 독서를 위해 속독 훈련을 받기도 하지. 나는 독서량과 부의 상관관계가 매우 높다는 것을 확신하네. 나도 1주일에 평균 3권 정도 책을 읽는다네."

1주일에 3권이면 연간 무려 150권을 읽는다는 것인데, 정말로 그 나이에 그 많은 독서가 가능한지, 그만큼 책 읽을 시간이 있는지 궁금해서 이렇게 물었다.

"1주일에 3권을 읽을 수 있는 시간이 되십니까?"

천만장자가 빙그레 웃으며 말을 이었다.

"이번 기회에 시간을 쪼개어 책 읽는 요령을 자네에게 가르쳐 주겠네. 누구나 1년에 최소 20권을 읽는 방법이네. 자네에게 묻지. 사람들이 건강에 문제가 없다면 하루에 10분씩 반드시 가는 곳이 있다네. 어디인가?"

건강한 사람이 하루에 10분씩 반드시 가는 장소라고?

어디일까? 당연히 이곳이다.

"화장실, 말씀이군요."

"그렇다네. 사람들이 하루에 한 번 배변 보는 시간은 평균 10분 정도라고 하네. 이 시간에 화장실에 앉아서 휴대폰을 보지 말고, 대신 책을 보면 1년에 20권을 읽을 수 있네."

"그럼 시간 문제는 해결되었고, 다음 문제는 어떤 책을 읽어야 하느냐인데…. 소설, 잡지, 경영경제, 문화, 취미생활 등 다방면으로 읽으면 안 되고, 이렇게 읽어야 하네."

천만장자가 독서와 관련해서 뭔가 깊은 정보를 알려 줄 것 같아서 바짝 긴장하며 그의 말에 귀를 기울였다.

"자네가 부자가 되기 위해서는 어떤 분야가 부족하고, 어떤 분야에 관심이 많은지 한 번 생각해 보게. 어떤 분야지?"

"저는 부동산입니다."

"좋아. 부동산! 그럼, 자네는 지금부터 올해 말까지 부동산에 관련된 책만 골라서 최소한 20권 이상 읽어야 하네. 그렇게 되면 부동산 전문가를 만나더라도 대화에서 밀리지 않을 만큼의 식견을 갖게 될 것이네. 도전해 볼 텐가?"

당연한 이야기다. 부동산과 관련된 책을 20권 이상 집중적으로 읽는다면, 전문가 수준으로 올라가 있을 것이다.

"네, 그렇게 하겠습니다. 그런데 부동산에 대해 잘 모르는 제가 20권이나 되는 책을 어떻게 골라야 할지 엄두가 나지 않습니다. 부동산 책만 해도 서점에 가면 수백 종이 넘고, 책을 추천 받는다고 해도 문외한인 제가 좋은 책인지 아닌지 구분하기도 쉽지 않을 것 같습니다만….”

"그건 걱정하지 말게. 아주 간단하네. 인터넷 서점에 들어가면 부동산 분야의 베스트셀러를 추천해 놓았을 것이네. 그 중에서 상위 1~5위까지의 책은 무조건 사서 읽도록 하게. 첫 책을 읽을 때는 이해가 부족해서 힘들고 어렵겠지만, 다음 책부터는 조금씩 쉬워질 것이네. 5권 정도 읽고 나면 부동산에 대한 감각과 책을 보는 수준이 어느 정도 높아져 있을 것이네. 그러고 나서 여섯 번째 책부터는 시간이 날 때마다 서점에 들러 부동산 관련 책들을 살펴보면, 자신에게 맞는 책을 고를 수 있게 되네. '이 책은 깊이가 없고, 저 책은 다 아는 내용이고. 어, 이 건 못 보던 내용들이 많네! 한 번 사 봐야겠다.' 이런 식으로 자신의 수준에 맞춰 나머지 15권을 고를 수 있네. 신기한 건, 처음 5권을 읽은 시간과 나중에 15권을 읽은 시간을 비교해 보면 거의 비슷하거나 15권을 읽은 시간이 더 짧다는 것이네. 그만큼 그 분야의 지식이 계속 쌓이기 때문에 책을 읽는 속도가 빨라진 것이지. 이러한 과정을 매년 반복해야 하네."

"네, 알겠습니다. 부동산 책을 20권 다 읽으면… 그 다음은 어떻게 해야 합니까?"

"그때부터 자네가 최소한 10개 분야에서 전문가 수준으로 계속 올라서야 하네. 그래야 실수를 줄이고, 시간을 절약하여 빠르게 부자가 될 수 있네. 내가 추천하는 10개 분야는 아파트, 상가, 토지, 경매(공매), 주식, 채권, 해외 투자(곡물, 광물, 에너지) 예술품, 그리고 세금과 인공지능이라네. 처음에는 한 분야에 집중하여 준 전문가 수준에 이른 다음, 나머지 분야로 점점 확장해 가다 보면 자신에게 맞는 투자 분야를 찾게 될 것이고, 그쪽으로 투자를 시작하면 되네."

'헉! 10개 분야나 공부해야 한다고?'

갑자기 부담이 밀려오기 시작했다.

그래서 이렇게 물었다.

"꼭 그렇게 책을 많이 읽고 공부해야만 부자가 될 수 있습니까? 제가 아는 부자 중에는 책을 전혀 가까이 하지 않으면서도 크게 성공한 분들이 많던데요? 그리고 중소기업 사장님들이나 대기업 CEO들은 항상 바빠서 책 읽을 시간도 없다고 불평하시는데, 이분들 중에도 부자가 많지 않습니까?"

"크흠, 이렇게 설명하겠네. 사람이 지식과 정보를 흡수하는 방법에는 크게 세 가지가 있네. 첫 번째 방법은 책과 인터넷을 통한 정보와 지식의 습득이네. 물론 잡지와 신문, 유튜브도 포함해서 말일세. 그러나 이것은 이미 지나간 과거의 정보와 지식을 습득하는 방법이지. 책을 출판하는 데도 최소 몇 달은 걸리고, 인터넷과 신문 역시 하루가 지난 정보들이지 않겠나?"

"네, 맞습니다."

"두 번째 방법은 훌륭한 선생님 밑에서 그분의 가르침을 받는 방법이라네. 학교에서 수업을 받는 방식이지. 이것 역시 이미 입증된 이론과 현상에 대한 체계적인 지식 습득 방법이지만, 지나간 지식과 정보들이라네."

"네, 그것도 맞습니다. 그럼, 세 번째 방법은 뭡니까?"

"세 번째 방법은 가장 훌륭하고도 확실한 방법인데, 이것은 이미 성공한 사람들을 만나 대화를 나누면서 배우는 방법이라네. 과거의 지식과 정보, 경험은 물론 현재와 미래의 변화까지도 함께 배울 수 있는 가장 좋은 방법이지. 자네가 말한 책을 별로 읽지 않으면서도 성공하고 부자가 된 사람들이 주로 사용하는 방법으로, 살아있는 지식을 습득할 수 있는 가장 확실한 방법이라네. 그렇지만 어느 정도는 상대방의 말귀를 이해하고 질문할 수 있는 수준은 갖추고 있어야 하네."

천만장자의 설명에 수긍이 갔다. 책을 가까이하지 않으면서도 성공하고 부자가 된 사람들이 왜 그렇게 많은 사람을 만나고 다니는지 이해가 되었다.

"부자들의 여섯 번째 공통점이 엄청난 독서량이라는 것을 명심하고 오늘부터 바로 실천하길 바라네. 알겠나?"

"네. 잘 알겠습니다."

부자들은 사치를 부리지 않는다고?

" 부자들의 일곱 번째 공통점은 사치를 부리지 않는다는 점이네."

왠지 말이 안 되는 말씀을 하시는 것 같았다. 부자들은 넘쳐나는 재산에 걸맞은 사치와 낭비를 할 것이라 믿고 있었기 때문이다. 그래서 천만장자에게 물었다.

"제가 생각하기에 근검절약하여 자수성가한 부자들은 그러리라 믿습니다만, 일반적으로 부자들은 소득 수준에 따라 어느 정도는 사치를 하지 않나요? 유명 연예인이나 스포츠 스타, 재벌가의 사치스러운 소비는 널리 알려진 사실 아닙니까?"

"자네의 그런 생각이 바로 부자들에 대한 잘못된 편견이라네. 물론 엄청난 사치로 물의를 일으킨 부자들도 있지만, 현실은 그렇지 않네. 아무리 재산이 많아도 사치를 부리기 시작하면 그 많던 돈들이 금방 사라져 버리지. 돈은 벌기도 어렵지만, 그 돈을 유지하는 게 더 어렵다는 사실을 부자들은 너무나도 잘 알고 있다네."

"아무리 근검절약하는 부자라도 돈에 여유가 있으면, 자신을 위해 쓰고 싶어 하는 게 사람 마음 아닐까요?"

"물론 자네 말이 틀린 건 아니지만, 물려받은 돈이나 쉽게 번 돈, 느닷없이 생긴 돈이 사치하게 만든다는 걸 알아야 하네. 자기가 열심히 노력해서 피땀 흘려 모은 돈은 절대 함부로 쓰지 못하네. 돈을 벌려고 안 먹고, 안 입고, 안 사고 악착같이 모은 돈인데, 쉽게 쓰려고 하겠나? 자기 수준에 맞는 명품 한두 개는 사겠지만, 대부분은 절제하며 아낀다네. 그렇지 않고서는 절대로 부를 이룰 수 없지. 그렇다고 오해하지는 말게. 생활비나 외식비, 여행비 등은 보통 사람들의 소득 수준에 비해 높기 때문에 돈을 더 많이 쓰는 것은 사실이네."

내가 부자는 아니지만, 천만장자의 말에 어느 정도는 공감이 됐다.

"내가 부자를 정의하기를 '소득에서 생활비와 저축을 제외한 나머지 돈을 투자로 연결하여 소득이 늘어나는 시점부터 부자'라고 했네. 부자들은 투자에서 발생한 소득의 일부를 모아서 자신이 갖고 싶은 자동차와 명품을 구입하는 것이지, 원금을 깨거나 돈을 빌려서 물건을 사는 경우는 절대로 없네. 그렇지만 가난한 사람들은 원금을 깨거나 자신의 미래 소득을 당겨서, 즉 빚을 내서 소비를 하기 때문에 '사치'라는 말을 듣는 것이라네."

마치 나를 두고 하는 말 같아서 얼굴이 화끈거려 고개를 들 수 없었다.

"그래서 부자들이 물건을 사는 시점은 보통 사람들에 비해 훨씬 더 오래 걸린다네. 돈이 있다고 바로 사는 것이 아니지. 물건을 사는 시점만 보면 부자니까 곧바로 현금으로 산 것처럼 보이지만, 그 내면을 들여다보면 몇 개월, 몇 년에 걸쳐서 번 돈으로 사는 것이라네. 이런 사례를 들어보겠네. 코로나 바이러스 확산으로 움츠러든 국내 경기를 살리려고 국가에서 긴급재난지원금을 가구 수에 따라 지급했고, 4인 이상 가구는 100만 원을 받았네. 그 후 무슨 일이 일어났는가? 보통 사람들은 받은 지원금에 자기 돈까지 보태 안경테 바꾸고 소고기 사 먹으며 100만 원 이상을 썼네. 하지만 부자들은 그렇게 하지 않았지. 없던 돈이 생겼으니 날린 셈치고, 코로나로 폭락한 주식을 100만 원어치 사서 1년 동안 묻어 두고 거들떠보지도 않았다네. 1년 후에 어떻게 되었나? 그 사이 10배가 올라 1,000만 원이 되었네. 부자들 역시 오른 주식을 팔아서 100만 원으로 안경테 바꾸고 소고기를 사 먹었네. 그러고도 900만 원이 계좌에 남아 있네. 내가 말한 '사치'의 의미를 알겠는가?"

"……."

나는 할 말이 없었다. 이제부터는 '사치'라는 단어를 재정의해야 할 것 같다.

<u>투자에서 얻어진 소득을 모아 원금을 깨지 않고 소비하는 행위는 사치가 아니고, 그 반대의 모든 소비 행위는 '사치'다.</u>

'사치'가 이런 의미라면 자동차를 할부로 사는 것도 '사치'요, 술한 잔 마시고 신용카드로 결제하는 것도 '사치'요, 휴대폰을 24개월 할부로 사는 것도 '사치'인 셈이다. 이 기준이면 보통 사람들이 모두 '사치'를 하는 것이고, 나 역시 그동안 '사치'를 해왔던 것이다.

국어사전에서는 '사치'를 '분에 넘치게 옷, 음식, 거처 등을 치레함'이라고 풀이했지만, 지금부터는 그 정의를 이렇게 고쳐 써야 할 것 같다.

'사치란 투자로 만들어진 소득으로 구입하지 않고, 원금을 깨거나 신용카드로, 혹은 빚을 내서 구입하는 모든 소비 행위.'

이러한 정의에서 보면 보통 사람들이 부자가 되지 못한 것은 당연한 일이고, 사치를 멈추지 않는다면 죽을 때까지 절대로 부자가 될 수 없다.

어찌한단 말인가. 나는 지금도 그렇게 살고 있는데….

내가 한숨짓는 표정을 보이자, 천만장자가 빙그레 미소를 지으며 내게 물었다.

"그래도 부자들이 신체의 특정 부분에는 사치를 하는 경향이 있다네. 어디일 것 같은가?"

갑자기 무슨 소리인가. 부자들도 사치를 한다고?

신체라면… 시계, 아니면 반지나 목걸이? 슈트, 향수, 넥타이, 핸드백…. 머리끝부터 발끝까지 쫙 스캔해 봤는데 쉽게 떠오르지 않았다. 그래도 번쩍이는 롤렉스 같은 시계가 아닐까 싶어서 이렇게 말씀드렸다.

"혹시… 시계 아닙니까?"

천만장자가 당연히 그럴 줄 알았다는 표정을 짓더니, 시계를 차지 않은 자신의 양쪽 손목을 보여주며 말했다.

"시계가 아니고 신발이라네."

"신발이요? 신기하네요. 왜 신발입니까?"

"왜 그런지 설명해 주겠네. 우선 비싼 신발은 품질이 좋아서 가볍고, 하루 온종일 신고 다녀도 발에 통증이나 불편함이 없고, 오래 신어도 형태가 변하지 않네. 굽이 닳거나 뒤축이 벗겨져도 수리를 맡기면 금방 새것처럼 고쳐 주지. 비싼 신발은 이런 장점도 있지만, 부자들은 '시간은 돈'이라는 걸 누구보다도 잘 아는 사람들이라네. 그래서 값싼 신발을 사면 빨리 닳는데다 발도 아프고, 다시 신발을 사러 돌아다녀야 하고, 매장에 가서 이것저것 살펴보고 고르는 시간이 너무나 아까운 것이지. 그래서 신발만은 최고급을 산다네."

부자와 신발. 처음 듣는 이야기여서 선뜻 공감할 수는 없었지만, 부자라면 그럴 수도 있겠구나 싶었다.

"또 한 가지, 부자들은 구두는 물론 운동화를 신을 때도 늘 구둣주걱을 사용한다네. 집과 사무실 신발장에는 항상 구둣주걱이 있고, 주머니에도 조그만 것을 가지고 다니네. 구둣주걱으로 신으면 신발 뒤쪽의 커프(Cuff)와 뒷안감(Heel Grip)이 처음 샀을 때처럼 늘 깨끗하게 신을 수가 있지. 그러나 구둣주걱을 사용하지 않고 신으면 뒷안감과 커프가 금방 닳아서 찢어지고, 결국은 얼마 안 가서 새 신발을 사게 되지. 그래서 부자들은 이중으로 돈과 시간을 낭비하지 않기 위해 늘 구둣주걱을 사용한다네. 더불어 부자들은 구두나 운동화의 뒤축을 구겨 신는 사람을 보면 분노한다네. 버려야 할 신발을 수선해 신어도 부족한데, 멀쩡한 신발을 구겨 신는, 부자 되기 글러 먹은 태도에 화가 나기 때문이지."

이 말에는 공감이 갔다. 운동화를 자주 신지 않는데도 뒤축의 커프와 안감이 빨리 닳아서 멀쩡한 운동화를 버리고 새로 구입했으니 말이다. 당장 구둣주걱을 사야겠다.

"또한 부자들은 '시간은 돈'이라는 원칙을 사소한 부분에서도

철저하게 실천한다네. 늘 가는 대형 마트의 매장 지도를 간략하게 그려 두었다가 생필품이 필요하면 그 지도에 표시해 놓지. 그러고는 마트에 갈 때, 그 지도를 들고 가서 지도에 표시된 물건만 사고 다른 코너는 거들떠보지도 않고 현금으로 지불하고 바로 나온다네."

"예? 그렇게까지 한다고요?"

"그렇다네. 사소한 사례일 수도 있지만, 부자들이 시간을 돈처럼 아껴 쓰는 노력은 반드시 본받고 배워야 할 점이네. 부자들은 단돈 10원도 함부로 쓰지 않는다네. 그렇기에 '구두쇠, 짠돌이, 왕소금'이라는 싫은 소리를 들어 가면서 부자가 되었지. 부자들은 절대로 사치하지 않고, 근검절약하는 사람들이라는 걸 깊이 새겨 두기 바라네."

남들이 보지 못한 기회를 잡았다고?

❝부자들의 여덟 번째 공통점은 남들이 보지 못하고, 찾아내지 못한 기회를 이용했다는 것이네.❞

어찌 보면 당연한 이야기로 들렸다. 남들이 보지 못한 기회를 잡았으니, 당연히 돈도 벌고 성공하지 않았겠나 싶어서 이렇게 물었다.

"당연한 이야기 같은데, 어째서 이것이 부자들의 공통점이 되나요?"

"그럼, 이렇게 이야기하겠네. 그들은 남들과 치열하게 경쟁하는 시장은 피하고 남들이 거들떠보지 않는 시장에서 성공하고 부를 이루었다는 점에서 블루오션 전략을 따랐다고 볼 수 있지. 다시 말해서 부자들은 일반적인 출세와 성공 가도에 있는 사람들처럼 명문대학을 졸업하고, 좋은 직장에서 높은 소득을 올리는 그런 인생의 성공 경로를 따르지 않았네. 즉 뛰어난 사람들이 경쟁하는 시장에서는 성공하기 어렵다는 걸 너무도 잘 알기에, 그런 사람들이 뛰어들지 않는 시장, 그런 사람들이 관심을 두지 않는 블루오션 시장에서 경쟁자들 없이 또는 아주 적은 경쟁자들을 물리치고 성공과 부를 이루었다네."

"블루오션 시장과 레드오션 시장의 차이는 알지만, 조금 막연하게 들립니다."

"그럼, 예를 들어 보도록 하겠네. 1974년에 최초로 건설된 우리나라 지하철은 그 당시 자체 제작 기술이 없어서 차량을 수입해야 했네. 자네가 사업가라면 지하철 전동차 수입 회사를 설립하겠는가, 아니면 지하철 승차권 발매기 시장에 뛰어들겠나?"

당연히 덩치가 크고 큰돈이 되는 지하철 전동차 시장이 더 매력적으로 보였다. 물론 기술과 투자금이 만만치 않겠지만, 그래도 지하철 승차권 발매기 시장보다는 금액이 훨씬 커서 매력적이라 생각했다.

"당연히 지하철 전동차 시장이 아니겠습니까? 부가가치도 훨씬 높을 것 같은데요?"

"나라면 전동차도 좋지만, 지하철 승차권 발매기 시장을 선택하겠네. 지하철 승차권 발매기는 전동차보다 원가가 적게 들뿐만 아니라, 반복적이고 안정적인 매출을 올릴 수 있는 사업이네. 지하철 전동차는 시간이 지나면 우리나라 기술로 개발될 것이고, 수주 경쟁과 로비 또한 만만치 않겠지만, 승차권 발매기는 경쟁자도 거의 없고 한 번 설치되면 유지 보수와 업그레이드 서비스로 반복적인 수익을 거둘 수 있는 사업 모델 아니겠는가? 이처럼 큰돈으로 보이지 않지만 실속 있는 시장, 즉 남들이 보지 못하고 발견하지 못한 기회를 잡는 것이 사업의 핵심이고, 부자가 되는 지름길이라네."

천만장자가 다시 물컵에 물을 따르며 말을 이어갔다.

"자네, '타일러 조지프 라쉬(Tyler Josef Rasch)'라고 들어봤나?"

"혹시 TV에 나오는 한국말 잘하는 까까머리 미국인 말씀입니까?"

"그래. 바로 그 사람이야. 타일러는 음악에 관심이 많았지만, 음악을 포기하고 시카고 대학 국제학부에 진학했지. 학교에서 프랑스어, 포르투갈어, 스페인어 등 유럽의 언어를 배우다가 중국어를 접하면서 동양의 세계관에 빠져들었지. 그 후 한국어에도 관심을 가졌던 그는 국내 어학당을 다녔고, 서울대학교 대학원에서 외교학 석사 학위도 취득했지. 아, 한국 영주권도 받았다더군."

부자들의 공통점과 '테일러'라는 사람은 쉽게 연결이 되지 않았다. 그래서 이렇게 질문했다.

"갑자기 테일러를 말씀하시는 이유는 뭔가요?"

"내가 테일러 사례를 든 이유는 이런 부분 때문이라네. 현재 미국에는 4년제 대학과 2년제 전문대학을 합해서 4,300여 개의 대학이 있고, 매년 학사 200만 명, 석사 85만 명, 박사 18만 명, 대략 300만 명이 학위를 취득하네. 만약 테일러가 미국에서 계속 활동했다면, 300만 명의 졸업생 중에서 미국 언론의 눈에 띄어 유명인이 될 수 있었을까? 졸업생들이 취직을 하거나 자기 사업을 생각하며 치열한 미국 시장에만 매달릴 때, 테일러는 미국인들이 관심을 두지 않는 한국을 선택했네. 물론 뇌섹남(뇌가 섹시한 남자)으로 똑똑하고 재치 있고, 여러 외국어에도 재능을 가지고 있으니 미국에서도 자리를 잡았겠지만, 대한민국에서는 그를 모르는 사람이 없을 정도로 유명해졌네. JTBC 〈비정상회담〉에 출연해서 유창한 한국말로 우리나라 사람들도 놀라는 고사성어를 읊어

댔고, 아나운서도 모르는 사투리 문제를 풀어 가는 한국어 실력으로 시청자들의 눈길을 사로잡았네. 미스터리 음악쇼 〈복면가왕〉에서는 '수상한 모자장수'로 변장하여 본인의 노래 실력도 뽐냈지. 라디오, 토크쇼, 강연, 저자, 모델, 광고와 영화 출연은 물론 WWF(세계자연기금활동) 홍보대사로 활동하는 한편, 환경 솔루션 제품 개발 스타트업도 운영하고 있네. 거기다 '언어 만수르', '애저씨(애 아저씨)', '한사미인(한국을 사랑하는 미국인)'이라는 별명까지 얻어 많은 돈을 벌며 한국 시청자들의 사랑을 듬뿍 받고 있네."

TV 채널을 이리저리 돌리다가 몇 번 보기는 했지만, 테일러가 이 정도인 줄은 몰랐다.

"한 인터뷰에서 테일러는 현재의 자신을 10점 만점에 10점으로 부여하면서, 대한민국에서의 삶의 만족도가 최상임을 밝힌 적도 있네. 한 번 생각해 보게. 테일러가 미국에 있었어도 10점 만점의 행복 점수를 매길 수 있었을까? 남들이 보지 못하고 도전하지 않았던 한국 시장이기에 가능했던 것이지. 이것이 바로 테일러의 차별점이고 경쟁력이라네."

외국인을 예로 들어 설명했지만, 블루오션과 차별화의 개념을 이해하는 데 더없이 좋은 사례였다.

나는 천만장자의 이야기에 공감하며 고개를 끄덕였다.

"남들이 보지 못하는 기회를 간파하고 도전하는 용기, 자신보다 뛰어난 사람들이 머리를 맞대고 치열하게 경쟁하는 시장보다는 남들이 멀리하는 시장, 남들이 거들떠보지 않는 시장에 뛰어들어 성공하는 것이 부자 되는 지름길이라네. 알겠는가?"

"네, 무슨 말씀인지 이해했습니다."

천만장자가 말하려는 핵심은 부자가 되려면 남들이 가지 않는 길, 남들이 보지 못하는 기회를 잡으라는 것에 방점을 찍고 있었다.

부동산으로 부자가 되었다고?

❝부자들의 아홉 번째 공통점은 부자들 대부분이 부동산으로 돈을 벌어 부자가 되었다는 점이네.❞

나도 그러리라 생각했다. 내가 아는 이들 중에는 주식이나 채권, 사업으로 부자가 된 사람도 있지만, 대부분은 부동산으로 부자가 되었다. 고액 연봉 경영자, 전문직 종사자, 유명 연예인, 스포츠 스타, 도박과 사채업의 불법 비즈니스 등으로 돈 좀 벌었다는 사람들은 거의 다 부동산에 돈을 묻었다. 결국 모든 돈의 종착지가 부동산인 셈이다.

"전 세계적으로도 주식보다는 부동산으로 돈을 번 부자들이 훨씬 많다네. 왜 그렇다고 생각하나?"

직장인들 치고 주식과 부동산에 관심 없는 사람은 없듯이, 나 역시 귀동냥을 하며 주워들은 게 있다 보니 어렵지 않게 답할 수 있었다.

"주식은 변동성이 커서 원금을 잃을 가능성이 있지만, 부동산은 상대적으로 안정적이라서 그런 것 같습니다."

"자네 말이 틀린 건 아니지만, 정답은 아니네. 부동산의 가장 큰 특징은 쉽게 늘릴 수 없다는 희소성이라네. 다시 말해서 공급이 제한적이라는 것이지. 지구의 총면적이 5억1천만㎢인데, 바다, 강, 호수를 제외한 순수 육지는 1억4천5백만㎢ 정도로 지구

전체 면적의 29%밖에 안 되네. 아무리 간척 사업을 해도 지구의 땅은 쉽게 늘릴 수가 없지. 이에 비해서 주식은 증자(자본금의 증액)를 통해 주식 수를 곧바로 늘릴 수가 있네. 경제학의 수요공급 곡선으로 볼 때도 부동산은 공급이 제한되어 있어서 가격이 유지되거나 오를 가능성이 있지. 하지만, 주식은 상대적으로 공급이 자유로워서 가격 변동성이 클 수밖에 없네."

부동산과 주식 이야기가 나오자, 천만장자의 설명이 깊어지는 동시에 길어지기 시작했다.

나는 한 마디도 놓치지 않으려고 더욱 집중했다.

"또 한 가지 특징은 부동산을 갖는다는 건 배타적 독점소유권을 확보한다는 말과 같네. 부동산을 구입한다는 것은 늘어나지 않는 지구의 육지 일부분을 갖는 것이고, 지구 면적의 일정 지분을 소유하게 된다는 말이네. 지구의 땅은 불변인데 사람들이 부동산 시장으로 계속 몰려와 수요가 늘어나므로 가격은 상승할 것이고, 결국은 돈을 벌 수밖에 없네."

경제학에서 배운 수요공급의 법칙상 당연한 귀결이다.

"여기서 중요한 점은 부동산은 매달 현금 수입이 발생한다는 것이지. 상가나 건물, 아파트에서 월세가 나오고, 땅을 빌려 주고 매달 돈을 받을 수 있네. 물론 주식도 월 배당을 주는 ETF 상품이 일부 있지만, 부동산에 비하면 수익률도 낮고 일정치가 않지. 안정성 측면에서 보더라도 회사가 파산하면 주식은 휴지 조각이 되어 가격이 '0'이 되지만, 부동산 가격은 절대로 '0'이 될 수 없네. 특히 아파트나 주택의 경우, 전셋값이 집값의 60~80% 선을 받쳐 주는 안전핀 역할을 하기 때문에 쉽게 무너지지도 않지. 수익률 측면에서도 큰 차이가 나네. 예를 들어 5천만 원을 투자한 주식이 1억 원이 되려면 무려 100%나 상승해야 하지. 그런데 10억짜리 부동산은 10%만 올라도 1억 원을 벌 수 있네. 투자금 측면에서 보더라도 사회적으로 문제가 되었던 부동산 갭투자의 경우에는 자기 돈 한 푼 안 들어가는 '무피투자(매매대금=전세금)', 오히려 돈을 받고 매입하는 '플피투자(Plus Fee, 매매대금〈전세금)'는 투자금 '0원'으로도 돈을 벌 수 있네. 하지만, 주식은 투자금 없이는 절대로 돈을 벌 수 없다네. 활용 가능성 측면에서 볼 때도 배가 고프다고 밥 대신 주식을 씹어 먹을 수는 없지만, 부동산은 빈 땅에 집을 지을 수도 있고, 기존 집에 입주하여 살 수도 있네. 결론적으로 부를 쌓는 데는 주식보다 부동산이 월등한 경쟁력을 갖고 있기 때문에, 부자들 대부분이 부동산으로 돈을 벌게 된 것이라네."

천만장자의 부동산에 대한 관점은 확신에 차 있었다.

그렇지만 부동산 가격이 하락하면 고통을 받을 수 있고, 역전세로 인해 집이 경매로 넘어가는 상황도 있기에 이런 질문을 던질 수밖에 없었다.

"일본의 잃어버린 20년, 30년처럼 우리나라 부동산 시장도 폭락을 우려하는 목소리들이 있습니다. 또한 시간이 흐를수록 인구가 줄어들기 때문에, 이제는 부동산으로 돈을 벌 수 없다고 주장하는 사람들도 있습니다. 그래도 부동산으로 부자가 될 수 있을까요?"

"대한민국 부동산은 1986년 이후 지금까지 열한 번 하락하고 스물여섯 번이나 올라 상승이 2배나 많았네. 그래서 '부동산 불패신화'라는 말이 나올 수밖에 없었지. 부동산은 일반적으로 3~5년의 작은 사이클과 10~15년마다 큰 사이클을 타며 상승과 하락을 반복하지만, 결국은 상승했네. 장기적으로는 저출산, 고령화, 생산연령인구의 감소로 부동산 가격이 하락하겠지만, 당분간은 크게 부침을 겪을 가능성이 크네. 그러나 금리가 제자리를 찾고, 세계 경제가 안정화 되면 다시 반등할 것이네."

천만장자가 물컵을 들어 한 모금 마시고는 다시 부동산에 관한 이야기를 이어갔다.

"자네가 부동산에 관심이 많은 것 같으니, 조금 더 구체적으로 살펴보도록 하겠네."

아파트를 고르는 기준은 뭘까?

부동산 투자에 관한 이야기가 시작되자, 흐트러진 몸을 바짝 세우고 천만장자의 말에 더욱 집중하기 시작했다.

"부동산의 투자 대상은 토지, 아파트, 상가, 단독주택, 상가주택, 오피스텔, 아파텔, 빌라 등 다양하지만, 아파트와 토지를 중심으로 설명하겠네. 먼저 아파트를 고르는 기준부터 알아보세. 자네, 아파트에 투자할 때 첫 번째 고려 대상이 무엇이라고 생각하는가?"

아파트를 고르는 첫 번째 기준이라면, 투자금이 많이 들어가므로 현실적으로는 '가격'이 우선이다. 하지만 질문에 다른 의도가 있으리라는 합리적인 의심이 들어 조심스럽게 말씀드렸다.

"음… 저는 교통 편의성이 최우선이라고 생각합니다."

"대부분 출퇴근과 관련된 교통 환경을 생각하지만, 정답은 그게 아닐세. 첫 번째 기준은 무조건 '학군'이라네."

"학군이요?"

"그렇다네. 미혼이거나 자녀가 어린 경우, 또는 자식들을 다 키웠다고 해서 학군을 무시하는 사람들이 있는데, 그건 하나만 알고 둘은 모르는 짧은 생각이네. 본인의 상황이 학군과 무관하더라도 아파트를 팔거나 전세를 줄 때, 새로 입주할 사람들은 학군을 보고 들어오기 때문에 아파트 가격에 상당한 영향을 미치게 되네. 아파트 가격에서 학군 프리미엄은 적어도 30~40%를 차지한다고 볼 수 있지. 자네도 잘 알듯이 우리나라의 교육열은 세계 1등이고, 1인당 GDP가 3만 달러를 넘어 이제는 선진국 대열에 진입했네. 그 결과 평균소득이 높아졌고, 자녀들도 적게 낳다 보니 자식들에 대한 교육 투자가 더욱 중요해졌지. 그런 이유로 부동산 투자에서 '학군'은 가장 핵심적인 요소가 되었네."

"학군이라면… 강남구, 서초구의 8학군에 투자하라는 말씀이십니까?"

"내 말은 그게 아닐세. 전국 어느 지역에 살더라도 지역마다 유명한 학군들이 반드시 있네. 학군은 한 번 형성되면 거의 바뀌지 않고, 근처에 신도시가 들어서도 쉽게 옮겨 가지 않는다네. 특히 좋은 학군에 위치하고, 반경 1km(걸어서 15분 이내) 안에 초·중·고등학교가 모두 있는 아파트라면 으뜸이네. 교육부에서 제공하는 '학구도 안내 서비스(schoolzone.emac.kr)'를 이용하면 아파트별로 어느 학교에 배정되는지 알 수 있으니까 이를 잘 활용하면 되네. 그러나 대단지 아파트인 경우에는 동별로도 학군이 달라지기 때문에 반드시 확인해야 하네. 그리고 또 한 가지, 좋은 학군은 반드시 학원가와 연결되기 때문에, 학원들이 늘어나면 다시 아파트 가격에 영향을 미치게 되네. 현재 학령인구가 줄어들어 학교가 늘어나지 않음에도 불구하고, 학교나 학급 수가 늘어난 지역이 있다면 아파트 가격이 오를 가능성이 크네. 예를 들어 서울 강동과 송파는 초등학교와 중학교가 늘어났고, 강남의 유명 학원들이 분점을 내는 화성 동탄, 용인 수지구청 부근 등과 같이 학원이 늘어나는 지역은 눈여겨보아야 하네."

"아파트에 투자할 때는 학군과 학원가를 중점적으로 살펴보라는 말씀이군요."

"그렇네. 아, 그리고 이왕 말이 나온 김에 아파트의 기원과 서울의 아파트 역사를 한 번 살펴보는 것도 자네에게 도움이 되리라 생각해서 이야기해 주겠네. 아파트란 5층 이상의 다층 구조 공동주택을 말하는데, 놀랍게도 로마 시대에도 있었다네."

"정말입니까?"

"그렇다네. '인술라(Insula)'라고 불렸는데, 귀족들이 6~7층 정도의 건물을 짓고는 서민들에게 임대하여 월세를 받았다고 하네. 1층에는 상가를, 나머지 층은 주거 공간으로 구성하여 지금의 주상복합아파트와 같은 형태였지. 2층이 제일 비쌌고, 위로 올라갈수록 월세가 낮아졌다고 하네. 근대의 아파트는 18세기 영국에서 산업혁명 당시 도시로 몰려온 노동자들의 주거 문제를 해결하기 위해 지어졌는데, 2차 세계대전 이후에 전 세계로 확산되었지."

"그럼, 우리나라의 아파트 역사는 어떻게 되나요?"

"우리나라 최초의 아파트는 1932년 일제가 서대문구 충정로에 5층으로 지은 '충정아파트'라네. 지금까지도 사람들이 살고 있는데, 서울시가 미래유산으로 지정했지. 1945년 광복 이후 건설한 최초의 아파트는 1959년 고려대 근처 종암동에 세운 5층짜리 '종암아파트'인데, 아파트 건축 기술이 없어 해외에서 기술자를 초빙하여 지었다네. 연탄보일러에 수세식 화장실을 설치했는데,

분양이 안 되어 임대로 돌렸다고 하네."

"일제시대에 지은 아파트에 아직도 살고 있다니, 놀랍군요."

"두 번째 아파트는 1962년 마포구 도화동에 들어선 '마포아파트'인데, 6층에 10개 동으로 642세대가 입주한 대단지 아파트였네. 원래는 10층으로 중앙난방과 수세식 화장실에 엘리베이터까지 설치하려 했는데, 기름 한 방울 안 나는 나라에서 비싼 전기로 난방과 엘리베이터까지 운행하는 초호화판이라며 국민들이 분노했지. 그래서 결국 6층에 연탄보일러로 변경했다네. 그 당시 우리나라 국민의 월평균 소득이 6,600원에 불과했는데, 보증금 4만 원에 월세 3,500원으로 책정했으니 10%도 임대하지 못했지. 그 후 경제개발 5개년 계획으로 산업화가 촉진되면서 많은 사람이 도시로 몰려왔지만, 주거 시설이 부족해 한 집에 세를 들어 여러 가구가 사는 것이 다반사였네."

"언젠가 인터넷 동영상을 검색하다가 1970~1980년대 당시의 아파트와 일반 주택 주거 환경에 관한 영상을 본 적이 있습니다. 지금 말씀을 듣고 보니, 집 없는 사람들의 애환과 서민의 삶을 조금은 이해할 수 있을 것 같습니다."

"자네가 그런 생각을 하다니, 요즘 젊은이답지 않군."

"……"

"아무튼, 그 후 대한주택공사가 설립되면서 전국에 아파트 건설 붐이 일어났네. 1971년에 용산구 이촌동에 중상류층을 위한 큰 평형의 '한강맨션'이 건설되었고, 같은 해에 여의도 시범아파트가 국내에서 제일 높은 12층으로 건설되면서 여의도와 이촌동이 서울 아파트의 중심이 되었네. 그 당시 여의도 시범아파트 18평을 212만 원에 분양했는데, 지금까지 800배나 올랐고, 한강맨션 27평은 340만 원에 분양되어 현재 1,030배 이상 올랐네. 같은 기간 동안 우리나라 물가는 100배(최소 52배~최대 113배), 주식은 30배 정도 올랐으니, 상승률로 보면 부동산이 으뜸이네."

이래서 다들 부동산으로 돈을 벌었구나!

그때 태어날 걸···.

"그다음에는 한강을 건너와 구반포가 중심이 되었다가 압구정동으로 옮겨 갔네. 그 후 강북에 있던 명문 사립고등학교들과 공공기관들이 1976년부터 강남으로 건너와 서울의 중심이 되었지. 그리고 86아시안게임과 88올림픽을 치르고 1989년에 롯데월드가 개장하면서 잠실까지 이어졌네."

천만장자로부터 서울 아파트의 역사를 듣고 나자, 부의 흐름을 어느 정도 이해할 수 있었다.

"문제는 그다음으로 어느 지역이 뜰 것인가 하는 점이네. 자네 생각은 어디가 될 것 같은가?"

그다음 어느 지역이 서울 아파트의 중심이 되지?

내 지식으로는 도저히 그림이 그려지지 않았다.

"글쎄요··· 제 수준에서는 감이 오질 않습니다."

"크흠, 그러니까 자네가 지금껏 부자가 되지 못한 걸세."

천만장자가 갑자기 목소리의 톤을 높였고, 나는 꾸중을 듣는 것 같아서 속이 상했다. 부자가 되는 방법을 모르니까 휴일 늦은 시간에 여기 앉아 있는 것 아닌가. 방법을 알았으면 진즉에 돈을 벌었을 것이고, 여기에 올 일도 없었을 테고 말이다.

"제가 돈을 벌었으면, 이 자리에 와 있겠습니까?"라고 대꾸하고 싶었지만, 마음속으로 삭이고는 천만장자의 다음 말을 기다렸다.

"나는 여의도와 이촌동으로 다시 돌아갈 것으로 보네."

"여의도와 이촌동이라고요? 왜 그곳입니까? 아쉽게도 그곳은 저와 인연이 없는데…. 만약 그렇게 된다면, 강남 사람들이 무척 서운해하겠는데요!"

"자네도 생각해 보게. 현재 서울에는 아파트를 더 지을 땅이 없네. 아파트 수요는 계속 늘지만, 추가로 공급할 땅이 없잖나? 유일한 방법은 오래된 낡은 아파트를 재건축하여 초고층으로 올릴 수밖에 없지. 이미 서울시에서 여의도 시범아파트를 중심으로 여의도 아파트들을 54~65층으로 재건축을 허용했고, 이촌동은 물론 목동까지도 재건축 초고층 아파트들을 검토하고 있네. 그렇게 되면 이 지역은 뉴욕의 맨해튼처럼 초고층 빌딩의 스카이라인이 형성되어 대한민국의 랜드마크가 될 가능성이 높다네. 더불어 서울시가 여의도에서 출발하여 제주도까지 운행하는 유람선을 띄울 계획도 추진하고 있지. 만약에 유람선 노선이 서울~상하이, 서울~후쿠오카까지 확장되고, 여기에 독일 함부르크의 '엘프필하르모니'나 시드시 '오페라하우스' 같은 콘서트홀을 제2의 세종문화회관으로 짓고, 축구장 7개 면적과 맞먹는 크기의 국제금융지원 시설까지 들어서면, 여의도는 문화와 관광, 금융 복합의 세계적 명소가 되어 더욱 크게 발전할 것이네."

천만장자가 생수병의 물을 컵에 따라 마시고는 나를 지긋이 바라보다가 질문을 던졌다.

"아파트를 고르는 첫 번째 기준이 뭐라고 했지?"

"학군입니다."

"그렇네. 첫 번째 기준은 학군이고, 두 번째 기준은 '환경'이라 할 수 있네. 그리고 세 번째 기준은 자네가 말한 교통 편의성, 즉 역세권이네. 환경과 역세권은 연관성이 깊으니까 둘을 함께 설명하겠네. 두 번째 기준인 환경에는 여러 가지 요소가 포함될 수 있겠지만, 그 중에서도 '조망권'이 가장 중요하네. 예를 들어 한강변 아파트의 경우, 같은 층에 같은 평수라도 강이 보이는 쪽과 그렇지 못한 쪽은 무려 5억 이상 차이가 나네."

"세상에! 아무리 고가 아파트라지만 조망권으로 인해 지방 아파트 한 채 값인 5억 원 이상 차이가 난다고요? 그 정도인 줄은 몰랐습니다."

"앞으로는 조망권 유무에 따라 10억 원까지도 차이가 벌어질 수 있네. 그 이유가 뭔지 알겠는가?"

"잘… 모르겠습니다."

"부자들은 그 정도의 돈을 지불하고도 살 수 있는 경제적 여력이 있기 때문에 전망을 매우 중요하게 여긴다네. 내가 방금 서울의 아파트 중심이 여의도와 이촌동으로 회귀할 것이라고 말한 이유도 고층 아파트에서 한강을 바라볼 수 있는 조망권이 크게 한 몫하기 때문이라네. 조망권과 더불어서 아파트 주위에 산책로와 공원, 호수, 등산을 할 수 있는 가까운 산도 있으면 쾌적성까지 갖춰서 최상이지. 그에 더해 지하철역에 근접한 역세권이라면 만점이네. 자네도 잘 알겠지만, 지하철이 개통되면 아파트 가격이 20% 정도 더 오르는 게 일반적이지. 그런데 아파트 가격은 같은 역세권이라 하더라도 지하철의 종착역이 중간역보다 더 오르고, 환승역 지역이 오른다는 특징이 있네."

"그건 왜 그렇죠?"

"환승역 지역은 갈아탈 필요 없이 원하는 노선을 바로 탈 수 있기에 그렇고, 지하철 종점은 항상 앉아서 갈 수 있다는 장점 때문이지. 중간 역에서 타면 365일을 서서 가야 하고, 그로 인한 누적 피로도 무시할 수 없기에 이왕이면 종착역을 선호하는 것이지. 그래서 시간이 지나면 종착역이 더 오르게 된다네. 그리고 정말 중요한 것은, 같은 지하철 역세권이라도 강남을 통과하는 노선이 훨씬 더 많이 상승하게 되어 있네."

"그건 또 왜 그렇습니까?"

"그 이유를 알려면 강남의 발전사를 이해해야 하네."

사실 '강남', '강남' 말만 들었지, 나와는 관계 없는 별천지처럼 여기고 관심을 두지 않았다. 그런 나에게 강남의 역사를 설명해 준다기에 기대감이 급상승했다.

"1953년 6·25전쟁이 끝났을 때, 우리나라의 1인당 GDP는 67달러에 불과하여 아프리카의 가나, 콩고, 나이지리아, 케냐보다도 가난한 세계 10대 빈곤국 중 하나였네. 1961년 5·16군사정변으로 정권을 잡은 박정희 대통령은 국가를 발전시키고 싶어도 돈이 없었지. 그래서 1965년 전 국민의 반대를 무릅쓰고 해방 후 중단

되었던 한일 국교 정상화를 추진했고, 일본으로부터 무상 3억 달러를 포함해 총 8억 달러의 개발지원자금을 받게 되네. 이 돈을 밑거름으로 경제개발 5개년 계획이 시작되자, 일자리를 찾는 전국 각지의 사람들이 서울로 몰려들었네."

출퇴근 시간에 유튜브 동영상을 시청하다가 1960년대 산업화가 진행될 당시의 서울을 촬영한 오래된 영상을 발견하곤 호기심에 몇 번 본 적이 있었다. 나는 머릿속으로 그 장면을 떠올리며 천만장자의 이야기에 집중했다.

"그 결과, 서울 강북의 인구가 무려 350만 명에 육박했고, 그로 인한 주택난이 큰 사회적 문제로 떠올랐네. 강북에는 더 이상 집을 지을 땅이 없어 산기슭까지 판자촌이 들어서 도시가 슬럼화되었고, 각종 범죄와 사고가 끊이질 않았네. 이에 정부와 서울시는 인구와 시설이 밀집한 강북을 분산시키고자 당시 거의 논밭이었던 강남을 개발하게 되었네. 더불어 제3한강교(한남대교)를 필두로 여러 개의 다리를 건설해 강남으로의 접근성을 개선하기 시작했지. 나중에는 남산3호터널도 뚫어 한남대교와 경부고속도로와도 연결했네. 이를 위해 정부는 강남을 개발촉진지구로 선정하고 엄청난 혜택과 함께 취득세, 등록세, 재산세 등 각종 세금까지 면제하여 사실상 부동산 투기를 부추겼지. 그리고 해당 지역은 '아파트지구'라는 이유를 들어 아파트와 그 부속 건물 외에는 다른 건물을 짓지 못하도록 하여 아파트 건설을 촉진했다네."

"지금으로서는 상상할 수 없을 정도로 엄청난 특혜를 줘 가며 개발을 밀어붙인 거네요."

"그렇네. 그때 공무원 아파트와 시영 단독주택을 건설하여 무주택 서울시 공무원들과 시민들에게 분양했는데, 생활에 필요한 기반 시설이 전혀 갖춰지지 않은 탓에 상당수가 집을 되팔고 다시 강북으로 돌아갔네. 그러자 서울시에서는 강남을 아파트 주거 단지로 정착시키기 위해 한강 이북 지역을 대상으로 택지개발을 금지하는 조치를 발표하고, 강북의 종로, 중구의 모든 지역을 재개발지구로 묶어 신축, 증축, 개축을 제한했네. 더불어 다양한 혜택을 만들어서 생활 편의 업소를 강남으로 이전 및 개업하도록 유도했고, 강북의 행정기관들과 공공시설, 학교들까지 강제로 이주시켰네. 대표적으로 법원, 검찰청, 고속버스터미널 그리고 강북의 명문 중고등학교들이 강남으로 옮겨 갔지. 그 후 지하철 2호선 순환선을 개통했고, 86아시안게임, 88올림픽을 거치면서 테헤란로를 중심으로 금융권을 포함한 다양한 기업들이 이전해 왔다네. 그리고 1988년에 한국종합무역센터(COEX)까지 들어서면서 강남은 대한민국의 비즈니스 1번지가 된 것이네."

그동안 알려고 하지도 않았고 관심도 없었지만, 강남이 한국의 대표적인 금융·비즈니스 도시로 발전하게 된 이유를 이제야 알 것 같다.

"강남의 아파트는 1990년대까지만 해도 강북과 가격 차이가 크지 않았다네. 그런데 결정적으로 2000년 초반부터 1970년대에 지어진 강남의 저층 아파트 5만여 가구를 고층 아파트로 재건축하면서 가격이 급등했지. 이것이 기존 강남의 아파트까지 가격을 끌어올려 대한민국에서 제일 비싼 동네가 되었네. 특히 가수

'싸이'가 '강남스타일'이라는 노래로 '케이팝(K-Pop)' 붐을 일으킨 사실은 자네도 잘 알 것이네. 그 노래를 계기로 이제는 전 세계 사람들이 오고 싶어 하는 한국의 명소가 되었으니, 앞으로 대한민국의 그 어떤 곳도 강남을 넘어서는 일은 일어나지 않을 거라 보네."

천만장자로부터 강남의 태동 배경과 발전사를 들으니, 강남을 보는 눈이 확 달라졌음을 느낄 수 있었다. 그리고 늦었지만, 부자가 되려면 이제부터라도 관심을 가져야겠다는 생각이 들었다.

"강남은 강북에서 강남으로 인구를 분산시키려는 목적으로 건설된 도시였지. 그래서 강북에 살면서 강남으로 출근하거나, 반대로 강남에 살면서 강북으로 출근하지 않도록 강남 내에 직장과 주거지를 함께 마련하여 '직주근접'의 강점을 갖게 했네. 이렇게 직주근접의 환경이 만들어지자, 자연스럽게 문화 공간과 여가 시설 및 관련 인프라가 갖춰져 생활의 편리성이 향상되었고, 소득 수준에 맞게 고급화되었네. 그로 인해 '강남'이라는 브랜드가 부의 상징이 되었고, 강남에 있는 회사들과 주민들은 우월감을 갖게 되었다네."

"강남이 부의 상징처럼 불리는 이유가 궁금했는데, 이제는 알 것 같습니다."

"이해가 됐다니 다행이군. 아무튼 이러한 강남의 인지도와 경쟁력, 비즈니스 1번지라는 명성, 그리고 다양한 편리성으로 인해 강남 이외의 지역 및 경기도에서 강남으로 통근하거나 업무상 또는 유흥 목적으로 방문하는 인구가 계속 늘어났다네. 그럼 어떻게 되겠나? 강남으로 쉽게 접근할 수 있는 지하철 노선에 위치한 집값은 오를 수밖에 없네. 앞으로 강남으로의 접근성을 획기적으로 개선한 GTX까지 개통되면, 해당 역세권은 더욱더 오를 것이네."

"그럼, GTX 정차역도 눈여겨봐야겠네요."

"당연하지. '수도권 광역급행철도'라 불리는 GTX(Great Train Express)는 서울, 인천, 경기도의 주요 지역을 연결하는 신규 노선이라네. 그런데 기존의 노선들이 많은 지역을 구불구불 돌아, 서울에 진입하는 데 시간이 많이 걸리는 단점을 개선하려고 계획된 노선이지. 그래서 지하 40m 이상 깊은 곳에 터널을 뚫어 노선을 최대한 직선화시켜 기존 지하철보다 3배 이상 빠르도록 설계했네. 내가 앞서 말했듯이, 서울은 더 이상 아파트를 지을 땅이 없어서 그간 신도시를 개발하여 경기도로 주거 지역을 확장했네. 그런데 문제가 생겼네. 신도시에 사는 이들 대부분은 서울로 통근하는데, 기존의 도로들은 이미 한계에 다다랐다는 것이지. 그래서 정부와 서울시는 외곽 지역을 도심으로 연결하는 영국 런던의 '크로스레일(Crossrail)'을 모델로 삼아 GTX-A, B, C, 그리고 아직 노선이 미확정된 GTX-D(서부권 광역급행철도)까지 4개 노선을 신설하기로 했네."

"혹시, GTX에 대한 정보를 알 수 있을까요?"

"크흠. 설명해 줄 테니, 잘 들어보게. GTX-A는 '파주 운정~연신내~서울역~삼성역~수서~성남~용인~동탄으로 연결되는 11시에서 5시 방향으로 수도권을 가로지르는 노선이네. GTX-B는 인천대~부평~부천~여의도~용산~서울역~청량리~상봉~별내~마석'으로 이어지는 2시에서 8시 방향으로 수도권을 동서로 통과하는 노선이지. GTX-C는 '덕정~의정부~청량리~양재~과천~금정~상록수 및 수원'으로 연결되어 12시에서 6시로 수도권을 남북으로 가르는 노선이네. 이제 마지막으로 GTX-D는 '김포 장기~검단~계양~부천종합운동장'까지만 신설하고, 용산역까지는 GTX-B 노선을 공유하는 것으로 검토되고 있는 노선이지. 그런데 용산까지 연결하라는 인천 시민들의 요구가 빗발치고 있고, 나머지 GTX-A, B, C 노선들도 새로운 역을 추가해 달라는 민원이 끊이질 않고 있네. 자네도 잘 알다시피 국회의원선거, 대통령선거가 기다리는데, 표만 된다면 무슨 짓이라도 하는 정치인들 때문에 노선은 계속 변경될 가능성이 높네. 바뀔 때 바뀌더라도 지금의 노선이라면 강남을 통과하는 GTX-A 노선의 북쪽 끝, 파주 운정과 남쪽 끝 수원 동탄, 그리고 GTX-C 노선의 북쪽 끝, 덕정과 의정부 그리고 남쪽 끝 수원, 의왕, 상록수 역세권 부동산이 오를 가능성이 높다네. 그리고 중간 환승역인 서울역, 청량리, 삼성역 부근은 당연히 주목받을 것이네."

설명 중에 천만장자가 GTX-B 노선을 언급하지 않은 이유가 궁금했다. 그래서 이렇게 물었다.

"GTX-B 노선의 경우, 서울역과 청량리역에서 다른 GTX 노선으로 갈아타면 강남으로 진입할 수 있는데, 강남을 통과하지 않는 노선이라고 집값이 오르지 않으면 그 지역 사람들이 실망하지 않을까요?"

천만장자가 미소를 지으며 말을 이었다.

"내가 1990년대에 싱가포르에 갔을 때 지하철에서 지상 출입구까지 연결된 지하보도 에스컬레이터를 보고 무척 부러워했는데, 우리나라도 2010년 이후 이런 에스컬레이터들이 보편화되었네. 설치된 이유는 딱 한 가지였네. 임산부와 어린이들, 그리고 노인들의 통행 불편을 해소하려는 것이었지. 자네도 알다시피 우리나라는 일본을 제치고 세계에서 가장 빠르게 늙어 가는 국가이네. 젊은 사람들도 지하철을 갈아타기 싫어하는데, 노인들은 더 하겠지. 그래서 중간에 환승하지 않고 강남으로 한 번에 이어지는 노선들이 오르게 되어 있네."

"아하, 그런 면도 있었군요."

"다음으로 아파트를 고르는 네 번째 기준은 아파트의 '브랜드'라네. 같은 동네의 아파트라도 어느 건설사에서 지었느냐에 따라 시세가 1~3억 원 정도 왔다 갔다 하네. 아파트 브랜드에는 건설사의 명성과 품질 보증, 그리고 그 아파트에 산다는 자부심과 우월감이 녹아 있지. 그래서 건설사들은 자기 회사 이름보다 아파트 브랜드에 엄청난 광고비를 쏟아 붓는다네. 브랜드는 아파트 단지 밖에 사는 사람들과 차별화시켜 그들만의 공동 사회인 '커뮤니티(Community)'를 형성하였네."

사실 아파트 브랜드는 사회 문제로까지 비화되어 언론에 자주 오르내리고 있었다. 임대아파트와 붙어 있는 게 싫다며 울타리를 치거나 통행로를 막아 버리는 일도 있으니 말이다. 심지어 아파트 값을 떨어뜨린다며 임대아파트가 들어서는 걸 반대하며 시위를 벌이는 기사도 본 적이 있다.

나는 미간을 찌푸렸다가 이내 풀고는 천만장자의 말에 귀를 기울였다.

"비가 와도 우산이 필요 없고, 나갈 필요도 없을 만큼 모든 편의시설이 갖추어져 있지. 은행, 병원, 약국, 애견숍과 동물병원, 슈퍼마켓, 작은 쇼핑몰은 물론, 카페, 조식 뷔페, 식당, 편의점, 서점, 독서실, 헬스클럽, 수영장, 골프연습장, 목욕탕까지 갖추면서 완벽한 몰세권(쇼핑몰 입주), 다세권(다이소 입주), 별세권(별다방, 스타벅스), 슬세권(슬리퍼로 아무 데나 다님), 그리고 욕세권(초기 아파트 가격이 비싸 욕을 먹었지만, 가장 선호하는 단지로 바뀜)으로 변신하며 브랜드 이미지가 더욱 강화되어 외부와 단절된 딴 세상이 되었다네."

"부자가 되는 것도 좋지만, 인간의 이기심은 끝이 없는 것 같아서 씁쓸합니다…."

"흠, 그런 생각이 들 수도 있지. 하지만 어떻게 보면, 우리가 사는 세상은 이미 '1등 독식 사회'로 바뀌었다고 볼 수 있네. 1등이 모든 것을 다 먹어 치우는 세상 말일세. 1등의 점유율이 2등부터 꼴찌까지 합한 것보다 더 커지는 현상이 모든 부분에서 현실화되고 있기 때문에, 아파트에 투자할 때는 브랜드도 반드시 고려해야 하네. 마지막으로, 아파트를 고르는 다섯 번째 기준은 같은 평수라도 대단지의 큰 평수 옆에 붙어 있는 작은 평수의 아파트가 상대적으로 더 오른다는 점에 주목해야 하네. 같은 아파트라도 대단지인 경우에는 거래 물량이 많은데다 선택할 수 있는 폭이 커서 상대적으로 적은 단지의 아파트에 비해 오르는 경향이 있고, 같은 평수라도 큰 평수 옆에 붙은 작은 평수가 오를 수 있네. 예를 들어 같은 34평이라도 옆에 40평이나 50평형과 함께 있는 아파트가, 같은 단지 내 27평이나 18평과 함께 있는 34평보다는 더 많이 오르지. 가격이라는 것이 옆에서 오르면 따라 오르는 경향이 있기 때문에, 같은 평수라도 이런 점을 고려한 투자 전략이 필요하네. 더불어 '개발 재료'라는 것이 있네. 근처에 새로운 지하철역이 검토된다거나 대기업 또는 행정기관의 이전, 근린공원이 조성되거나 대형 쇼핑몰 등 편의시설이 새롭게 형성된다면, 이것도 당연히 가격에 영향을 준다네. 여기까지가 아파트 투자에 대한 간략한 설명이네."

"네, 수고하셨…."

"아! 아파트 매수와 매도의 가격 기준에 대한 이야기를 빠뜨렸군. 상황과 지역에 따라 다를 수 있지만, 일반적으로 매수는 공시가격의 120~150% 선에서, 매도는 공시가격의 200% 선을 기준으로 고려하면 되네."

"네, 알겠습니다."

천만장자가 말하는 아파트 투자 요령은 크게 다섯 가지로 정리되었다. 첫 번째가 학군이다. 무조건 좋은 학군이 있는 아파트가 더 오른다는 것이고, 두 번째가 조망권을 비롯한 쾌적한 주거 환경 요소이고, 세 번째가 지하철과 연결된 역세권이었다. 그리고 네 번째는 아파트의 브랜드 파워이고, 마지막 다섯 번째는 대형 아파트 단지 내, 큰 평수 옆에 붙은 작은 평수가 상대적으로 더 오른다는 점과 함께 개별 재료도 살펴야 한다는 것이었다.

　매수가격은 공시가격의 120~150%, 매도 가격은 공시가격의 200%를 기준으로 삼으면 된다는 것이었다.

　천만장자가 알려 준 조건으로 따지면, 지금 내가 거주하는 아파트는 그 기준에 전혀 맞지 않았다. 어차피 떠날 마음의 준비가 되어 있었지만, 차후에 아파트를 고를 때는 천만장자가 가르쳐 준 기준에 따라 투자하리라 굳게 마음먹었다.

토지를 고르는 기준은 뭘까?

아파트 투자에 이어서 토지 투자에 대한 이야기가 시작되었다.

"다음으로, 토지에 대해 간략하게 살펴보도록 하겠네. 사례를 들면 이해하기 쉬울 테니, 잘 들어 보게. 분당의 아파트 가격은 처음 완공할 때보다 약 25배 정도 올랐다고 하네. 그럼, 분당의 토지 가격은 얼마나 올랐다고 생각하는가?"

천만장자의 질문이 또 이어졌다.

얼마라고 말해야 하나? 아는 정보도 없는데….

분당의 아파트 가격이 25배나 올랐는지도 몰랐지만, 분당의 땅은 얼마나 더 올랐을까? 아파트보다 더 올랐을까? 아니면 비슷할까? 에이, 모르겠다. 대충 찍어야겠다.

"한 40배쯤 오르지 않았을까요?"

내가 찍었다는 걸 알았는지, 천만장자가 크게 웃고는 말을 이었다.

"분당은 1989년 대비 대략 150배 정도 올랐고, 내가 앞서 말한 용산구 이촌동은 1971년에 비해 땅값이 무려 1,700배나 상승했네."

"오~마이! 그렇게 많이요?"

내가 입을 쩍 벌리며 놀라자, 천만장자가 빙그레 미소를 지으며 말을 이어갔다.

"그래서 이런 말이 있지. 한 번 땅으로 재미를 본 사람들은 다른 것은 절대로 거들떠보지 않는다고들 하지. 태생적으로 땅이라는 것은 아파트나 다른 부동산에 비해 훨씬 더 많이 오르는 성질을 가지고 있네. 왜냐하면 토지는 어떤 용도로든 변용할 수 있고, 건물을 지어 높이 올릴 수도 있어 활용성 측면에서 가장 뛰어나기 때문이지. 물론 주거 지역, 상업 지역, 공업 지역 등 지목과 용도별로 다를 수 있지만, 일반적으로 활용성이 가장 크네. 그런데 토지 투자는 일단 서울과 수도권 지역을 넘어서면 큰 수익을 기대하기 어렵다는 점이네. 물론 지방도 오를 수는 있지만, 서울과 수도권 및 인근 지역의 토지가 훨씬 더 많이 오르기에 매력적이지. 이처럼 토지 투자에 있어서 서울과 수도권이 중요한 이유는 인구 문제도 있지만, 아이러니하게도 KTX와 SRT 때문이라네."

"KTX와 SRT 때문에 서울과 수도권의 땅값이 더 오른다고요?"

"그 이유를 말해 주겠네. 원래 정부에서 고속철도를 추진했던 이유는 서울 수도권에만 인구가 집중되고, 각종 행정기관과 기업들까지 상주하고 있어서 그 기능을 분산시킬 필요가 있었기 때문이지. 또한 전 국토의 균형 발전과 지방 경제를 활성화시키려는 목적도 있었네. 그러한 의도에 따라 세종특별자치시 및 각 지방에 혁신도시를 건설하여 수도권 공공기관 153개를 지방으로 이전했지. 그리고 지방으로 이전하는 기업들에도 세제 혜택을 주었고, 고속철도를 깔아 전국을 3시간 이내의 생활권으로 묶었네.

정부의 취지는 공감하지만, 한 가지 놓친 점이 있다네."

"그게 뭔가요?"

"독일계 영국인 지리학자 라벤스타인(E. G. Ravenstein)의 '인구 이동의 법칙'에 따르면, '먼 거리 이동자는 큰 상공업 중심지로 가려는 경향'이 있다고 했네. 이 말은 사람들이 멀리 이동할 때는 이왕이면 제일 큰 도시로 간다는 의미라네. 쉽게 설명하면 이렇네. 우리가 특별한 목적으로 미국을 방문하지 않는 이상, 관광 목적으로 간다면 뉴욕, 워싱턴, LA, 샌프란시스코 등 대표적인 유명 도시를 가지, 생소한 주의 알려지지 않은 도시로 가려 하지는 않지. 즉 낙후된 지방 경제를 살리고 서울의 인구 집중을 분산시키려고 고속철도를 건설했지만, 편리해진 교통으로 인해 서울과 수도권이 지방의 상권을 빨아들이고 말았지. 오히려 인구 집중을 촉진시키는 역효과가 발생한 것이네. 더욱 우려할 점은 고속철도가 자기들 도시를 통과한다고 좋아했지만, 결과적으로는 중간 정차역의 도시들이 더 큰 타격을 입게 되었네. 우리보다 40년 앞서 1964년에 신칸센을 개통한 일본의 경우, 도쿄와 오사카 중간에 있는 나고야가 빠르게 쇠락한 점을 기억해야 하네. 내가 다시 강조하지만, 토지는 서울과 수도권 인근을 벗어나면 안 되네."

토지 투자에 대해 천만장자는 서울과 수도권에 집중할 것을 특별히 강조했고, 나는 힘차게 대답했다.

"네, 명심하겠습니다!"

"다시 토지로 돌아와서 정리해 보세. 토지 투자는 투자금이 많이 들어가서 쉽게 결정하지 못하고 머뭇거리다가 놓치는 경우가 흔하다네. 아파트에 투자하는 식으로 토지 투자에 접근하면 안 되네. 아파트는 갭투자로 전세를 끼고 매입하거나 계약과 동시에 전세를 놓아 자금 부담을 줄일 수 있고, 기존 전세를 월세로 전환하여 바로 현금 유입이 가능하게 할 수 있네. 목이 좋은 아파트는 매물로 내놓으면 언제든 금방 팔리기 때문에 현금과 같다고 볼 수 있고, 필요한 경우에는 금융기관에 담보로 제공하여 자금을 융통할 수도 있네. 반면에 토지는 투자 이후 곧바로 현금 유입이 발생하기 어렵고, 최소 3~5년 또는 10년 이상 기다릴 수 있는 금전적 여유가 있어야 하네. 그렇지만 지가 상승으로 인한 투자 수익은 앞서 말했듯이, 아파트와는 비교할 수 없을 만큼 탁월하네. 또 다른 점은 아파트는 상황에 따라 가격이 크게 하락할 수도 있지만, 토지는 가격이 쉽게 빠지지 않는다네. 오를 때는 급격히 오르지만, 잘 내려가지 않는다는 점이 아파트와는 매우 다르다네."

천만장자의 말을 정리하면 이렇다.

아파트는 현금화가 쉬운 반면에 크게 올랐다가 다시 내려갈 수 있다. 하지만 토지는 현금화가 어려운 반면에 크게 오르지만, 잘 내려가지 않는다.

"마지막으로, 토지에 대하여 한 마디만 더 하겠네. 많은 이들이 토지에 투자하면 큰돈을 벌 수 있다는 것을 알면서도 쉽게 투자하지 못한다네. 그 이유가 뭔지 아는가?"

"잘… 모르겠습니다."

"토지를 보는 눈이 없기 때문이라네. 왜냐하면, 우선 토지는 아파트와 같은 형체가 없어서 가늠하기가 쉽지 않다네. 논, 밭, 비닐하우스, 축사, 때로는 허허벌판인 곳도 있어 눈에 익숙하지가 않지. 지도상으로는 평지처럼 보였는데, 실제로 가서 보면 움푹 패어 들어가 있거나 경사진 곳도 있고, 불법 무허가 건축물에 주인 없는 묘지, 때로는 송전탑도 있어서 이 땅이 어떻게 개발될지를 상상할 수가 없네. 그렇지만 경험 많은 투자가들은 땅의 미래를 한눈에 그려 볼 수 있다네. 가격도 부르는 게 값이라서 싼지 비싼지 감을 잡을 수도 없다네. 그래서 토지는 아마추어들이 접근하기 힘든 전문가들의 영역일 수밖에 없네. 아파트, 주택, 상가, 건물, 오피스텔, 빌라까지 다양한 투자 경험을 가진 고수들이 모이는 부동산 투자의 마지막 종착역이 바로 '토지'라네."

토지는 부동산의 전문가들이 도전하는 투자 영역이라고 강조하는 천만장자의 말에, 나는 이렇게 물었다.

"토지가 부동산 투자 고수들의 영역이라면, 저와 같은 아마추어들은 어떻게 진입해야 할까요?"

"아마추어들이 토지 투자의 전문가가 되는 방법은 두 가지뿐이네. 첫 번째는 그런 고수들과 임장(현장 답사)을 함께 다니면서 배우는 방법으로, 그들의 땅을 보는 안목과 관점 그리고 토지 투자 시 주의 사항들을 포함한 고급 기술들을 현장에서 직접 체득하는 것이지. 두 번째는 과거의 토지 투자 성공 사례들을 바탕으로 입지를 분석하는 방법이네. 그곳이 어떻게 개발되었는지, 같은 땅인데 왜 이곳은 빨리 개발되었고 저곳은 보류되었는지, 같은 구역의 땅인데도 왜 이 필지는 5배나 뛰었고 근처의 다른 필지는 2

배밖에 안 올랐는지를 도로와 입지를 중심으로 조사해 보면 땅을 바라보는 시각이 확 높아진다네. 하지만, 그렇게 되려면 현장에서 발로 뛰면서 부지런히 확인해야 하네."

"그 외에 다른 방법은 없습니까?"

"크흠, 누구나 좋은 땅을 알아보는 쉬운 비법이 하나 있는데… 자네에게 알려 주겠네."

땅 투자에 대한 비법을 알려 준다기에 두 눈을 크게 뜨고 천만 장자의 말에 귀를 바짝 세우고 집중했다.

"자네가 승용차로 운전하고 다니다 보면, 전국 어느 지역이라도 항상 갈 때마다 막히는 장소가 꼭 한두 곳은 있을 것이네. 잘 생각해 보게."

항상 막히는 곳이라….

곰곰이 생각해 보니, 몇몇 지역이 떠올랐다. 갈 때마다 차가 막히고 밀려서 그곳을 피해 가려고 우회했던 곳은 경기도 광주 천진암 쪽에서 나오다 보면 청평, 양평 쪽에서 오는 차들과 합류하는 그곳이 항상 막혔다.

"교통이 혼잡해서 항상 막히는 곳은 최소 5~10년 이내에 분명히 개발된다고 보면 되네. 그런 지역에 관심을 가지고 투자해 두면 언젠가는 큰 이익으로 돌아온다네. 단순한 논리로 생각해 보세. 지속적으로 차가 막히면 사람들이 교통 혼잡에 민원을 제기할 것이고, 정부와 지자체는 원활한 교통을 위해 그 지역을 개발할 것이고, 그 지역이 개발되면 지가 상승으로 연결될 것이네. 대표적으로 경부고속도로 양재IC 근처 사거리에는 현대자동차그

룹 본사, 하나로마트, 이마트, 코스트코, 대한무역투자진흥공사, 양재동 꽃시장, 한국트럭터미널 등이 위치하여 항상 막히는 곳이네. 나는 이곳이 반드시 개발될 것이라고 10년 전부터 말해 왔었네. 결국 이 일대가 ICT특정개발진흥지구 대상지로 선정되어 땅값이 움직였네."

실제로 땅값이 올랐다니, 그저 놀라울 뿐이다.

"자, 여기까지 부동산으로 돈을 번 부자들의 아홉 번째 공통점을 정리하고, 마지막 열 번째 공통점으로 넘어가세."

드디어 끝을 보는 것 같았다.

부자들의 열 번째 공통점은 무엇일까?

부자의 꿈을 결코 포기하지 않았다고?

❝부자들의 열 번째 공통점은 아무리 힘들어도 자신이 부자가 된다는 꿈을 절대로 포기하지 않았고, 언젠가는 반드시 부자가 된다는 믿음을 의심하지 않았으며, 결국 그 꿈을 이루어 부자가 되었다는 것이네.❞

"그건 당연한 이야기 아니겠습니까? 주위에서 성공한 사람들을 보면 포기하지 않고 끝까지 물고 늘어져 결국은 성공했다는 이야기 아닌가요?"

천만장자가 웃으며 말을 이었다.

"그럴 수도 있지. 하지만 사람들 대부분은 20대에 나름대로 목표를 세워 매진하다가 배우자를 만나 가정을 이루고, 아이들을 낳아 키우면서 30대부터는 조금씩 현실을 인정하고 받아들이게 된다네. 언젠가는 부자가 될 수 있다는 희망 속에서 출발했지만, 어느 순간부터 이런 생각을 하게 되지. '이대로 가면 결코 부자가 될 수 없을 것 같아.' '이렇게 사는 것도 행복 아닌가?' '아무리 노력해도 타고난 운명은 어쩔 수 없는 거야.' 그러면서 조금씩 포기하게 되지. '포기'라는 단어를 사용하고 싶지 않아서 '목표 재수립', '계획 수정', '방향 전환' 등의 용어를 사용하지만, 그게 그거네. 모두가 부자에 대한 꿈을 하나둘 접는 것이지. 자네, 사람들이 언제부터 가난해지는 줄 아는가? '이렇게 벌어서 부자 되기 어렵겠다'라고 생각하는 순간부터 가난해지기 시작한다네. 부자가 될 수 없다는 생각을 받아들이면, 절대로 부자가 될 수 없다네."

천만장자의 말에 나도 한 마디 할 수밖에 없었다.

"사회생활을 하면서 자기 능력과 출신 성분, 그리고 가정을 꾸리고 가장이라는 책임을 맡아 어쩔 수 없이 자신의 꿈을 접으며 닥치는 대로 살아갈 수밖에 없는 것이 대한민국 직장인들의 현실 아니겠습니까?"

"물론 맞는 말이네. 그러나 부자들은 한때 어렵고 힘들다고 해서 현실과 타협해 버리거나 포기하지 않고 계속 나아감으로써, 결국은 자신의 꿈을 이루어 부자가 되었다는 사실을 받아들여야 하네. 2차 세계대전의 영웅이자, 정치가, 군인, 노벨 문학상 수상자인 영국의 윈스턴 레오너드 스펜서 처칠에 대해서 알려 주고 싶네. 처칠이 은퇴 후 고향인 옥스퍼드에서 행한 연설은 사람들에게 큰 감명을 주었지."

"어떤 내용의 연설이었습니까?"

"처칠이 고향에 와서 연설한다는 소식을 듣고 많은 사람이 모여들었네. 그런데 강연자로 소개를 받고 단상에 올라가서 행한 연설은 단 1분도 걸리지 않았다네. 딱 다섯 마디만 하고 내려왔지. 그 내용은 '절대로, 절대로, 절대로, 절대로, 절대로 포기하지 마십시오!'라는 말뿐이었네. 부자가 되는 것도 마찬가지라네. 부자가 되겠다는 자신의 꿈을 절대로, 절대로, 절대로, 절대로, 절대로 포기하지 말고 끝까지 노력하면 반드시 부자가 된다네."

"많은 사람이 중도에 혹은 거의 목전에 이르러 포기함으로써 결국은 부자가 되지 못했지만, 부자들 대부분은 남들이 포기했던 그 사업, 포기하고 싶은 그 순간을 참아내어 부자가 되었다네."

"처칠이 그런 연설을 했다는 건 오늘 처음 알았습니다."

"온갖 역경에도 결코 포기하지 않았던 이가 한 사람 더 있네. 자네를 위해 소개해 주겠네. 자네, 아리스토틀 소크라테스 오나시스(Onansis, Aristotle Socrates)를 아는가?"

"네. 그리스 철학자 아리스토텔레스와 소크라테스, 그리고 사막에 있는 오아시스 말씀입니까?"

"그게 아니고, 세계적인 선박왕 오나시스를 정말 모른단 말인가?"

천만장자의 목소리에서 짜증이 묻어났다. 그는 내가 한심해 보였는지, 나를 살짝 째려보고는 말을 이었다.

"원래 부유한 담배상이었던 오나시스 집안은 1922년 그리스의 한 지방이었던 스미르나가 튀르키에에 의해 점령당하자, 모든 것을 잃고 목숨을 부지하기 위해 그리스를 탈출했네. 보통 사람 같으면 낙담한 채 운명을 한탄하고 초라한 현실을 원망하며 술로 날밤을 지새웠겠지. 하지만, 부자들은 달랐네. 현실을 직시했지. 그래서 집안 회의를 거쳐 다시 새로운 기회를 잡기 위해 오나시스를 아르헨티나로 보냈네. 그 당시 아르헨티나는 유럽 어떤 국가보다도 잘 살았고, 세계 10위권에 드는 부국이었네. 그가 아르헨티나의 수도 부에노스아이레스('좋은 공기'라는 뜻)에 도착했을 때, 손에는 단돈 60달러밖에 없었다네. 그곳에서 오나시스는 낮에는 부두 노동자로, 밤에는 전화 교환원으로 일하며 생계를 이어갔네. 그러던 중 튀르키에 출신의 사업가를 만나 도움을 받았고, 담배 수입업을 시작하고 불과 2년 만에 무일푼에서 부자가 되었네. 21세에 집안이 파산하고 23세에 백만장자가 된 것이지."

"정말 동화 같은 이야기네요. 소설도 그런 멋진 소설이 없겠습니다. 역시 부자들은 다르네요."

"내가 주목한 것은, 자네 표현처럼 동화 같은 성공 신화가 아니라, 오나시스의 특별한 행동이라네."

나는 호기심이 발동하여 천만장자에게 다시 물었다.

"어떤 행동 말씀이십니까?"

"낮에는 부두 노동자로, 밤에는 전화 교환원으로 일했기 때문에 오나시스의 소득은 사회의 밑바닥이었네. 그런데도 오나시스는 1주일 동안 모은 주급을 그 지역 부자들이 찾는 고급 레스토랑에서 최고급 점심 식사를 하는 데 다 썼다네. 1주일간 번 돈 전부를 말이야. 왜 그랬을 것 같나?"

"그거야 당연히 옛 시절을 그리워하며 향수에 젖어 그런 사치에 잠깐이라도 빠져들고 싶어서 그런 것 아닐까요? 속으로는 '나도 몇 달 전까지만 해도 너희들보다 더 잘 살았어.'라고 무시하면서 말입니다."

내 즉흥적인 대답에 실망한 걸까? 천만장자가 미간을 좁히더니, 오른손 검지를 펴고는 좌우로 흔들며 말을 이었다.

"그게 아닐세. 오나시스는 하루하루 힘든 시간을 보내면서도 재기의 꿈을 한 번도 포기하지 않았다네. 돈은 당연히 부자들이 많이 소유할 것이고, 그런 부자들은 수준 맞는 사람들끼리 어울릴 것이며, 그런 부자들이 만나는 장소에는 반드시 사업 정보가 있다고 생각한 것이지. 오나시스는 그런 기회를 찾아 고급 레스토랑에 간 것이네."

"아, 그런 목적이 있었던 거로군요. 죄송합니다… 제 생각이 짧았습니다."

"그는 결국 그곳에서 부자들을 만났고, 기회를 찾아 재기의 발판을 마련했네. 현재 상황과 소득에 짓눌리지 않고, 다시 도전할 수 있는 용기, 끝까지 포기하지 않는 도전정신이 오나시스를 부자로 만들었지. 오나시스가 그랬던 것처럼, 포기하지 않는 정신은 모든 부자들의 한결같은 공통점이었네. 그래서 내가 앞서 말했듯이, 부자들을 자주 만나 식사도 하며 어울리라고 한 것이네. 부자들은 자네에게 돈을 주지는 않지만, 돈을 벌 수 있는 안목과 기회, 그리고 정보를 준다네. 그러려면 그들과 시간을 보내야 하고, 그들에게 자네가 필요한 사람이라는 것을 입증해야 하고, 그들과 어울리려면 어느 정도는 돈을 써야 하네."

나는 힘차게 고개를 끄덕이며 공감을 표시했다.

"부자들을 만나는 이유는 그들을 이용하려는 것이 아니네. 그들의 돈에 대한 사고방식, 경제를 보는 눈, 사람을 사귀는 요령과 사회생활의 예절, 타인을 배려하는 마음, 문제를 해결해 나가는 지혜, 과거의 소중한 투자 경험을 배우고 익히라는 것이네. 그리고 그런 인적 네트워크를 구축하려면 혈연, 지연, 학연을 활용하여 각종 모임에 얼굴을 내밀고 식사와 술을 함께하면서 친분을 쌓아야 하네. 무슨 말인지 알겠는가?"

"네. 잘 알겠습니다."

천만장자가 다시 물었다.

"부자들의 열 번째 공통점이 무엇이지?"

"부자들은 아무리 어려운 여건에서도 부자가 된다는 꿈을 절대로 포기하지 않았고, 부자가 된다는 믿음을 의심하지 않았고, 결국에는 부자가 되었다는 것입니다."

"잘했네. 지금까지 세계적인 부자들의 열 가지 공통점을 살펴보았네. 자네가 반드시 명심해야 할 점은 부자들의 공통점을 자신의 것으로 만들기 위해 부지런히 노력해야 한다는 것이네. 전부는 아니더라도 몇 가지만이라도 자네의 습관이 된다면, 결국 부자의 대열에 들어설 것이네."

시간은 벌써 11시를 넘어가고 있었다. 물론 나에게는 초저녁에 불과하지만, 천만장자에게는 늦은 시간일 것이다.

나는 자세를 바르게 한 뒤, 감사의 뜻을 표했다.

"오늘 저에게 해주신 좋은 말씀은 큰 도움이 되었습니다. 가슴 깊이 새기고 실천할 것을 약속드립니다. 또한 목욕탕에서 처음 본 저에게 특별한 교육 기회를 주셔서 진심으로 감사드립니다. 어르신의 말씀을 듣기 전에는 부자의 길조차 보이지 않았는데, 가르침을 받고 난 지금은 부자의 길에 가까이 다가서고 있다는 느낌이 듭니다."

천만장자가 흐뭇한 표정을 지으며 말했다.

"좋아! 그렇게 생각한다면 나 역시 기쁜 일이네. 그러나 아직 끝나지 않았네. 프로 스포츠에 비유하자면, 첫 번째는 우수한 선수를 선발해야 하고, 두 번째는 그 선수를 전문적인 교육과 훈련을 시켜 최고의 선수로 만들어야 하고, 세 번째는 그 선수가 시합에 나가 경쟁자를 물리치고 승리해야 할 것이네. 오늘은 프로 선수 선발과 오리엔테이션 정도로 생각하고, 내일은 고난도 기술을 연마하고 전지 훈련을 떠나 보도록 하세. 불편해하지 말고, 오늘은 이곳에서 묵었으면 하네. 여기는 방이 네 개나 되니까, 자네는 건너편 저 방을 쓰도록 하게."

말을 마친 천만장자는 테이블에서 일어나 자신의 방으로 천천히 걸어갔다.

'딸깍' 소리와 함께 문이 닫히자, 실내 조명이 어두워지며 취침 모드로 바뀌어 갔다.

한참을 우두커니 서 있던 나는 천만장자가 알려 준 방으로 다가다가 문을 열고 들어갔다.

5장

천만장자의
마지막 테스트

실전 테스트를 앞두고

문을 열고 방안으로 들어서자, 영화에서나 보았던 원형 침대가 방 한가운데에 자리 잡고 있었다. 침대에는 레이스가 달린 하얀색 커버가 덮여 있었고, 그 위에 베개 두 개가 나란히 놓여 있었다.

원형 침대를 중심으로 고풍스러운 탁자와 소파가 있었고, 그 옆에는 작은 칵테일 바가 마련되어 있었다. 정면 벽에는 대형 TV가 걸려 있었고, 그 밑 테이블에는 노트북과 프린터가 놓여 있었다. 칵테일 바 오른쪽에는 큰 유리판이 천장에서 바닥까지 이어진 욕실이 있었다. 전체적으로 방의 분위기는 깔끔하면서도 티 나지 않는 고급스러운 느낌이었다.

옷장을 열어 옷을 벗어 걸고 하얀색 샤워 가운으로 갈아입으니, 갑자기 영화 속 주인공이 된 기분이었다. 영화를 보면 두 남녀가 격한 사랑을 나눈 후에 운동으로 단련된 근육질의 남자는 수건으로 허리를 묶고, 여자는 큰 침대 커버를 온몸에 둘둘 말고서 남자 품에 안겨 행복해하는 그런 모습 말이다.

창가로 다가서자, 크리스챤 디올의 화려한 네온사인과 자동차의 불빛들이 짙은 어둠을 뚫고 나오려는 듯이 유리창으로 쏟아져 들어왔다. 그러나 그 불빛들은 방안의 조명에 부딪혀 산산이 흩어졌고, 불빛이 흩어진 유리창에는 지금까지 아무것도 이루어 놓지 못한, 삶에 지친 30대 중반의 평범한 남자가 서 있었다.

그 남자는 멋진 파티에 초대를 받고 기대 반 흥분 반으로 참석했지만, 사람들과 어울리지 못하고 바깥으로 빙빙 돌고 있었다. 그 남자는 '잘못 왔구나', '여기 오는 게 아닌데!'라고 후회하는, 그런 표정으로 외톨이가 되어 말 없이 자신을 되돌아보고 있었다.

부잣집은 아니었지만, 등록금을 못 낼 정도는 아니었다.

늘 1등을 하는 성적은 아니었지만, 그래도 똑똑하다는 이야기를 듣곤 했다. 반장도 한두 번 했기에 '리더십'이라는 단어를 생활기록부에 적을 수 있었다.

대학 때 동아리 활동과 인턴 경력을 바탕으로 입사원서를 가득 채워 면접을 통과할 수 있었다.

좁은 취업 관문을 뚫고 이름 있는 회사에 들어와 허튼짓하지 않고 일에만 매달려 7년을 달려왔는데, 내세울 것도 손에 쥔 것도 없었다.

'누구나 부자가 되기를 바라고, 경제적 자유를 원한다. 하지만 나만은 무슨 일이 있어도 부자가 될 줄 알았는데….'

나는 우울한 분위기를 바꿔 보려고 칵테일 바에 다가가 냉장고를 열었다. 여러 종류의 와인이 있었는데, 그 중 내가 좋아하는 칠레산 '몬테스 알파 피노 누아'가 보였다. 왠지 오늘 밤은 많이 마셔야 할 것 같은 생각에서 와인잔이 아닌, 코냑잔에 절반 정도를 채웠다. 그러고는 잔을 들어 한 번에 들이켰다.

알코올의 기운이 온몸으로 퍼지자, 오늘 있었던 일들이 오버랩되며 내 머릿속을 빠르게 스쳐 지나갔다.

등산길에서 만난 할머니의 말만 듣고 목욕탕에 왔고, 천만장자를 만나 생전 처음 보는 문제를 풀어 호텔로 초대받았다. 그리고 이어진 4시간의 교육은 지금껏 한 번도 들어본 적이 없는 내용이었다.

교육을 받기 전보다는 생각이 많이 바뀌었다. 하지만 교육 내용을 전부 이해했다고 해서 당장 내일부터 부자가 되는 것은 아니기에, 아직도 갈 길이 멀게만 느껴졌다.

와인을 많이 마신 탓인지, 갑자기 취기가 올라왔다.

더 취하기 전에 씻고 자야 한다는 생각에 욕탕의 스위치를 눌러 불을 켰다.

욕탕 안 세면대 옆에는 두 개의 문이 있었다. 왼쪽에는 비데가 설치된 변기가 있었고, 오른쪽에는 삼각형의 거품 마사지 기능이 있는 황금색 욕조가 보였다. 샤워만 할까 했는데, 황금 욕조를 보니 언제 또 와 볼까 싶어 욕조에 들어가기로 했다.

욕조에 물을 담고, 가지런히 놓인 향료 중에서 페퍼민트를 골라 물에 풀었다. 몸을 담그니 은은한 향이 퍼지면서 울적했던 기분이 조금 풀어지며 저절로 눈이 감기기 시작했다. 이대로 욕조에서 잠들어 버릴 것 같아 욕조에서 빠져나와 몸을 씻고, 다시 샤워 가운을 걸치고 욕탕 밖으로 나왔다.

그때였다.

"띵~동~"

내 휴대폰의 카카오톡 알림음이었다.

뜻밖에도 이세화가 보낸 메시지였다.

> 선우 민철 님께!
> 오늘 하루, 고생 많으셨습니다.
> 편안한 밤 되시기 바랍니다.
> 내일은 꽤 힘든 하루가 될 거에요.
> 관문을 꼭 통과하셔서 부자의 길로 들어서기를 응원합니다.
> 퐈이팅!

자정이 다 된 시간에 나에게 카톡을 보내다니….

심장이 터질 듯 쿵쾅거렸다.

'넘 감사합니다'라고 바로 답신하려다, 그래도 무언가 멋지고 강렬한 내용을 보내고 싶었다.

순간 스치는 아이디어가 떠올랐다. 첫 만남 때 선물을 주겠다고 약속했으니, 야한 립스틱을 주문해서 보내면 좋으리라.

TV 밑에 놓인 노트북을 가져와서 전원을 켰다.

'어떤 립스틱을 골라야 하나?'

립스틱을 사 본 적이 없어서 일단 구글 검색 창에 '립스틱'을 쳤는데, '검색 결과 2,270만 개'라고 떴다.

'립스틱 종류가 이렇게나 많다니!'

이미지를 봤더니 죄다 붉은빛의 립스틱이 화면을 가득 채우고 있어, 갑자기 눈이 아파 왔다.

어느 연구 결과에 따르면 남자들은 기껏해야 17가지 색상을 구분하는데, 여자들은 무려 340가지나 구분할 수 있다고 한다.

특히 여자들은 빨간색을 더 세세히 구분하는데, 과거 원시시대 때 과일의 익은 상태를 색깔로 파악했던 DNA가 남아 있어서 그렇다고 한다.

'휴우~ 뭘 골라야 하나?'

나름 안목과 세련미가 있다는 인상을 주고 싶은데, 립스틱으로 가득한 노트북 화면을 쳐다보니 머리가 지끈거렸다.

한참을 쳐다보다 시선을 창밖으로 돌렸는데, 번쩍거리는 크리스찬 디올의 네온사인이 눈에 들어왔다. 그 불빛이 나에게는 구세주처럼 느껴졌다.

'나 같은 사람을 위해서 저런 광고를 하는구나!'

디올 홈페이지를 클릭하고 들어가니, 립스틱 케이스 8종과 립스틱 알맹이 32종을 각각 따로 팔고 있었다.

'이러니까 화장품 회사들이 돈을 벌지!'

디올 영문 활자가 큼지막하게 붙은 립스틱 케이스에 색상은 이름이 마음에 들어 '레드 하트'로 골랐다.

배송지는 이세화의 사무실로 입력하고 카드로 결제하려고 했다가, 오늘 천만장자로부터 현금만으로 생활하라는 교육 내용이 떠올라 계좌 이체로 81,000원을 결제했다. 비싸다고 생각했지만, 첫 선물인데 값싼 립스틱을 고를 수는 없었다.

고객 주문 내용을 휴대폰으로 내려받은 후, 카톡에 이런 답신을 적어 함께 보냈다.

> 이세화 님!
> 늦은 시간에 이렇게 카톡을 보내주시니 기쁜 마음으로 잠들 수 있을 것 같습니다. 고맙습니다. 그리고 립스틱 하나 주문하여 사무실로 보내드립니다. 제 마음을 담은 립스틱을 그 고운 입술에 입혀 주시면 너무 행복할 것 같습니다.
> 쌩유! 꿀~ 나잇!'

잠시 후, 토끼가 뒤로 나자빠지며 좋아하는 이모티콘을 이세화가 보내 왔다. 나도 모르게 입가에 미소가 번졌고, 앞뒤 생각 없이 곧바로 전화를 걸었다.

나는 발신음을 들으며 마른침을 꿀꺽 삼켰다.

"여보세요?"

"선우 민철입니다. 밤이 너무 늦었는데… 잠시 통화 가능하세요?"

"아직은 괜찮아요."

대답하는 세화의 목소리에 맑은 웃음소리가 실려 있었다.

"립스틱 선물, 마음에 드세요?"

"민철 씨는 처음 본 여성에게도 이런 식으로 선물하세요? 혹시 연애 박사 아닌가요? 과거가 화려한 프로 같습니다만…."

"아니에요, 오늘이 처음입니다. 그냥 세화 씨의 아름다움에 저도 모르게 그만…."

"어머나! 다시 보니까, 가격이 너무 비싸요."

"……."

"민철 씨, 그거 아세요?"

"무슨…?"

"우리나라 수입품 중에서 립스틱 마진이 제일 높데요. 수입가격 대비 판매가격이 무려 최소 3배에서 9배나 된데요. 립스틱 반품하고 다른 것으로 써도 되죠?"

"세화 씨! 그러면 되지 않는데요."

"왜죠?"

"반품하면, 그 립스틱 제가 먹을 수 없잖아요."

세화의 큰 웃음소리가 들렸고, 잠시 침묵이 흐르면서 서로가 무슨 말을 해야 할지 망설이고 있었다.

침묵을 깨고 내가 먼저 말을 꺼냈다.

"오늘 세화 씨를 처음 봤지만, 참 오래된 친구를 만난 것 같은 느낌이 들었습니다. 혹시 전생에 평강공주와 바보 온달 같은 인연이 있지 않았을까요?"

급조한 티가 팍팍 나는 조금 엉뚱한 말이었지만, 싫지는 않았던 걸까? 세화가 기분 좋은 웃음 소리를 흘리며 살짝 말을 돌렸다.

"오늘 교육은 어떠셨어요?"

"태어나서 이런 교육은 처음 받아봤는데, 돈에 관한 생각과 돈을 버는 방법에 대해 많은 것을 배웠습니다. 그런데 내일은 꽤 힘든 교육이 될 거라고 말씀하셨거든요. 힌트 좀 주실 수 있나요?"

"그건 곤란해요. KP님께서 함구하라는 별도의 말씀도 있었고, 저도 내용은 잘 모릅니다. 다들 힘들었다고 하시니까요."

"그럼, 저 말고 몇 분이나 이런 교육을 받았습니까?"

"정확히 몇 분인지는 저도 잘 모르는데요…. (웃음)"

"참, 또 궁금한 게 있습니다. 이 방은 원형 침대도 있고 러브호텔 같은 느낌이 약간 드는데, 왜 이렇게 꾸몄습니까? KP님의 지시였나요?"

"그 질문에 대해서는 말씀드릴 수 있어요. 그 방은 원래 신혼부부들을 위한 방이에요. 아주 가끔씩 KP님께서 신혼부부들을 초청해서 묵게 하시는 것 같습니다."

신혼부부를 위한 방이라!

이제 조금 이해가 되었다.

"그런데 그분께서는 가끔 사람들을 초대해서 이런 부자 교육을 주기적으로 하시나요?"

"제가 듣기로는 1년에 한두 분 정도라고 하더군요."

1년에 한두 명이라면… 나는 선택받은 행운아라는 생각이 들었다.

"그럼, 교육받은 분들은 모두 부자가 됐습니까?"

세화가 대답했다.

"아직은 아닙니다만, 모두 성공적으로 부자의 대열에 올라서고 있는 것으로 압니다. 그리고 또 한 가지는 KP님께서는 아무에게나 그런 교육을 하시지 않는 것 같습니다. 어떤 기준으로 결정하시는지는 저도 알지 못합니다만, 매우 엄격하게 선택하시는 것 같습니다."

세화의 말에 따르면, 천만장자는 아무에게나 교육 기회를 주지 않고 나름의 기준을 가지고 선별한다는 의미였다.

내 관심사는 다시 '세화'라는 여자에 대한 궁금증으로 이어졌다.

"이 호텔에는 언제부터 근무하시게 되었나요? 그리고 그분을 위해 어떤 일을 하시는지 무척 궁금합니다."

"나중에 차차 아시게 될 겁니다."

세화가 자신의 이야기를 피하는 눈치였다.

"세화 씨, 언제 한 번 만날 수 있을까요?"

"왜요?"

'왜요?'라니…. 총각이 예쁜 아가씨를 보면 만나서 데이트를 하고 싶고, 사랑하고 싶은 마음을 품는 것은 자연의 진리이고 신의 섭리일진대, 뭐가 이상한가.

"세화 씨가 너무 아름답기 때문에 가까이서 마주 보고 싶고, 지켜드리고 싶어서요."

"……."

"나중에요. 교육 잘 받으시고 성공해서 부자 되시면, 그때 만나요…."

"제가 나중에 부자가 되어 만나는 것도 좋지만, 그 사이에 세화 씨가 날아가 버릴까 봐 빨리 만나고 싶어요. 제가 교육을 받고도 실패하여 부자가 되지 못한다면, 안 만나 주실까 봐 그러죠…."

급발진이라는 생각이 들었지만, 내 마음을 솔직히 밝히고 세화의 반응을 기다렸다.

"인연이 되면 다시 볼 수 있지 않을까요…. 지금은 교육에 충실하시고, 배운 내용을 실천해서 부자 대열에 들어서는 것이 우선이라고 생각해요."

세화는 데이트 신청을 완곡하게 거절했고, 늦은 시간에 전화로 만나 달라고 계속 조를 수는 없었다.

이 정도에서 데이트 신청은 보류하고, 그녀의 가족에 대해 물어보기로 했다.

"혹시 가족에 대해 물어봐도 되겠습니까?"

그때였다.

휴대폰에서 문 여는 소리가 나더니 노년의 여성 목소리가 들렸는데, 그녀를 '스텔라'라고 불렀다.

"이제 끊어야 해요. 다음에 또 뵙겠습니다. 감사합니다."

급한 인사말과 함께 통화가 끊어졌다.

'아, 분위기 나쁘지 않았는데….'

뭔가 급한 상황이란 건 알겠지만… 아쉬움이 남았다.

갑자기 그녀의 모든 것이 궁금해졌다.

어디에 사는지, 왜 갑자기 전화를 끊어야 했는지….

왠지 모르게 신비스러움이 느껴지는 그런 여자였다.

그녀 생각에 내 머릿속은 혼란스러워졌다.

그렇게 침묵이 흐르던 어느 순간, 공허한 호텔 방 한가운데에 앉아 있는 현실 속의 외로운 한 남자로 다시 돌아왔다. 나는 오늘 교육에 대해 곰곰이 생각해 보았다.

어떤 교육이든 교육생의 3대 특징이라면 춥고, 배고프고, 졸리는 것이 기본인데, 이번 교육은 달랐다. 역시 '돈' 이야기가 내 교육 태도를 이렇게 바꾸었다고 생각하니, 나도 모르게 웃음이 나왔다.

 내일은 일요일이고, 월요일은 공휴일이어서 이틀간의 여유가 있다. 하지만 천만장자의 말대로 내일 교육은 현지 적응 훈련과 실질적인 시합(?), 그리고 이에 대한 피드백이 있으리라 생각하니, 교육이 만만치 않을 것 같아서 조금은 걱정이 앞섰다.

 세화가 보낸 카톡에서 내일은 무척 힘든 하루가 될 것 같다는 말을 들어서인지, 천만장자의 교육이 부담으로 다가왔다. 내일은 또 어떤 형태의 새로운 문제로 나를 테스트하게 될지 도무지 감이 잡히지 않았다. 그러나 고민은 길지 않았다. 오로지 하늘에 메인 나의 운명으로 돌릴 수밖에 없지 않겠는가.

 나는 지금의 상황을 스스로 자처한 삶이라 믿기로 했다.

 지친 몸을 침대에 묻고 리모컨으로 방의 불을 껐다.

 밤하늘의 어둠이 방안으로 쏟아져 들어왔고, 밀려오는 졸음에 이끌려 깊은 잠에 빠져들었다.

신문 속에서 부자 코드 찾기

일요일 아침.
"따르르르~릉!"
벨소리에 눈을 비비며 일어나 전화를 받았다.
"여보세요?"
초점 잡히지 않은 눈으로 시계를 보니 정각 6시였다.
"잘 잤는가?"
"네. 일어나셨습니까?"
나는 졸린 목소리로 대답했다.
"30분 후에 아침 식사를 같이 하세."
"네. 알겠습니다."
전화를 끊고 무거운 몸을 움직여 부리나케 샤워실로 들어갔다. 시간이 없으니 대충 씻고 옷을 걸친 후 밖으로 나왔다. 천만장자가 신문을 보고 있었고, 테이블에는 아메리칸 스타일의 조식이 준비되어 있었다. 맞은편 의자에 앉자마자, 바로 질문이 날아들었다.
"자네, '신문'의 정의를 말해 보게."
왜 또 엉뚱한 질문이란 말인가!
이제 막 자고 일어난 사람에게 신문의 정의를 말하라면 어떻게 정답을 맞히란 말인가. 부자가 되는 길이 이렇게 피곤하다면, 그냥 예전대로 사는 게 낫겠다는 생각도 들었다. 하지만 내색은 못 하고 머릿속으로 신문의 정의를 생각해 보았다.

사전적 의미로는 '어떤 단체가 새로운 정보를 모으거나 분석하여 종이 또는 화면을 통해 대중에게 정기적, 반복적으로 제공하고, 보는 이로 하여금 그들의 필요를 충족시키고 반대급부로 일정한 이익을 추구하며, 공공성과 공익성이 강한 문화적 매체'라고 정의할 수 있겠다.

그렇지만 천만장자가 묻는 질문의 의도는 그런 성격의 답을 원하는 것이 아님은 분명할 터. 그럼 뭐라고 대답해야 한단 말인가…? 짧은 고민 끝에 이렇게 대답했다.

"독자들에게 필요한 정보를 기사로 만들어서 매일 제공하는 정보지라고 생각합니다."

비록 즉석에 만들어 낸 말이지만, 내가 말해 놓고도 제법 그럴싸한 답변이라는 생각이 들었다.

천만장자는 입가에 미소를 그리며 이렇게 말했다.

"물론 맞는 말이지. 그러나 나는 '매일마다 새롭게 돈 버는 방법과 돈을 불리는 방법, 그리고 돈을 지키는 방법들에 관한 정보를 제공하는 매체'라고 정의하고 싶네."

부자들의 관점에서 짤막하게 풀어낸 신문의 정의였다.

천만장자가 다시 말을 이었다.

"매일 똑같은 신문을 보고도 어떤 사람은 부자가 되고, 어떤 사람은 부자가 되지 못하지. 매일 돈 벌 기회를 제공하고, 돈의 흐름을 말해 주고, 돈의 미래를 알려 주는 그런 정보를 똑같이 보면서도 말이야."

나는 "그러니까 부자는 점점 더 부자가 되고, 서민들은 점점 더 가난해지는 것 아니겠습니까?"라고 반문하고 싶었지만, 속으로 꾹꾹 눌러 담고 귀를 기울였다.

"신문의 내용은 크게 세 가지로 구분할 수 있네. 첫 번째는 돈의 흐름을 좌우하는 '정부의 정책'이고, 두 번째는 돈의 흐름과 현장의 상황을 전하는 '시장의 반응', 마지막 세 번째는 돈을 벌 수 있다고 유혹하는 '각종 광고'라네. 물론 이외에도 정치, 국제, 사회, 교육, 문화예술 등 다양한 분야가 있지만, 돈과 관련해서는 이 세 가지 부분을 집중적으로 분석하고 이해해야 하네. 우리, 천천히 식사하면서 이 부분에 대해서 좀 더 구체적으로 살펴보도록 하세."

천만장자와 보조를 맞춰 수프부터 조금씩 떠먹고 햄과 베이컨, 그리고 반숙된 달걀을 잘라 토스트와 함께 식사를 시작했다.

돈의 흐름을 좌우하는 정책

"먼저 정부의 정책에 관한 이야기를 시작해 보세. 자네, 정부의 정책은 항상 일관성이 있다고 생각하는가? 아니면, 변덕이 심하다고 생각하는가?"

나는 주저할 것 없이 곧바로 대답했다.

"정책의 일관성이 없어서 거의 모든 국민이 불만을 가지고 있다고 생각합니다. 외국처럼 100년은커녕 1년 앞도 못 내다보는 근시안 정책과 행정이라고들 말하지 않습니까?"

"국민 대부분이 그렇게 생각하지. 그런데 나는 조금 다른 생각이네. 최소한, 돈에 관한 정부의 정책은 지금까지 한 번도 변하지 않고 일관되게 진행되었다고 보네."

한 번도 변하지 않고 일관성이 있다고?

어제 아침에 본 신문에도 정부 정책이 오락가락하는 동안, 그걸 믿고 추진했던 기업과 개인이 피해를 봤다고 질타하는 기사가 신문에 실렸는데….

"일관성을 말할 때, 내가 항상 인용하는 사람이 있네. 힌트를 줄 테니까 맞춰 보게. 세계적으로 미국 대통령보다 더 큰 영향력을 가지고 있고, '세계의 경제 대통령'이라 불리는 사람이 있네. 그 사람은 누군가?"

나는 생각할 필요도 없이 곧바로 대답했다.

"미국 연방준비제도이사회(FRB) 의장입니다."

"그렇네. 자네, FRB 의장이 미국 경제를 위해 자나깨나 고민하는 게 뭔지 아는가?"

이 질문에 대한 대답도 바로 튀어나왔다.

"그거야 당연히 '금리'아니겠습니까. 세계 경제를 좌우하는 미국 금리에 관한 그분의 한 마디가 전 세계 금융시장에 막대한 영향력을 미치지 않나요?"

"다들 그렇게 생각하지만, FRB 의장이 항상 고민하는 것은 미국 금리가 아니고 '인플레이션'이라네."

"인플레이션이라고요?"

"역대 FRB 의장들이 변함없이 매 순간 고민하고 걱정했던 것이 바로 인플레이션, 물가상승이라네. 그 인플레이션을 잡기 위해 '금리'라는 도구를 사용한 것이지, 금리를 걱정한 것이 아니었네. 현재 미국은 인플레이션을 진정시키기 위해 금리 인상은 물론, 한 걸음 더 나아가 인플레이션 감축법안(IRA, Inflation Reduction Act)까지 만들어서 오른 물가를 정상으로 되돌리려 하고 있지. 결론적으로, FRB 의장은 미국 경제를 일관되게 안정적으로 유지하기 위한 목적으로 금리를 조정하는 것이라네."

천만장자의 말에 따르면 FRB 의장이 항상 고민하는 것은 금리가 아니고 인플레이션이며, 인플레이션을 잡기 위해 금리를 도구로 사용한다는 것이다.

"FRB가 일관성을 유지하는 것처럼, 우리 정부도 경제가 안정적으로 성장해 나가도록 일관성을 가지고 정부 정책을 펼쳐 나간다네. 경기가 하락할 때는 각종 규제 철폐와 대책을 발표하면서 경기를 부양시키려고 노력하고, 반대로 경기가 너무 과열되어 인플레이션이 발생하면 규제와 정책을 강화시켜서 과열된 경기를 누그러뜨리는 것이지."

결국 천만장자의 말은, 정부가 정책을 바꾸는 행위는 국가 경제가 안정적으로 성장할 수 있도록 일관성을 유지하려는 목적 때문이라는 의미였다. 하지만 선뜻 동의할 수 없었던 나는 토를 달았다.

"그 말은 이해가 갑니다만… 서민들과 기업에서 볼 때, 정부의 의도는 공감이 된다 해도 현실적으로 느끼는 정책은 너무 자주 바뀌어 일관성이 없어 보입니다."

"그럼, 이렇게 설명하겠네. 정부는 갑자기 정책을 변경하는 것이 아니라, 항상 사전에 몇 번씩 경고 방송을 한다네. 마치 고속도로에서 '대전IC' 전에 두세 차례 '대전IC ○○Km'라는 표지판이 보이는 것처럼 말일세. 정부는 기본적인 경제 정책을 경기 부양 또는 경기 억제로 방향을 정하면, 그쪽으로 서서히 무게 중심을 옮기기 위해 반드시 사전에 여러 번 신호를 보낸다네. 대표적으로 신문과 방송에 이름을 밝히지 않은 정부 고위층의 소식이라는 기사가 바로 그런 것이지."

나로서는 처음 듣는 말이었다.

"놀라운 것은 정부의 이런 신호에 대해 부자들과 보통 사람들의 반응이 전혀 다르다는 것이네. 부자들은 그와 같은 정부의 신호를 접하면 이것이 나에게 기회인가, 위기인가를 먼저 판단하지. 그간의 경험과 시장 상황을 바탕으로 정부의 방향성을 파악한 다음, 주위의 전문가 네트워크를 가동해서 사실 여부를 검증한다네. 그리고 예상되는 시나리오를 검토하면서 대응 방안을 마련하는 것이지. 그런 다음, 정부의 후속 발표를 기다리면서 준비된 방안들을 하나씩 실행에 옮긴다네. 그런데 정부에서는 방향을 결정해도 바로 실행시킬 수 없다네. 왜냐하면 관계기관과 협의도 거쳐야 하고, 여론의 반응도 살펴야 하고, 여야 정당과도 조율을 거쳐야 하기 때문이지. 때로는 국회 인준까지 받으려면 짧게는 몇 달에서 길게는 몇 년이 소요될 수도 있지. 그러는 사이에 부자들은 정부가 내놓을 다음 카드들을 하나씩 확인하면서 정책들이 추진되기 전에 빠져나가거나, 반대로 미리 진입해서 돈

벌 기회를 찾아낸다네."

여기까지 설명을 듣고 나서야 천만장자의 말을 이해할 수 있었다.

"그러나 보통 사람들은 똑같은 정부 발표를 보고도 숨은 뜻과 방향을 제대로 해석하지 못하네. 그냥 그런가 보다, 또는 자신과 상관없을 것이라 믿고 마음을 놓고 있지. 그러다 국회를 통과하고 그 파장이 언론에 보도된 다음에야 어떻게 할 것인가를 망설이다가 정책이 집행되고 나서야 행동하지. 결국 부자들은 보통 사람들이 움직이는 시점이 빠져나오거나 새롭게 진입할 때라는 것을 알기 때문에, 보통 사람들 눈에 그럴싸하게 보이도록 포장해서 매각하거나 헐값에 매수해서 돈을 버는 것이지."

이 말을 듣자, 어떤 책에서 읽었던 글이 갑자기 떠올랐다.

그대! 부자가 되고 싶은가?
그러려면 시장이 환호할 때 조용히 떠나라. 적당히 챙겨서!

"그래서 부자가 되려면 정부의 정책에 항상 촉각을 곤두세우고 있어야 하네. 정부는 돈에 대해서 가장 큰 영향력을 발휘하는 집단이지. 어떤 부자도 정부 정책에 반해서는 절대로 돈을 벌 수 없네. 정부는 그 누구도 대들 수 없는 '절대 갑'이네. 가끔 TV에 나와 정부 정책을 비웃으며 '정부가 정책을 내놓을 때마다 반대로 해서 돈 벌었어요.'라고 자랑스럽게 인터뷰하는 걸 본 적이 있네. 하지만 단기간에 한두 번은 이길 수 있어도 계속 시장에 남아 있다면, 결국은 정부에게 질 수밖에 없네."

설명을 이어가던 천만장자가 갑자기 이런 질문을 했다.

"자네, 고스톱이나 포커 잘 하는가?"

"해본 적은 있지만, 잘 하지는 못합니다."

"이렇게 설명하겠네. 두 명의 선수와 한 명의 심판이 참가하고 있는 고스톱 판이 있다고 가정해 보세. 한 선수는 '경기 부양'이고, 다른 선수는 '경기 억제', 그리고 심판관으로 정부가 있네. 정부의 역할은 판돈을 대주는 물주임과 동시에 심판이네. 정부는 경기 부양과 경기 억제가 열심히 고스톱을 치도록 독려하면서 판이 깨지지 않도록 관리하지. 만약 경기 부양 선수가 계속 돈을 따면, 지금부터는 딴 돈만으로 고스톱을 치라며 그간 밀어 준 판돈을 회수해서 경기 억제 선수에게 그 돈을 밀어 준다네. 그러면 자연히 '경기 부양'은 고전할 것이고, '경기 억제'는 넉넉한 돈으로 열심히 고스톱을 잘 치겠지. 이번에는 '경기 억제'가 돈을 많이 따서 '경기 부양'이 힘들어하면, 반대로 '경기 억제'의 판돈을 회수해서 다시 '경기 부양'에게 밀어 준다네. 정부는 이런 방법으로 고스톱 판이 깨지지 않도록 운영하는 것이지."

정부의 정책 변경이 경제와 돈의 흐름에 미치는 영향을 단번에 이해할 수 있는 설명이었다. 나는 고개를 끄덕이며 설명에 집중했다.

"그리고 정부는 매 판마다 딴 선수로부터 조금씩 돈을 받는다네. 소위 '관리비'라는 명목으로 딴 돈의 일정 비율을 '개평'으로 거두어 가는 것이지. 정부는 이 돈을 '세금'이라 부르고, 정부는 이 돈을 국가 운영의 재원으로 사용한다네. 문제는 경기 부양이나 경기 억제 선수가 열심히 힘들게 고스톱을 치는데 정부는 가만히 지켜보기만 하고, 판돈을 댔다는 이유로 딴 돈에서 계속 개평을 받아 가니 기분이 나쁘지 않겠나? 그래서 두 선수는 정부가 모르게 조금씩 방석 밑으로 돈을 숨긴다네. 그런 돈을 정부는 '탈세' 또는 '비자금'이라고 부르지. 너무 자주 방석 밑으로 돈을 숨기면 정부가 시합을 중단시키고 잠시 일으켜 세운 뒤 방석 밑을 열심히 뒤지는데, 이것을 '세무조사'라고 부른다네. 이런 방법으로 경기 부양과 경기 억제 중 어느 한쪽이 일방적으로 돈을 따지 못하게 조절하고, 가끔 세무조사도 하면서 계속 세금을 받아 가는 시스템이 자본주의 국가의 운영 방식이라네."

정부와 경제 주체의 활동, 경제 정책, 세금과 세무조사를 이런 식으로 설명하다니. 참으로 기가 막힌 비유였다.

"정부의 정책 방향을 미리 알 수 있는 가장 쉬운 방법은 매일 저녁 메인 뉴스 마지막에 나오는 단신 기사라네. 뉴스가 끝날 때 나오는 한 줄짜리 짤막한 기사들이지. 한 화면에 5~6개의 단신 뉴스가 보이는데, 이것들이 정부의 정책 방향에 대한 '사전 암시'라고 할 수 있다네. 큰 뉴스라면 초반에 집중적으로 보도하지만, 신호와 방향성을 암시하는 뉴스이기에 끝부분에서 조용히 다루지. 부자들은 항상 이 부분을 눈여겨본다네."

저녁 메인 뉴스 마지막에 나오는 짧은 기사가 향후 정부 정책의 방향을 암시하는 내용일 줄은 꿈에도 몰랐다.

앞으로는 관심을 가지고 봐야겠다는 생각이 들었다.

돈의 흐름과 시장의 반응

"이번에는 시장의 반응에 대해 알아보세. 정부의 정책 방향이 정해져 관련 규제들이 하나둘 만들어지면, 그때마다 시장이 조금씩 움직인다네. 초반에는 시장이 어느 쪽으로 움직일지 방향을 정하지 못하고 좌충우돌하는 양상을 보이고, 언론에서도 시장이 갈피를 잡지 못하고 혼란스럽다며 전문가의 의견을 동원해 낙관론과 비관론을 동시에 보도하지. 한동안 두 관점이 충돌하다가 조금씩 구체적인 보도가 나오면서 점차 한쪽으로 쏠리고, 시장이 갑자기 뜨겁게 반응하기 시작하면 마침내 신문 1면 기사로 파장 및 서민들의 피해 사례가 집중적으로 보도된다네. 부자들은 이러한 시장의 반응을 정확히 파악하고 있다가 대응한다네. 즉 신문에서 떠들어대기 전에 미리 빠져나와서 손실을 피하거나, 미리 진입해서 기다리며 기회를 엿보는 것이지. 이처럼 정부의 정책과 관련된 시장의 반응 역시 돈을 버는 데 절대적으로 중요한 요소라는 걸 기억해 두게."

천만장자와의 아침 식사는 어느덧 끝나가고 있었다.

강의에 집중하다 보니 내가 뭘 먹는지, 무슨 맛인지도 모를 정도로 식사 시간은 빠르게 지나갔다.

천만장자가 허공에 '인삼차를 부탁하네'라고 말하자, 문밖에 대기하고 있던 직원이 들어와 테이블을 정리하고 나갔다. 그리고 잠시 후, 다시 돌아온 직원이 고급 찻잔에 담긴 인삼차를 테이블에 올려놓고 나갔다.

돈을 유혹하는 광고

❝이번에는 신문의 마지막 특징인 '광고'에 대해 정리해 보세. 내가 말하는 신문 광고는 전면 광고나 신문에 끼어 있는 전단지가 아니라, 기사 내용인 것처럼 위장한 광고성 기사를 말하는 것이네. 예를 들어, 주식의 경우 어느 주식이 많이 올랐다거나 유망하다거나 하는 내용일 수도 있고, 부동산의 경우라면 어느 지역이 뜰 것이라든지, 어떤 건설사가 어디에 분양 계획이 있다거나 하는 내용들이지. 혹은 금융기관이 어느 상품이 많이 팔려 나가고 있다는 식으로 게재되는 수많은 기사성 광고 중에서 '광고'와 '정보'를 구분해내야 하네.❞

"객관적으로 작성된 신문 기사 같은 내용일 텐데, 정보와 광고를 어떻게 구분할 수 있습니까?"

"거기에 포인트가 숨어 있네. 그런 기사들을 잘 분석해 보면 광고성 기사는 '이미 돈을 벌었으니 이제는 팔아서 이익을 챙기고 싶다는 욕망'과 '돈을 벌 가능성이 있으니 함께 모여 파이를 키워서 나눠 갖자는 제안'의 두 가지로 구분된다네. 부자들은 정확히 한눈에 내용을 알아보고, 이제는 팔아서 돈을 벌겠다는 광고성 기사는 눈길도 주지 않는다네. 왜냐고? 부자들은 다른 사람을 돈 벌게 해주는 일에는 관심이 없기 때문이지. 그러나 파이를 키워서 나눠 먹자는 내용에는 큰 관심을 보인다네. 그래서 광고성 기사를 제대로 분석해 내야 하는 이유가 바로 여기에 있네."

천만장자는 내 눈을 잠시 응시하다가 분명한 어조로 다시 말을 이었다.

"다시 정리해 보세. 신문의 내용은 크게 몇 가지라고 했는가?"

"돈과 관련된 신문의 내용은 세 가지라고 말씀하셨습니다. 첫 번째는 '정부의 정책'이고, 두 번째는 '시장의 반응' 그리고 세 번째는 '각종 광고'입니다."

"어느 신문을 보더라도 항상 이 세 가지 방향성을 유지하며 읽어야 하네. 처음에는 모든 기사가 해당되는 것처럼 보여서 읽는 시간이 꽤 걸리겠지만, 조금만 연습하다 보면 한눈에 들어오게 될 것이네. 제발 쓸데없는 정치인 말장난, 연예인 스캔들, 스포츠 경기 결과 같은 건 쳐다보지도 말고 돈 되는 기사에만 열중하게."

마치 내 속을 들여다보기라도 한 걸까?

휴대폰을 켜면 주로 검색하는 콘텐츠만 콕 찍어서 보지 말라는 말에 뜨끔한 나는 힘차게 대답했다.

"네, 명심하겠습니다!"

"또 한 가지 중요한 걸 빠뜨렸군. 신문을 아침에 읽는 것이 맞나, 밤에 읽는 것이 맞나?"

나를 함정에 빠뜨리는 질문이 또 시작되고 있었다.

"신문은 당연히 아침에 읽는 것 아닙니까?"

천만장자가 또 빙그레 웃으며 말했다.

"또 틀렸네. 신문은 집에 돌아와서 밤에 읽어야 하네."

"네? 무슨 말씀이신지…."

"석간신문을 읽으라는 말이 아니네. 요즘은 디지털 기기들이 발달해 있어 출근하면서 휴대폰이나 태블릿으로 대충 주요 기사만 읽으면 간밤에 무슨 일이 있었는지는 대략 알 수 있네. 그런데 집에 돌아와 아침에 배달된 신문을 보면, 주요 기사는 아침 출근 때 보았던 내용들이니 나머지 기사들을 깊이 읽을 수 있다네. 아침에 신문을 본다면 시간이 없어서 대충 제목만 보고 건너뛰었을 내용들 말일세. 그런 기사들 사이에서 돈의 흐름과 돈 벌 기회를 고민해야 하네."

"아, 그렇군요."

"또 한 가지, 요즘 사람들이 거의 종이 신문을 읽지 않는데, 나는 강력하게 신문 구독을 추천하네. 많은 디지털 세대가 종이보다는 화면에 익숙하겠지만 신문을 펼치면 한눈에 훑어볼 수 있고, 기사의 경중도 감각적으로 알 수 있지. 그리고 때로는 곰곰이 씹어 읽어 가며 문단 사이의 맥락과 이면에 숨겨진 진실도 알 수 있다네. 나는 이런 이유들 때문에, 아날로그 종이 신문을 꼭 봐야 한다고 주장하네."

천만장자로부터 신문 구독의 필요성까지 듣고 나니, 벌써 아침 7시 40분이 지나가고 있었다. 벽에 걸린 시계로 향했던 시선을 옮기다가 천만장자의 시선과 마주쳤는데, 나를 바라보며 회심의 미소를 짓는 게 아닌가. 나는 왠지 모를 불안감을 느껴 몸을 떨었고, 마시던 인삼차를 조용히 내려놓았다. 드디어 올 것이 온 걸까? 어젯밤 이세화가 말했던 불길한 내용이 떠올랐다.

'내일은 무척 힘든 하루가 될 것'이라는….

천만장자의 세 번째 테스트

"마지막으로, 세 번째 테스트를 하겠네. '들은 것은 잊어버리고, 본 것은 기억하고, 직접 해본 것은 이해한다'라는 공자님의 말씀처럼, 어제까지 배운 내용을 직접 현장에 나가서 실천해 보는 것이 가장 뛰어난 학습 방법이라고 믿네. 특히 돈에 관해서는 반드시 이론과 실습을 병행해야 한다는 것이 나의 신념이네."

 말을 마친 천만장자가 부드러운 미소를 지으며 나를 쳐다보고 있었다. 그러나 천만장자로부터 테스트 내용을 들었을 때, 그 부드러운 미소가 내게는 악마의 미소로 다가왔다.

 "지금부터 12시까지 1천만 원을 마련해 오게. 자네가 돈을 마련해 온다면, 그 대가로 1천만 원을 자네에게 주겠네. 그러나 자네가 실패한다면, 벌금으로 나에게 1천만 원을 줘야 하네."

 듣자마자 갑자기 숨이 꽉 막히며 온몸에 소름이 돋았다.

 "돈을 구하는 방법은 자네가 알아서 하고, 조건은 딱 한 가지네. 자네 지갑에서 돈을 찾을 수 있는 모든 카드를 테이블 위에 올려놓고 지갑과 현금만 들고 나가게. 휴대폰은 가져가도 좋네."

 세상에 이런 교육이 어디에 있단 말인가?

 1천만 원을 구하지 못하면, 도리어 내가 1천만 원을 뱉어내야 한다고? 말도 안 돼!

 내가 할 말을 잃고 천만장자의 얼굴만 빤히 쳐다보고 있었더니, 천만장자가 진지한 표정으로 단호하게 말했다.

"뭐 하나? 시간이 별로 없을 텐데."

나는 뭐에 홀린 듯, 넋이 나간 채로 주머니에서 지갑을 꺼내 모든 카드를 테이블 위에 올려놓았다.

"정확히 12시까지 돌아와야 하네. 성공하지 못하면 돌아올 생각은 아예 하지도 말게. 그러니 포기하고 싶으면 지금 말하게."

오늘 죽으라는 신의 계시인가?

악마의 얼굴이 저런 모습이었구나 싶었다.

그나저나 어떻게 4시간 안에 1천만 원을 만들지?

1분이 1시간처럼 느껴졌다. 정말 그러지 말았어야 했는데, 나도 모르게 이렇게 말하고 말았다.

"그럼, 12시에 뵙겠습니다."

"세 번째 테스트에서 90% 이상이 탈락했지만, 자네는 꼭 성공하길 비네."

천만장자가 테이블 위의 카드를 챙겨 든 뒤, 내 등을 두어 번 두드리고는 옆방으로 들어갔다.

지금, 어딜 가서 4시간 안에 1천만 원을 구해 온단 말인가? 그것도 일요일 아침에….

이건 사기다! 이렇게 해서 천만장자가 돈을 벌고 있는 게 확실해. 자기한테 교육받으면 부자가 된다고? 말도 안 돼. 내가 여기에 오는 게 아니었어.

머릿속이 복잡해지고 마음이 혼란스러워졌다.

뭘 어떻게 해야 하지?

고민하는 사이에도 시간은 벌써 8시를 넘어서고 있었다.

'4시간 안에 어디서, 무슨 방법으로, 누굴 만나서 1천만 원을 마련하지….'

내 은행 계좌에는 1천만 원은커녕 5백만 원도 없을뿐더러, 있다고 해도 카드가 없으니 찾을 수도 없다. 무통장·무카드로 찾을 수 있다고 해도 ATM에서 1일 출금 한도가 정해져 있어 1천만 원을 뽑을 수도 없다.

이 시간에 아는 사람에게 전화해서 돈을 빌려 달라고 한다면, 나를 미친놈이라 욕할 것이다. 물론 나를 도와줄 사람도 없고 말이다. 설령 자초지종을 밝히더라도 어느 누가 천만장자의 제안을 정상적이라 하겠는가.

그렇다고 포기하지 않는 이상, 이대로 앉아 있을 수만은 없었다. 일단 문을 열고 밖으로 나와 엘리베이터를 타고 1층 로비로 내려왔다. 눈에 띄는 빈 의자에 앉아 고민하다가 회전문을 통해 들어오는 사람들을 멍하니 쳐다보았다.

일요일 아침이라 그런지, 호텔 로비에는 몇몇 외국인 관광객들만 보였다. 아는 사람도 없고, 도와줄 사람도 없고, 말도 안 통할 것이고….

여기는 죽었다가 깨어나도 1천만 원을 만들 수 없는 곳이라는 생각이 들었다. 나는 자리에서 일어나 어깨를 축 늘어뜨린 채 회전문을 통과해서 한산한 거리로 나왔다.

이런 어처구니없는 제안에 일언반구 토를 달지도 못하고 제안을 받아들인 내 자신이 원망스럽기만 했다. 1천만 원을 벌 기회가 아니라, 1천만 원을 토해내야 하는 독이 든 성배를 받아든 것이나 마찬가지였으니 말이다.

도로를 따라 무작정 걷고 있는데, 길가의 금융기관들이 눈에 들어왔다. 저곳 금고에는 돈이 엄청나게 쌓여 있을 텐데…. 은행을 털어? 나도 모르게 쓴웃음이 나왔다. 조금 더 걸어가니 백화점 간판이 눈에 들어왔다. 거기에 들어가서 돈을 만들어 봐? 누굴 만나서? 아직 문도 열지 않았는데….

이런저런 망상에 빠져드는 내 자신이 처량해 보여 헛웃음이 나왔다.

일요일 아침에 현금 1천만 원을 준비하고 나를 기다리는 곳은 그 어디에도 없다. 어떻게 해야 하나? 무슨 짓을 해야 1천만 원을 만들 수 있지?

나는 혼란한 마음을 가다듬기 위해 일단 현재 상황을 다시 정리해 보았다.

나에게 주어진 임무는 무조건 1천만 원을 만들어 오는 것이다. 그렇지 못하면 1천만 원의 빚이 생긴다. 현재 나에게는 돈이 없다. 지인에게 돈을 빌리는 것도 불가능하다. 그럼, 어떤 방법으로 1천만 원을 만들 수 있을까?

어떻게든 방법을 찾아야 했지만, 아무리 머리를 굴려 봐도 답이 나오지 않았다. 결국에는 애초에 불가능한 제안이었는데, 부자가 되겠다는 무모한 열정 때문에 덥석 받아 버렸다는 후회가 밀려왔다. 하지만 어쩌겠는가. 이미 화살은 시위를 떠났는데….

어쩔 수 없이 방법을 고민하며 걷다 보니, 어느새 한강대교를 건너고 있었다. 다리 중간쯤 왔을 때, 멈춰 서서 다리 아래를 내려다보았다.

'여기서 뛰어내리면 죽겠지!'

어쩌다가 천만장자를 만났고, 한강대교까지 와서 뛰어내릴 생각까지 하는 내 신세가 처량해졌다. 위에서 내려다보는 한강은 멀고 깊어 보였다. 다리의 높이가 15미터 정도이고, 한강의 평균 수심이 10m 내외이니 뛰어내리면 바로 죽을 것이다. 물이니까 떨어져도 충격이 덜할 거라고 믿는 사람들이 많은데, 시멘트 바닥에 떨어지는 것과 똑같은 충격이라고 한다.

별의별 생각이 내 머릿속을 휘젓고 있었다.

그때였다.

"선생님! 한 번 더 생각하시죠!"

이게 무슨 소리인가?

뒤를 돌아보니, 심각한 표정의 공익 근무자 두 명이 내 곁에 바짝 붙어 있었다.

"선생님! 생명은 소중한 것입니다. 저희와 함께 가서서 차 한 잔 하시면서 말씀 나누시지요."

다리 위에서 서성거리는 나를 보고 누군가 신고했거나, 인공지능이 위험을 알렸는지는 모르겠지만… 나를 달래고 있는 것은 분명했다.

"제가 지금 고민이 있지만, 여기서 뛰어내릴 정도는 아닙니다."

"선생님, 저희와 함께 가시죠."

이번에는 한 명이 내 겨드랑이 밑으로 팔을 넣어 나를 바짝 조여 왔다.

"나, 안 죽으니까 그만 가세요!"

팔을 뿌리치며 뒤도 돌아보지 않고 걷던 방향으로 걸음을 옮겼다. 나는 그러면서도 머릿속으로는 계속 방법을 찾았다.

'어디로 가야 하지?'

'어떻게 1천만 원을 구하지?'

계속 긴 한숨만 쏟아져 나왔다.

휴대폰의 시계는 벌써 9시 반을 표시하고 있었다.

이제 남은 시간은 2시간 반.

방법을 찾지 못한 나는 지난 시간을 되짚어 보았다.

처음부터 잘못된 것이었다. 천만장자를 만나 교육을 받고 부자가 될 수 있다고 믿은 것이 내 실수였다. 말도 안 되는 무모한 일이었다. 송충이는 솔잎을 먹고 살아야지, 복에 없는 부자가 되겠다고 무모하게 달려든 내가 분수를 모르는 한심한 놈이었다.

결론적으로, 깨끗하게 실패를 인정하고 천만장자에게 없었던 일로 해 달라고 용서를 비는 것이 유일한 해결책 같았다.

'그래. 돌아가서 안 되는 일은 안 된다고, 나는 능력이 없다고 솔직히 말씀드려야지. 어쩔 수 없잖아….'

모든 생각이 '실패, 포기, 용서'로 정리되자, 마음이 홀가분해졌다. 다시 다리를 건너 호텔로 돌아가야 한다고 결정을 내리니, 발걸음이 가벼워졌다. 걸어가면서도 세 번째 테스트를 포기한 결정이 합리적이고 당연한 선택이었다고 계속해서 나 자신을 세뇌하고 있었다.

다리 중간쯤에 이르자, 나를 제지했던 공익 근무자 두 명이 더욱 긴장한 눈빛으로 나를 지켜보고 있었다.

나는 씩 웃으면서 그들에게 말했다.

"저, 안 뛰어내리기로 마음먹었으니까 그만 돌아가세요."

그러나 두 사람은 대여섯 걸음 뒤에서 계속 나를 따라오고 있었다. 나는 씁쓸했지만, 아랑곳하지 않고 홀가분한 마음으로 다리 끝을 향해 걸었다. 끝 지점에 거의 다 왔을 쯤, 한강 제방 근처 저지대에 자리 잡은 동네가 눈에 들어왔다.

'여름 장마 때 강물이 불어나면 물난리가 날 텐데….'

안타까운 생각이 들어 집들을 유심히 살펴보고 있을 때, 증축 공사 건물 비계에 길게 내걸린 현수막이 눈에 들어왔다.

> **성전 대 보수 공사!**
> **주님의 은총과 형제자매 여러분의 사랑으로 꼭 완성합시다.**

보수 공사를 진행하고 있는 성당이었다.

그 순간, 번쩍이는 아이디어가 내 머리를 때렸다.

'그래, 바로 이거야!'

꺼져 가는 불에 휘발유를 부은 것처럼, 온몸에 전기가 흐르는듯한 짜릿함을 느끼며 언덕 밑에 있는 성당을 향해 뛰어 내려갔다. 그리고는 조심스럽게 성당 정문으로 다가갔다. 때마침 신부님께서 미사를 마치고 돌아가는 신도들에게 인사를 하고 계셨다.

"성당 보수를 위해 추가 헌금을 부탁드립니다."

신부님은 초록색 플라스틱 바구니를 하얀 천으로 묶어 목에 두른 채, 성당 보수를 위한 추가 헌금을 요청하고 있었다. 나는 신자들이 모두 빠져나가기를 기다리면서 어떻게 말을 걸어야 할지 바쁘게 머리를 굴리기 시작했다.

어느덧 시간이 흘러 신자들이 모두 집으로 돌아가고 신부님이 성당으로 발길을 옮기려 할 때, 나와 눈이 마주쳤다.

나는 '이 순간이다!'라는 생각에 신부님께 다가섰다.

신부님이 먼저 인사를 건넸다.

"찬미 예수님!"

"찬미 예수님!" 나도 인사를 올렸다.

"저에게 볼일이 있으십니까? 우리 성당 신자 분이신가요?"

"한때는 주님을 믿었습니다만, 지금은 성당에 나오지 않고 냉담 중입니다."

"주님의 말씀에 마음의 평화와 안식이 있습니다. 바쁘셔도 성당에 꼭 나오셔서 기도와 봉사로써 축복을 받으시기 바랍니다."

"신부님! 제가 특별히 신부님을 도울 방법이 있을 것 같습니다. 제게 시간을 잠깐 내어 주셨으면 합니다. 꼭 드릴 말씀이 있어서요."

"제게요? 저는 처음 뵙는 분 같습니다만…."

"저도 압니다만… 긴히 드릴 말씀이 있어서 그럽니다. 잠깐이면 됩니다."

"……."

"신부님, 제발 부탁드립니다."

"흠… 알겠습니다. 어떤 내용인지요?"

"여기서는 조금 곤란한데, 조용히 말씀드리고 싶습니다."

"제가 다음 미사를 준비해야 해서 20분 정도밖에 시간이 없습니다만…."

"그 정도면 충분합니다."

"그럼, 저를 따라오시지요."

신부님은 성당 옆 사제관으로 나를 안내했다.

아주 어렸을 때 사제관에 한 번 들어가 본 경험이 있어 감회가 새로웠다. 신부님께서 손수 차를 끓여 나오셨다.

"무슨 일인지는 모르지만, 우선 녹차 한 잔 하시지요."

"네, 감사합니다."

나는 찻잔을 들어 한 모금 마시고 신부님의 얼굴을 조심스럽게 살폈다. 차라리 가림막 속에서 신부님께 고해성사라도 받고 싶은 심정이었지만, 마음을 가다듬고 이렇게 첫마디를 꺼냈다.

"신부님! 제가 비록 성당을 다니지는 않습니다만, 신부님과 성당을 위해 작은 봉사를 하고 싶습니다. 그러려면 먼저 신부님께서 저를 도와주셔야 합니다."

"무슨 말씀인지요?"

"신부님! 성당 보수 공사를 위해 성금을 모으고 계시는데, 공사비는 다 마련되셨는지요?"

"혹시, 성당 보수 공사 성금을 후원해 주실 생각이십니까?"

"네. 성금을 내고 싶습니다. 공사를 모두 마치려면 어느 정도 부족하십니까?"

"비가 새는 천장 보수 공사와 교리 공부방 개선을 위해 총 5천만 원의 성금을 목표로 모금했는데, 그동안 4천만 원을 모았습니다."

내가 꼭 만들어야 할 1천만 원이 여기 성당에서도 꼭 필요한 금액이었다. 사람이 뭔가에 관심이 꽂히면 그것만 보이고, 그것만 들리고, 꿈에서도 나온다더니 정말로 1천만 원이 이곳 성당에도 똑같이 적용되고 있었다.

"신부님! 제가 오늘 오후까지 1천만 원을 신부님과 이 성당을 위해 성금으로 드리겠습니다."

"정말이십니까? 우리 성당 신자도 아니신데…."

"성당을 위해 봉사를 하고 싶습니다."

"정말 감사합니다. 주님의 축복과 영광이 함께하시길 기도드립니다."

"감사합니다."

이제 본론으로 들어가야 할 타이밍이었다.

"신부님! 제가 1천만 원을 오늘 오후에 드리는 데는 전혀 문제가 없습니다. 그런데 그 전에 저를 꼭 도와주셔야만 성금을 드릴 수 있습니다."

"제가 도울 수 있는 일이라면, 무엇이든 하겠습니다."

신부님의 결연한 의지가 엿보였다.

"제가 1천만 원을 신부님께 드리기 위해서는, 신부님께서 저를 믿고 1천만 원을 먼저 저에게 빌려 주셔야 합니다."

신부님께서 눈이 휘둥그레지더니, 분위기가 갑자기 썰렁해졌다. 내가 신부님일지라도 이런 황당한 제안에 당연히 놀랬으리라. 잠시 침묵이 흐른 뒤, 신부님께서 입을 열었다.

"1천만 원을 먼저 빌려 주면 1천만 원을 얹어 2천만 원으로 돌려주시겠다는 제안이군요. 그렇다면 죄송합니다. 저는 선생님의 그 마음은 받아들일 수 있지만, 현실적으로 1천만 원을 빌려 드릴 수 없습니다."

당연한 말씀이었다. 생전 처음 본 사람에게 어떻게 1천만 원을 빌려 줄 수 있겠는가. 비록 오늘 오후에 1천만 원이 들어온다고 해도 말이다.

"제가 1천만 원을 빌려 드리지 못하는 이유는, 저에게는 그만한 돈이 없습니다. 그리고 혹시라도 성금으로 모아 둔 돈을 염두에 두고 있다면… 그 돈은 개인에게 빌려 줄 수 없는 하나님과 우리 성당, 신자 분들을 위한 돈입니다. 제가 비록 이 성당의 주임 신부이지만 그런 결정을 할 수도 없고, 해서도 안 되는 일입니다."

당연한 말씀이었다. 그럼에도 불구하고, 나는 진실하고도 절실한 마음으로 이렇게 말씀드렸다.

"신부님의 말씀은 지당하십니다. 설령 저를 사기꾼이나 정신병자로 여기신다 해도 드릴 말씀이 없습니다. 그러나 제 이야기를 한 번만 들어봐 주십시오."

여기까지 와서 감추고 말고 할 것이 뭐가 있겠는가.

신부님께 그간 이틀 동안 천만장자를 만나 교육받았던 이야기, 그리고 1천만 원의 제안에 대하여 사실대로 모두 말씀드렸다.

나에게는 거의 고백성사나 다름없었다. 다 털어놓으니 마음이 너무도 후련해졌다. 나로서는 더 이상 할 수 있는 게 아무것도 없었다. 오직 신부님이 어떤 결정을 내리느냐에 달렸을 뿐…. 신부님께서는 아무 말씀도 하지 않은 채, 생각에 잠겨 있었다.

그렇게 5분여의 시간이 흘렀고, 이제 천만장자에게 빈손으로 돌아가야 할 시간이 되어 자리에서 일어섰다. 그 순간, 신부님께서 나를 쳐다보셨다.

시선을 마주친 신부님의 눈빛은 내가 태어나서 한 번도 본 적이 없는 따스하고 온화한, 너무도 나를 아끼시는 하나님의 사랑 그 자체의 눈빛이었다.

신부님께서 입가에 부드러운 미소를 지으시더니, 이렇게 말씀하셨다.

"꼭, 현금이어야 합니까?"

6장

돈 버는 시스템

돈 들이지 않고 돈 벌기

일요일 오전 11시 20분.

다시 호텔로 돌아와 KP의 방문을 열고 들어서니, 천만장자는 벽에 걸린 TV를 통해 줌(Zoom)으로 연결한 화상 회의를 하고 있었다. 화면에는 부동산의 고종완, 증권의 강방천, 브이엠자산운용의 맹학준, 콜롬비아 스레드니들 서울사무소 이찬석, 휴넷의 조영탁, 모션필로우의 장대웅, IT 분야에는 방배동벨리의 김성식, 그리고 가인세무회계의 나찬협 세무사 등 각 분야의 대표적인 전문가들이 보였고, 정치인의 얼굴도 보였다. 그 외에도 TV와 유튜브에서 자주 얼굴을 비친 원자재 분야의 유명 애널리스트와 금융권 대표들도 보였다. 이런 유명 인물들과 화상 회의를 할 정도라니….

또다시 천만장자가 위대해 보였다.

이런 게 돈의 힘이 아닐까 하는 생각이 들었다.

브리핑을 받던 천만장자가 나를 보고는 미소를 짓더니, 손짓으로 앉을 것을 권했다. 감히 낄 수 없는 자리라는 생각이 들어 고개 숙여 인사하고는 조심스럽게 테이블로 다가가 의자에 앉았다.

바른 자세로 앉아 브리핑 장면을 보고 있었지만, 천만장자와 전문가들이 주고받는 대화는 귀에 하나도 들어오지 않았다. 내 머릿속은 천만장자가 어떻게 반응할 것인지에 대한 궁금증과 두려움으로 가득 차 있을 뿐이었다.

문을 열고 들어오기 전까지만 해도 개선장군처럼 자신만만했다. 하지만, 지금은 법정에서 선고를 기다리는 죄수와 같은 심정이었다.

그렇게 1시간 정도가 흐른 후.

"다들 수고하셨습니다. 다음 달에 뵙지요."

전문가들에게 인사말을 건넨 천만장자가 리모컨을 들어 화면을 끄고는 천천히 내 쪽으로 의자를 돌려 앉으며 입을 열었다.

"먼저, 약속한 시간 내에 돌아온 것을 축하하네. 1천만 원은 가져왔나?"

1천만 원을 현금으로 준비하지 못했다는 말을 기어들어 가는 목소리로 말하려다, 갑자기 오기가 발동했다. 한강 다리에서 뛰어내릴 각오도 했었고, 하나님의 말씀을 전하는 신부님과도 협상했는데, 더 이상 뭐가 두려우랴!

"불행히도 현금으로 1천만 원은 준비하지 못했습니다. 그러나 1천만 원보다 훨씬 값어치 있는 것을 가지고 왔습니다."

천만장자의 눈이 잠깐 빛났다.

"1천만 원보다 훨씬 가치 있는 것이라고 했나? 그게 뭔가?"

나는 손에 든 하얀 봉투를 열고 1kg 골드바를 테이블에 올려놓았다. 그러자 천만장자가 약간 놀라는 표정을 지으며 내게 물었다.

"어디서 구했는가?"

그 순간, 신부님과의 협상 장면이 눈앞에 생생하게 떠올랐다.

"그분께서 반드시 현금으로 가져오라 했습니까?"

신부님께서 내게 물었다.

생각해 보니, 천만장자가 반드시 현금이어야 된다고는 말하지 않았다. 순간, 꼭 현금이 아니더라도 1천만 원의 가치가 있는 물건이어도 가능하겠다는 생각이 번뜩 들었다. 그러나 한편으로는 이곳 사제관에 그만한 값어치 있는 물건이 있을 리 없다는 생각에, 신부님께서 왜 이런 질문을 하셨는지 선뜻 이해가 되지 않았다.

"글쎄요… 천만장자가 반드시 현금이라고는 말하지 않았습니다만, 그래도 현금이어야 하지 않겠습니까?"

"그런 제안을 하신 분이라면, 굳이 현금이 아니더라도 그만한 가치가 있는 것이라면 인정해 주지 않을까요? 제 생각에는 그분의 교육 목적에 부합하리라는 생각이 드는군요. 잠깐 기다려 보시지요."

신부님께서 일어나 옆 방으로 들어가시더니, 노란색 보자기를 하나 들고 나오셨다. 신부님께서 보자기를 풀자, 조그마한 자개함이 보였다. 검정 바탕에 학이 날아가는 문양이 박혀 있는, 어머니 세대에서나 사용했을 법한 고풍스런 자개함이었다.

"1년 전쯤, 우리 성당의 신자 분께서 마약 중독 합병증으로 전문 치료 병원에 입원했습니다. 마약에 손대기 전까지는 성실했고, 열심히 사업을 해서 돈도 제법 벌었습니다. 그런데 마약에 손을 대면서 건강도 잃고, 죽음의 문턱을 넘나들었습니다. 병원에 입원하기 전날, 그분은 전 재산을 정리한 돈으로 골드바를 사 들고 와서 제게 맡기며 이렇게 말했습니다."

"오늘이 마지막으로 신부님을 보는 날일지도 모르겠습니다. 제가 삶의 기회를 얻어 살아 돌아온다면, 이 금덩어리를 밑천으로 다시 시작해 보겠습니다. 하지만… 제가 영영 돌아오지 못한다면, 성당과 신자들을 위해 이것을 써 주십시오."

말을 마친 신부님께서 자개함을 열어 보이셨는데, 그 안에는 1Kg 골드바 세 개가 가지런히 놓여 있었다. 내 눈으로 골드바를 직접 보는 건 처음이었다. 표면에 '1,000g Fine Gold 999.9'라 쓰여 있었고, 크기는 담뱃갑 정도밖에 되지 않았다.

얼마 전에 금 1g 가격이 9만 원까지 올랐다는 뉴스를 본 기억이 있어, 대충 계산해도 1kg 골드바 한 개는 약 9천만 원 정도다. 그러니 자개함 안에는 무려 2억7천만 원 상당의 금덩어리가 있는 것이다.

회상에 잠긴 듯, 한참 동안 눈을 감고 있던 신부님이 나를 보며 입을 열었다.

"그분은 베드로 형제님인데, 저에게 맡길 때 정말 급하고 중요한 일이 생긴다면 일부를 사용해도 좋다고 허락했었습니다. 그런데 이런 일이 있을 줄은 꿈에도 몰랐습니다. 성당과 신자 분들을 위해 이것을 빌려 드리도록 하겠습니다. 한 개만 가지고 가십시오."

신부님께서 자개함 속의 골드바를 하나 꺼내어 흰 봉투에 담아 내게 건네주었다. 그리고는 자개함을 보자기로 싸서 묶으며 말했다.

"이 골드바가 선생님께서 우리 성당과 신자들을 위해 성당 보수 공사를 완성할 수 있는, 뜻깊은 선물로 되돌아올 수 있기를 주님께 기도 올립니다."

건네받은 골드바는 크기는 작았지만, 무게는 전혀 가볍지 않았다. 손에 들었을 때, 책 두 권 정도의 묵직함이 느껴졌다. 그런데 막상 받고 보니, 기쁜 마음보다는 불안감이 앞섰다. 그건 아마도 상상할 수 없는 일이 일어난 것에 대한 강한 의심 때문이리라.

오늘 처음 뵌 신부님께서 도대체 뭘 믿고 나의 황당한 부탁을 들어주셨을까? 한강 다리에서 뛰어내려 죽을 생각까지 하면서 고민했던 일인데, 어떻게 해서 이처럼 쉽게 풀릴 수 있었을까?

나로서는 상상도 못했던 일이고, 믿기지도 않았다. 정말이지 소설 속에서나 가능한 이야기였고, 기적이 일어난 것이다.

신부님께서 말씀하셨다.

"저 역시 최근에 주님께 열심히 기도를 올리고 있었습니다. 제 능력도 모자라고, 신자 분들께 계속해서 헌금을 바라는 것도 한계에 다다른 것 같아서 고민이 많았습니다. 그래서 하나님께 당신의 성전이 완성될 수 있도록 해 달라고 간절히 기도드렸습니다. 그런데 오늘 선생님을 보내주셔서 저의 소망이 이루어질 수 있게 되었습니다. 정말 감사드립니다."

"아닙니다… 오히려 제가 감사의 말씀을 올려야 합니다. 저를 처음 봤음에도 불구하고, 저를 믿고 이렇게 도와주시니 어떻게 해야 할지 모르겠습니다. 정말 감사합니다."

"우리, 주님께 기도합시다. 참, 세례명이 어떻게 되시나요?"

"아사비오입니다."

"성부와 성자와 성신의 이름으로 아멘! 은혜로우시고 자애로우신 하나님 아버지. 오늘 저는 아사비오 형제님의 도움을 받아 성전 보수 공사의 부족한 부분을 마련할 수 있게 되었습니다. 나는 새들과 동물들도 다 먹여 주시고, 땅에 있는 온갖 식물들도 다 자라게 해주시는데, 하나님의 소중한 자식인 저희는 더 이상 걱정이 없습니다. 저의 믿음을 의심하고 불안했던 마음을 뉘우치오니, 은혜로이 용서해 주시기 바랍니다. 주님의 말씀대로 다 이루어졌습니다. 더불어 골드바를 저에게 맡겨 주시어 오늘의 영광이 있도록 도와주신 베드로 형제님도 건강히 돌아와 저희와 함께할 수 있도록 주님의 사랑과 은총을 베풀어 주시기 바랍니다. 주님! 너무도 감사합니다. 성부와 성자와 성신의 이름으로 아멘!"

"아멘!"

"아사비오 형제님, 제가 이제 미사를 준비할 시간입니다. 서둘러 가셔서 우리 성당과 신자들을 위해 약속을 꼭 지켜주시기 바랍니다."

"감사합니다. 신부님! 여기 제 명함을 드립니다. 오늘 오후까지는 무슨 일이 있어도 골드바와 1천만 원을 들고 다시 오겠습니다."

"믿습니다. 형제님!"

신부님의 따뜻한 손을 마주 잡고 다시 한 번 감사의 인사를 올린 후, 성당을 나와 택시를 잡아 탔다. 골드바 1Kg을 손에 꼭 쥐고서.

지난 4시간 동안 있었던 일을 천만장자에게 조심스럽게 말씀드렸다. 그런데 이야기를 다 들은 천만장자가 나를 노려보고 있는 게 아닌가. 갑자기 심장이 멎는 듯한 두려움이 밀려왔다.

'아, 이젠 모든 게 끝났구나…!'

차가운 표정으로 나를 노려보던 천만장자의 시선이 서서히 온화한 눈빛으로 바뀌더니, 환한 얼굴로 박수를 치며 말했다.

"잘했네. 아주 잘했어."

"……."

"그 금덩어리, 나도 한 번 만져 보세."

골드바를 집어 든 천만장자가 흐뭇한 표정을 지었다.

"지금까지 세 번째 테스트에서 10%만 돌아왔지. 그 중에서 자네가 가장 값어치 있는 걸 가져왔군. 약속한 대로 자네에게 1천만 원을 주겠네."

천만장자가 테이블 옆 서랍에서 꺼낸 봉투를 열고 1천만 원짜리 수표를 보여주었다. 그러고는 수표를 넣은 봉투와 골드바가 담긴 봉투, 아침에 맡겼던 신용카드를 내 앞으로 밀었다.

내 앞에 놓인 수표와 골드바를 보고 있으려니, 기분이 이상했다. 처음에는 뭔가를 이루어 냈다는 성취감으로 기뻐할 줄 알았는데, 오히려 이렇게도 돈을 벌 수 있다는 생각에 왠지 모를 허무함이 밀려왔다.

천만장자의 질문이 이어졌다.

"자네, 이번 거래에서 현금이 사용되었나? 아니, 이렇게 물어보겠네. 나와의 약속을 지키기 위해 돈이 동원되었나?"

"아닙니다. 돈은 전혀 사용되지 않았습니다."

"자네는 오늘 1천만 원을 벌었는데, 그럼 돈 한 푼 없이 돈을 벌었다고 말할 수 있겠는가?"

천만장자의 말대로라면, 돈을 전혀 들이지 않고 돈을 번 셈이다. 물론 시가 9천만 원의 골드바를 활용했지만….

"그렇습니다. 돈을 들이지 않고 돈을 벌었습니다만, 그만큼의 가치가 있는 것으로 대신했습니다."

천만장자가 계속 미소를 지으며 이렇게 물었다.

"그럼, 일반적으로 '돈이 있어야 돈을 벌 수 있다'라는 말은 진실인가, 거짓인가? 말해 보게."

곤란한 질문이었다. 사람들 대부분이 그렇게 생각하고, 나 역시 돈이 있어야 돈을 번다고 믿고 있었다. '구멍가게를 열더라도 돈이 있어야 한다'라는 말은 어린 시절부터 귀에 못이 박히게 들었다. 하지만, 오늘의 내 경험은 1천만 원을 벌었음에도 돈이 전혀 들어가지 않았다.

"이번의 제 경우도 그렇고, 흔히 돈이 있어야 돈을 번다는 말은 잘못된 것 같습니다."

"바로 그거야! 돈이 없어도 돈을 벌 수 있지. 세 번째 테스트 목적은 '돈이 없어도 돈을 벌 수 있다'는 것을, 현장에서 직접 체험하도록 하는 것이었다네."

나는 천만장자의 말을 듣고서야, 오늘 테스트에 담긴 의도를 이해할 수 있었다.

"내가 1천만 원의 제안을 할 때, 자네가 현금으로 들고 오지 않기를 처음부터 바라고 있었네. 나의 이런 의도를 알아차렸는지는 모르겠지만, 정말 잘해 주었네. 인생에서 돈이 있어야 돈을 벌 수 있다는 생각이 머릿속에 있는 한, 절대로 부자가 될 수 없네. 그 벽을 넘어서지 못하면 영원히 부자의 길로 들어설 수 없지. 비록 돈은 아니지만, 그에 상응하는 가치 있는 뭔가를 갖고 있거나, 보여줄 수 있거나, 활용할 수만 있다면, 반드시 돈으로 만들 수 있네. 그것은 아이디어나 기술이 될 수도 있고, 자네처럼 반드시 해내겠다는 열정일 수도 있고, 그 외에도 무수히 많다네."

"처음에는 잘 몰랐지만, 이번 경험을 통해서 확실히 이해하게 되었습니다. 감사합니다."

"자네를 목욕탕에서 처음 만났을 때, 내가 이렇게 말했지. 기억하나? 부자가 되는 방법은 너무도 쉽고 간단하지만, '두려움'과 '게으름' 때문에 부자가 되지 못한다고 했네. 돈이 없다는 이유로 두려움에 떨고, 그 두려움을 핑계로 노력을 게을리하여 가난하게 살게 된다고 말이네. 오늘 자네가 돈 한 푼 없이도 1천만 원을 번 것처럼, 돈 없이도 부자가 될 수 있는 길은 얼마든지 있다는 것을 꼭 믿어야 하네. 알겠는가?"

"네. 잘 알겠습니다."

"이제야 비로소 자네가 나의 진정한 학생이 되었군. 축하하네."

"감사합니다."

나는 마음 깊이 우러난 진심 어린 감사의 말씀을 올렸다.

"이제 우리 점심을 먹도록 하세."

어려운 숙제를 해낸 후의 허탈함 때문이었을까?

나 역시 몹시 시장기를 느꼈고, 시간도 정오를 지나 1시를 넘어가고 있었다.

"점심 준비해 주세요."

천만장자가 허공에 대고 말하자, 직원이 문을 열고 서빙 카트에 담긴 설렁탕 두 그릇을 가져왔다.

부자들은 항상 맛있는 고급 음식만 먹는 줄 알았는데, 어제오늘은 계속 서민 음식이었다.

"내가 1천만 원을 제안했을 때, 자네는 어떤 느낌이 들었는가? 할 수 있다고 생각했는가, 불가능하다고 생각했는가?"

"솔직히 시간이 갈수록 포기하고 싶은 생각이 앞섰습니다. 그런데 거의 포기 상태에 이르렀을 때, 갑자기 방법이 보였습니다. 운도 작용했던 것 같고요…."

"돈도 마찬가지라네. 돈을 벌다 보면 이런저런 우여곡절을 겪고, 쓰라림도 맛보게 되지. 그러나 모든 돈은 거의 자포자기 일보 직전에 가서야 몰려오는 경향이 있네. 그 이유는 포기 일보 직전까지는 돈에 너무 매달리다 보니 다른 것을 볼 여유도 없고, 새로운 생각을 할 시간도 부족하기 때문이지. 그러나 포기하려고 마음먹는 순간, 욕심을 내려놓게 되어 마음이 홀가분해진다네. 그리고 그때가 돼서야 모든 것을 새로운 시각에서 다시 바라볼 수 있고, 그동안 생각하지 못했던 창의적인 아이디어가 떠올라서 해결 방법이 생긴다네. 아마 자네도 그런 경험이 있을 거야. 뭔가를 골똘히 생각할 때는 절대로 해결책이 떠오르지 않지. 그러다가 잠시 접어 두고 다른 일을 하거나 아무 생각 없이 멍하니 있을 때, 해결 방법이 불쑥 머리를 스치는 것 말이야."

"네, 저도 여러 번 그런 경험을 했습니다."

"왜 그런지 아나?"

"거기까지는 잘 모르겠습니다…."

"우리가 뭔가를 생각할 때, 사람의 뇌는 무척 바쁜 상태가 된다네. 정답을 찾아야 하고, 동시에 신체도 통제해야 하니까 말이야. 그런데 답을 찾는 생각에서 잠시 벗어나 있을 때, 신기하게도 우리 뇌는 그 답을 찾는 노력을 계속한다네. 표면적으로는 그 생각을 안 하는 것 같지만, 뇌는 잠재의식 속에서 그 생각을 계속하고 있는 것이지. 그 결과 우리가 그 생각에서 벗어나 있을 때 갑자기 해결책이 떠오르는 것은, 뇌가 우리를 위해 쉬지 않고 열심히 일해 준 덕분이지."

"아, 그렇군요."

"돈을 버는 것도 마찬가지라네. 돈의 속성은 곧바로 쉽게 들어오지 않고, 고통의 시간을 보내고 난 후에만 들어온다는 것이네. 인생도 마찬가지지. 영어 속담에 'No Pain, No Gain'이라는 말처럼 고통이 먼저 오고, 원하는 결과를 얻는 것은 나중이라네. 그런데도 사람들은 고통은 피하려 하고, 얻는 것에만 관심이 많지. 그래서 세상에는 부자들보다 가난한 사람들이 더 많은 것이라네."

천만장자의 말에 공감이 갔다. 내가 아는 성공하신 분들은 한때 모진 고통 속에서 고전하다가 결국은 성공하여 큰 부를 이루신 분들이었다.

식사를 마치자, 직원이 들어와서 테이블을 정리한 후에 석류차

두 잔을 내려놓고 갔다. 신맛과 단맛이 오묘하게 겹치는 독특한 맛이 천당과 지옥을 드나들었던 오늘 하루를 미각으로 표현해 주는 것 같았다.

돈 버는 시스템을 배우다

❝지금부터는 이번 교육의 마지막 과정인 '돈 버는 시스템'을 알려 주겠네. 이리 와서 앉게."

드디어 천만장자가 돈 버는 비책을 풀어 놓을 모양이었다. 내가 바라던 순간이 온 것이다. 기대와 설렘으로 심장이 요동치기 시작했다.

나는 테이블에 놓인 메모지와 펜을 집어 들고 천만장자의 바로 옆 의자로 자리를 옮겼다. 천만장자 역시 A4 용지 몇 장과 펜을 테이블 위에 올려놓았다.

"돈에 관한 교육을 할 때는 교육 환경이 정말 중요하다네."

천만장자가 허공에 대고 말했다.

"준비해 주게."

나는 천만장자의 이 말이 무슨 의미인지 선뜻 이해하지 못했다. 도대체 뭘 준비하라는 건지, 갑자기 어리둥절한 표정이 되었다.

바로 그때, 호텔 직원이 흰 천이 덮인 서빙용 카트를 밀고 들어왔고, 카트를 테이블 옆에 붙이더니 천을 살며시 벗겨냈다.

'오~마이!'

5만 원 신권 다발이 수북이 쌓여 있었다.

내가 놀라고 있는 사이, 직원이 현금 다발을 차곡차곡 테이블 위에 쌓아 놓고 사라졌다.

천만장자가 흐뭇한 표정으로 돈을 바라보며 말했다.

"5억 원이네. 돈 공부를 할 때는 이렇게 돈을 쌓아 놓고 해야 교육 효과가 높다네."

내 앞에 빳빳한 5만 원 신권 100장 묶음 100다발이 놓여 있는 현실이 믿기지 않았다. 정말 유별난 교육이 아닐 수 없다. 아무리 부자 수업이라고 하지만, 눈앞에 현금 5억 원을 쌓아 놓고 교육하다니….

내가 5억 원에 정신이 팔려 있을 때, 천만장자가 입가에 미소를 그리며 내게 말했다.

"만져 보게. 돈 냄새도 맡아 보고."

약간 주저했지만, 나도 모르게 손을 내밀어 돈다발을 천천히 쓸어 보며 돈의 촉감을 느꼈다. 그리고 그 중 한 다발을 들어 코에 대고 숨을 들이켰다. 코를 자극하는 돈 냄새에 갑자기 머리가 띵~해졌지만, 기분은 정말 황홀했다.

'저게 모두 내 돈이었으면….'

내 모습을 지켜보던 천만장자가 굳은 표정으로 말을 이었다.

"지금부터 내 말을 잘 듣게."

천만장자의 돈 버는 수업이 본격적으로 시작되었다.

"돈을 버는 방법은 크게 두 가지로 나누어 볼 수 있네. 한 가지는 일회적 소득으로 돈을 버는 것이고, 다른 한 가지는 반복적 소득으로 돈을 버는 것이라네. 일회적 소득이란, 한 번 일해서 한 번만 수입이 발생하는 소득을 말하네. 예를 들면, 아르바이트 수입, 봉급 생활자가 받는 월급, 부동산 중개인이 받는 소개비, 무역 거래로 받는 중개수수료와 같은 단발성 소득을 의미하네. 한 번 일한 결과로 한 번만 소득이 발생하고, 일하지 않으면 소득이 발생하지 않는 것이 일회적 소득의 특징이네."

"그럼, 저 같은 월급 생활자들은 모두 일회적 소득으로 돈을 벌고 있는 거군요. 그럼, 반복적 소득은 뭔가요?"

"일회적 소득에 비해서 반복적 소득은 한 번 일을 해 놓으면 더 이상 일을 하지 않아도 반복적으로 수입이 발생하는 소득이라네."

"은행에 예금해 두면 나오는 이자 같은 소득이군요."

"그렇지. 반복적 소득은 일회적 소득과 달리, 소득이 반복적으로 나오는 것이 특징이지. 반복적 소득은 다시 두 가지 형태로 나누어 볼 수 있네. 첫 번째는 방금 자네가 말한 '금융권 반복적 소득'이네. 은행의 예금이자, 양도성예금증서(CD), 채권, 주식의 배당금 등 금융에 투자하여 얻는 소득이지. 한 번 가입해 놓으면 만기에, 또는 정해진 기간이 되면 신경을 안 써도 자동으로 소득이 발생하지. 두 번째는 '비금융권 반복적 소득'이네. 건물을 임대 놓고 매달 받는 월세, 작가가 받는 인세, 작곡가의 저작권료, 특허 사용료, 브랜드 로열티처럼 한 번 뭔가를 계약해 놓으면 계약 내용에 의해 수입이 발생하는 소득이 '비금융권 반복적 소득'이라네. 이해하겠는가?"

"네, 알겠습니다."

약간 복잡해 보였지만, 돈을 버는 방법을 체계적으로 종이에 그려 가며 천만장자가 설명해 주었기 때문에 바로 이해할 수 있었다.

"일회적 소득과 반복적 소득의 차이는 일회적 소득은 노동을 기초로 한 소득이고, 반복적 소득은 노동이 없는 무노동 소득, 즉 '불로소득'을 의미하네."

갑자기 '불로소득'이라는 단어에 미간을 약간 찡그렸다.

이를 눈치 챈 천만장자가 미소를 지으며 이렇게 말했다.

"불로소득! 물론 나 역시 일하지 않고 빈둥거리면서 소비만 일삼는 그런 부류들의 소득은 강력히 반대하네. 20대 나이에 비싼 수입차 몰고 다니며 국산차 무시하고, 유명인들과 스캔들 일으키고, 마약에 손대고, 예술이라는 이름으로 비키니 입고 오토바이 타고 다니고, 유학 떠나 공부는커녕 밤새 술 마시고 길거리에 토하고…. 이들은 부모 세대가 피땀 흘려 이룬 부의 열매를 따 먹기만 하는 놈들이지. 이들의 불로소득은 당연히 혐오하네."

유리알 지갑에 속하는 나 역시 그런 부류를 극도로 혐오하기에, 연신 고개를 끄덕이며 공감을 표시했다.

"그러나 내가 말한 불로소득은 그런 게 아니네. 자네가 만난 등산로의 할머니처럼, 젊었을 때 남편 여의고 자식들 키우려고 온갖 궂은일 다해서 악착같이 모은 돈으로 말년에 땅 사고 건물 지어서 받은 임대소득으로 손자 입학했다고 입학금 주고, 며느리 고생한다고 철마다 용돈 줄 수 있는 불로소득은 당연히 좋은 것 아니겠는가? 그런 불로소득은 장려해야 하고, 우리도 그런 소득을 꼭 가져야 하네. 동의하는가?"

"네, 동의합니다!"

천만장자로부터 불로소득의 정확한 개념을 듣고 나자, 공감할 수밖에 없었다. 부모 잘 만나 놀고먹는 불로소득이 아니라, 열심히 고생해서 모은 자산으로부터 노동을 하지 않고 얻는 그런 불로소득은 당연히 바람직하다.

"진짜로 중요한 점은 일회적 소득만으로는 절대로 부자가 될 수 없다는 사실이네. 반드시 반복적 소득이 있어야만 부자가 될 수 있다는 것을 명심해야 하네!"

반복적 소득이 없다면 절대로 부자가 될 수 없다고?

나는 지금까지 일회적 소득만으로 살았고, 지금도 월급이라는 일회적 소득뿐인데…. 그러면 결코 부자가 될 수 없다는 말인가?

천만장자의 말대로라면, 나 같은 봉급 생활자는 죽었다 깨어나도 결코 부자가 될 수 없다는 것이다. 나도 모르게 갑자기 긴 한숨이 흘러나왔다.

천만장자가 말을 이었다.

"반복적 소득, 다시 말해서 불로소득은 '노동이 없는 불로소득(不勞所得)'임과 동시에 '영원히 늙지 않는 불로소득(不老所得)'이라네. 지구상의 그 어떤 사람도 무노동 소득, 즉 불로소득을 만들어 낼 수 있는 자신의 '머니 시스템(Money System)'을 갖지 못하면, 결코 부자가 될 수 없네. 전 세계의 모든 부자는 이러한 시스템을 이미 구축한 사람들이고, 불로소득의 원리를 너무나도 잘 알고 있는 사람들이라네. 다시 한 번 강조하겠네. 노동이 없는 무노동 소득, 즉 불로소득을 올리는 머니 시스템을 갖추지 못하면 영원히 부자가 될 수 없네. 내가 앞서 얘기했던 워렌 버핏의 명언 기억하나? '잠자는 동안에도 돈이 들어오는 방법을 찾지 못한다면, 당신은 죽을 때까지 일만 해야 할 것이다.' 이 말은 투자에도 해당하지만, 불로소득에도 적용되네. 결국 불로소득은 투자소득과 같은 말이네."

처음 듣는 이야기였다. 나에게 이런 소득 구조를 이야기해 준 사람도 없었고, 나 스스로는 절대로 깨우칠 수 없는 재테크 지식이었다.

'어떻게 하면 일회적 소득에서 벗어나 반복적 소득만으로 살 수 있지?'

내가 고민하는 모습을 바라보던 천만장자가 빙그레 웃더니, 이렇게 말했다.

"세상에는 예외 없는 규칙은 없다는 말처럼, 일회적 소득만으로도 부자가 된 사람들이 가끔 있지."

갑자기 귀가 쫑긋해지며, 혹시 나에게도 적용되지 않을까 하는 기대가 솟구쳤다.

"로또에 맞으면 수십억 원이 일회적 소득으로 생길 수 있네. 그러나 세상에는 공짜가 없듯이, 그런 큰돈이 생기면 그만큼 고통도 따라온다네. 세계적으로 로또에 맞은 사람들은 다섯 가지 형태로 인생이 망가졌네. 파산하거나, 사기당하거나, 살해당하거나, 자살하거나, 행방불명이 되었네. 왜 그렇게 되었다고 생각하나?"

"음… 돈 관리를 잘 못해서 그런 것 아닐까요?"

"그렇네. 돈은 그 사람 그릇만큼 벌린다는 말이 있듯이, 그릇이 작은데 큰돈이 들어오면 그 돈에 치어 죽지. 그래서 부자들은 로또를 사지 않는다네. 인생에서 일확천금이 없다는 것을… 부를 쌓아 가면서 온몸으로 배웠기 때문이지."

"로또는 서민들을 유혹해서 돈을 버는 정부의 공식적인 도박 사업이라네. 판매 금액의 50%만 당첨금으로 지급하고, 나머지는 정부가 모두 가져가네. 매주 50%씩 이윤이 남는 사업이 세상에 어디 있는가? 도박으로 부자가 될 수 없기에 재미로 1년에 한두 번은 사 볼 수 있겠지만, 매주 습관적으로 로또를 사는 것은 안 되네. 로또 한 방으로 인생이 역전될 것 같지만, 이것 역시 일회적 소득이기 때문에 부자로 만들어 주지 못한다네. 알겠는가?"

"네. 알겠습니다."

그래도 사무실 서랍에 넣어 둔 저번 주 로또 두 장은 꼭 확인해 보고 싶었다. 로또! 이제 너 하고도 헤어져야 하는구나. 이제 무슨 낙으로 사나….

속으로 아쉬움을 삼키는 사이, 돈 버는 시스템에 관한 천만장자의 설명은 이어졌다.

"중요한 것은 소득이 들어오거나, 지출이 발생할 때마다 이런 생각을 해야 하네. 나의 소득은 누군가의 지출일 것이고, 반대로 나의 지출은 누군가의 소득이 될 것이네. 맞는가?"

"네. 맞는 것 같습니다."

"이제부터는 소득이 생기면 그것이 일회적 소득인가, 반복적 소득인가를 생각해야 하네. 일회적 소득이라면 이것을 어떻게 반복적 소득으로 바꿀 것인지, 반대로 나의 지출이 그 사람에게 일회적 소득인지 반복적 소득인지도 매번 따져 봐야 하네. 결국, 돈을 번다는 것은 나의 소득이 되는 상대방의 지출을 반복적으로 만드는 것이지."

듣고 보니 천만장자의 말이 맞다. 내 소득이 반복적 소득으로 바뀐다면 나는 부자의 길로 갈 것이고, 반대로 나의 일회적 지출이 상대방에게는 반복적 소득이 된다면 그 사람 역시 부자가 되는 것이다. 결론적으로 매순간 돈이 오갈 때마다 그 의미를 되새겨야 하는 것이다.

돈거래를 할 때마다 이런 생각을 하며 살아야 한다고 생각하니, 머리가 지끈거린다. 부자가 되는 길은 정녕 멀고도 험난하단 말인가….

풀이 죽어 있는 내 모습을 흘끗 살핀 천만장자가 종이에 그림을 그리며 설명을 시작했다.

"세계적인 베스트셀러 작가인 로버트 기요사키는 자신의 책 『부자 아빠 가난한 아빠』에서 돈 버는 방법을 세 가지로 풀어서 설명했네. 그는 첫 번째 방법을 'Earned Income'이라고 해서 '근로소득'이라고 했네. 내가 설명한 일회적 소득과 같은 의미라네. 노동을 통한 소득으로 월급, 아르바이트 수입, 거래 및 중개수수료, 서비스 수입 등 한 번의 노동을 통해서 한 번의 소득이 발생하는 형태이지. 두 번째 방법은 'Portfolio Income'이라고 해서 '종이=돈'이 되는 소득을 말했네. 종이를 가져가면 돈으로 바꿔 주는 소득이지. 주식, 채권, 양도성예금증서, 저작권, 특허권, 사용권 등 권리가 적힌 종이 자체가 돈이 되는 소득을 말하네. 마지막 세 번째 방법을 'Passive Income'이라고 했는데, 우리말로는 '비활성 자산에 대한 소득'이라고 번역했지만, '소극적 소득'이라고 번역해야 맞네. 자네, '소극적 소득'이 무슨 뜻인지 이해하겠는가?"

"죄송합니다만… 전혀 감이 오지 않습니다."

"내가 좀 더 쉽게 'Passive Income'을 설명해 주겠네. 영어로 'Passive'의 반대말은 'Active'이네. 이제 약간 이해될 것이네. 'Active'가 '활동적인, 활기찬'의 의미이니까, 'Passive'는 '소극적인, 활동성이 없는'으로 번역할 수 있지. 자네, 레슬링 경기에서 어떨 때 벌점으로 '패시브(Passive)'를 주는지 아는가?"

레슬링이 비인기 종목이지만, 국제대회 중계를 몇 번 봤기에 경기 규칙을 알고 있었다.

"점수가 앞선 선수가 그대로 경기를 끝내려고 공격을 피해 도망 다니거나, 두 선수가 공격을 하지 않고 소극적으로 경기를 펼칠 때 심판이 부여하는 벌점으로 알고 있습니다."

"잘 알고 있군. 그럴 때 벌점으로 패시브를 주지. 'Passive Income' 소극적 소득은 다시 말해 본인이 백방으로 노력해서 얻은 소득이 아니고 그냥 소극적으로 내버려 두어도 발생하는 소득, 즉 '부동산 소득'을 말하는 것이네."

엥? 이건 또 무슨….

나는 곧바로 이렇게 반문했다.

"어째서 부동산 소득이 소극적 소득입니까? 아파트를 살 때 여러 집을 들락거려야 하고, 좋은 땅을 고르기 위해 전국을 헤매고 다니며 얼마나 노력합니까? 제가 보기에는 부동산이 오히려 적극적 소득 같은데요?"

"물론, 자네 말처럼 부동산을 고를 때 열심히 뛰어다니는 것은 사실이네. 하지만, 자네가 아파트나 땅을 사서 가격을 올리려고 노력하는 과정을 생각해 보게. 예를 들어, 자네 아파트 가격이 5억 원인데 10억 원으로 올리고 싶다고 매일 아침 '내 아파트는 10억 원입니다'라고 인쇄한 전단을 동네방네 뿌리거나, 아파트 입구 건널목에 현수막을 건다고 아파트 가격이 10억 원으로 올라가는가?"

"아닙니다. 그렇게는 안 됩니다."

"당연하지! 주변에 개발 호재가 있거나 재건축, 재개발, 근처 아파트의 신규 분양으로 주변의 시세가 오르는 등 외부 조건이 변해야 가격이 오르지. 자네가 아무리 열심히 노력한다고 해서 가격이 오르지는 않네. 다시 말해서 'Passive Income'은 본인이 적극적으로 노력해서 벌어들이는 소득이 아니고, 자연히 올라가는 소득인 부동산 소득으로 정의할 수 있네. 중요한 것은 지금부터라네. 대다수 사람의 소득 구조를 보면 '근로소득 > 포트폴리오 소득 > 부동산 소득'의 순인데, 이런 순서면 절대로 부자가 되지 못하네."

"그럼, 부자가 되려면 어떤 순서로 가야 합니까?"

"정반대 순서인 '부동산 소득 > 포트폴리오 소득 > 근로소득'으로 가야만 부자가 될 수 있네. 특히 근로소득은 아예 없거나 '0'보다 조금 큰 정도여야 하네. 이런 순서로 만들지 못하면 절대로 부자가 될 수 없네."

 현재의 내 소득 구조는 100%가 근로소득이고, 종이가 돈이 되는 포트폴리오 소득은 거의 1/10인 깡통 수준으로 박살이 났고, 중요한 소극적(Passive) 소득인 부동산 소득은 전혀 없다…. 결국, 나는 부자가 될 수 없다는 말이다. 온몸에서 힘이 빠져 나가고 있었다.

 천만장자의 설명은 계속 이어졌다.

 "지금까지 말한 내용을 종합하면, 이렇게 정리할 수 있네. 돈을 버는 장소나 돈을 버는 시간에 자네가 꼭 있어야만 돈을 벌 수 있다면, 절대로 부자가 될 수 없네. 돈을 버는 시간이나 돈을 버는 장소에 자네가 없더라도 돈이 벌리는 순간부터 부자가 될 수 있다네."

 '오~마이!'

 이 말을 듣는 순간, 현재의 내 상황이 머릿속에 떠올랐다. 항상 사무실에서 일을 해야 돈을 벌 수 있고, 사무실에 출근해야 돈을 버는 구조이니, 천만장자가 말하는 돈 버는 시스템과는 전혀 맞지 않았다. 나의 모든 환경이 부자가 되는 것보다는 가난해지는 것에 맞게 세팅되어 있었다.

 또다시 한숨이 흘러나왔다.

 천만장자가 다시 종이에 이렇게 썼다.

 '3M 공식'

 뭐지? 포스트 잇?

 "나는 로버트 기요사키의 돈 버는 구조보다 '3M 공식'이 더 타당하다고 보네."

"3M은 어떤 공식입니까?"

"첫 번째는 'Me at work!', 내가 일해서 돈을 버는 것. 두 번째는 'Men at work!', 다른 사람을 고용해서 나 대신 돈을 벌게 하는 것. 세 번째는 'Money at work!', 돈이 돈을 벌게 하는 것이네."

세상에 이런 공식이 있다고?

놀라움의 연속이었지만, 천만장자의 설명을 따라잡기 위해서는 더욱 집중할 수밖에 없었다.

"잘 생각해 보게. 대학을 졸업하고 취업 전선에 뛰어든 대부분의 직장인들은 새벽부터 밤늦게까지 열심히 일하면 돈을 벌 수 있다는 믿음으로 최선을 다해 일하네(Me at work). 하지만 이 방법은 가장 기본적인 일회적 소득 구조여서 절대로 부자가 되지 못하네. 물론 몇 십억 몇 백억 원을 받는 고소득 연봉자도 있지만, 그건 아주 예외적인 경우라네."

고소득 연봉자는 치열한 경쟁을 이겨내고 바늘 구멍을 통과한 사람들이니, 특별하고도 예외적인 경우가 맞다.

"그리고 조직 내에서 승진에 한계를 느끼고 조직 문화와의 갈등, 미래에 대한 고용 불안, 사업을 해서 성공해 보고 싶은 욕망, 도전 의식 등으로 똘똘 뭉친 소수의 사람들은 경영에 눈을 떠 사업을 시작한다네(Men at work). 즉 사람들을 고용해서 그들이 열심히 돈을 벌게 하고, 그들에게 수익 일부분을 월급이라는 형태로 조금만 돌려주고 나머지는 본인이 모두 갖는 것이지. 그러나 사업이라는 게 쉽지 않지. 자금 압박, 노사 분규, 까탈스러운 소비자, 밀려드는 경쟁자…. 시간이 갈수록 회사 경영은 어렵고 힘들어지게 되네. 그래서 마지막 단계로 돈이 돈을 벌게 하는 (Money at work) 시스템을 만들어서 반복적인 소득 구조를 갖게 되는 것이네. 후진국으로 갈수록 'Me at work'가 많고, 조금씩 국가가 성장해 감에 따라 'Men at work', 그리고 선진국으로 갈수록 'Money at work'가 되어 전 세계로 투자 대상을 넓혀 간다네."

천만장자의 '3M 공식'을 듣고 나자, 나의 절대적인 한계가 느껴졌다. 나는 아직 'Me at work' 상태이고, 대부분의 소득이 'Earned Income'인 근로소득에서 나오는 일회적 소득뿐인데… 무슨 수로 부자가 될 수 있단 말인가?

후회와 탄식이 물밀듯이 밀려오고 있었다.

옆에 앉은 천만장자가 점점 침울해져 가는 내 기분을 의식한 듯, 부드러운 미소를 지으며 위로의 말을 건넸다.

"그렇다고 너무 좌절하거나 포기하지는 말게. 돈에 관해서는 항상 모든 사람에게 부자가 될 공평한 기회가 있네. 그러나 그 기회는 준비된 사람에게만 오고, 준비가 되어 있지 못한 사람은 기회가 찾아와도 알아보지 못한다네. 예를 들어, 사람들이 술자리에서 '그때 그 땅 샀으면 지금쯤 재벌 소리를 듣고 있을 거야. 무려 200배나 올랐다니까.'라고 떠들며 기회를 놓쳤다고 후회하는 모습들을 봐 왔을 걸세. 그러나 그들은 준비가 되어 있지 않았기 때문에 기회가 왔어도 몰라본 것이지, 돈이 없어서 못 산 것이 아니라네. 지금도 마찬가지지. 준비되어 있지 않으면 200배 오를 땅을 찍어 줘도 절대로 사지 못한다네."

위로가 아니라, 정곡을 찌른 말이었기에 나로서는 할 말이 없었다.

"……."

"지금부터는 자신에게 찾아온 기회를 잡을 수 있도록, 돈을 모아 투자금을 만드는 재테크 방법에 대해 설명하겠네."

투자금을 만드는 방법에 대한 강의가 시작된다는 말에 침울했던 분위기에서 벗어나 다시금 마음을 가다듬게 되었다. 눈앞에 놓인 5억 원의 현금을 손에 쥘 수도 있겠다는 희망이 생겼다.

"잘 듣게나. 이제까지는 돈을 버는 시스템에 대한 교육이었다면, 지금부터는 실천에 관한 이야기라네. 재테크는 '5%의 이론과 95%의 피눈물 나는 실천'이네. 그러나 너무 어렵게 생각하지는 말게. 돈을 모아 투자금을 만드는 방법은 너무도 간단하네. 오히려 너무 간단하기에 사람들이 우습게 보고 실천하지 않는다네. 흔하기에 공기와 물의 중요성을 망각하는 것처럼 말일세."

"네… 그 말씀 잊지 않겠습니다."

"지금부터 목돈을 만들고, 그 돈을 투자해서 부자가 되는 '재테크 5단계 비법'을 설명하겠네. 부자가 될 수 있다는 믿음과 자신감으로 꼭 실천해야 하네."

재테크 1단계 : 비상금 모으기

"무조건 한 가구당 1천만 원의 비상금을 모아야 하네. 4인 가족 기준이라면 1인당 250만 원이고, 혼자 사는 1인 가구라도 비상금 1천만 원을 반드시 갖고 있어야 하네. 가구당 1천만 원은 재테크의 출발점이자, 부자가 되는 첫걸음이라네."

"왜 비상금을 모아야 합니까? 물론 필요성은 인정합니다만, 급하면 신용카드 현금 서비스도 있고, 시중 은행이나 인터넷 은행에서 쉽게 빌릴 수 있지 않습니까?"

"내가 신용카드 현금 서비스를 절대로 받지 말아야 한다고 그렇게 강조했는데, 아직도 현금 서비스를 얘기하나?"

"죄송합니다… 머릿속에서 싹~ 지우겠습니다."

불만스러운 표정을 지은 천만장자가 찻잔을 들어 남은 차를 모두 마시고는 강의를 계속 이어갔다.

"비상금은 더 이상 추가적인 빚을 내지 않기 위한 마지막 보루로서, 비상시에 쓸 수 있는 유일한 생존 자금이라네. 만약 자네가 비상금이 없는 상태에서 갑자기 입원해 수술이라도 받게 되면, 신용카드로 결제하고 퇴원할 것이네. 그러면 또 새로운 빚이 생기겠지. 다음 달에 청구된 병원비 카드 대금을 납부하면 자네에게는 일회적 지출이겠지. 하지만 카드 회사에는 수백만 카드 사용자의 결제 대금이 매달 들어오는 반복적 소득일 것이고, 그 결과 금융기관들은 부자가 되었네. 꼭 금융기관만이 아니지. 병원 역시 일회적 지출을 하는 많은 환자들로부터 반복적 소득을 만들어 부자가 되었네. 그래서 개인보다는 회사 형태의 조직이, 조직보다는 투자에서 나오는 반복적 소득이 항상 돈을 더 많이 벌게 되어 있네. 자네가 부자가 되어야지, 왜 남을 부자로 만들어 주나?"

천만장자의 정확한 지적에 할 말을 잃고 말았다.

"……."

"비상금이 있으면 빚이 생기지 않고도 처리할 수 있기 때문에, 이번 달 지출이 다음 달의 소득 감소로 돌아오지 않게 된다네. 즉 다음 달에 들어올 소득이 금융기관으로 가지 않고 온전히 자네의 것이 되는 것이지. 자네에게 묻겠네. 빚의 특징이 무엇인가?"

또다시 질문이 이어졌다.

빚의 사전적 의미라면 '갚아야 할 돈이나 일'이라고 정의할 수 있겠지만, 항상 그랬듯이 천만장자가 묻는 내용은 돈과 관련된 내용일 것이다.

머리가 아파 오기 시작했다. 몇 년간의 고통이 천만장자를 만난 후, 이틀 동안 모두 쏟아지는 것 같은 느낌이었다. 나는 아무 생각 없이 떠오르는 대로 이렇게 말했다.

"빚의 특징이라면 '이자'와 '갚아야 할 의무'라고 생각합니다."

"크흠… 맞는 말이네. 그러나 나는 빚의 두 가지 특징은 '기한'과 '속도'라네. 빚은 언젠가는 갚아야 하는 '기한'이 있고, 빚은 또한 빠르게 늘어나는 속성을 지녔기에 '속도'라는 문제를 갖고 있네. 빚은 점점 가속도가 붙는 성질이 있어서 원금을 빨리 갚지 않고 시간을 지체하면, 이자 때문에 원금 이상으로 또 빚이 불어나게 되네. 은행에 예금을 하면 빨리 찾아가라고 우리를 재촉하지 않지만, 빚은 상환해야 할 기간이 정해져 있어서 빨리 갚으라고 독촉을 하지. 그래서 빚을 내어 투자하면 대부분 실패할 수밖에 없네. 학교에서는 절대로 가르쳐 주지 않지만, 모든 재테크 책에서 강조하는 공식이 하나 있네."

"그게 무엇입니까?"

"'72 공식'이라네."

"……"

"누가 만들었는지는 잘 모르겠지만, 아주 위대한 공식이라네. 이해하기 쉽게 설명해 보겠네. 자네, 단리와 복리의 개념은 아는가?"

"네. 단리는 저축한 원금에만 이자가 붙는 것이고, 복리는 원금과 이자의 합에 이자가 붙는 방식입니다."

"좋아. 잘 알고 있군. 단리는 '단순 이자' 계산 방식, 복리는 '복합 이자' 계산 방식의 줄인 말이네. 예를 들어 자네가 100만 원을 은행에 예금해 두고 매년 단리 10% 이자를 받는다면, 정확히 10년이 지나면 매년 10만 원씩 이자가 붙어 200만 원이 될 것이네. 물론 이자소득세를 물면 이 금액보다는 줄어들겠지만, 설명을 위해 세금은 없는 것으로 간주하겠네. 만약 자네가 반대로 100만 원을 복리 10% 이자율로 대출을 받아 매년 이자로 10만 원을 납부한다면, 몇 년 만에 이자가 원금만큼인 100만 원이 되겠는가? 계산해 보게."

수학에 약한 머리였기에, 바로 답이 나오지 않았다.

"정확한 금액은 계산기로 계산해 봐야 알겠습니다만, 최소한 10년보다는 짧을 것 같습니다."

"바로 그것이네. 계산기 없이도 감으로 계산하는 방법이 바로 '72 공식'이라네. '72 공식'이란 '72'를 '이자율'로 나누어 두 배가 되는 기간을 쉽게 산출하는 공식이지. '72 나누기 10' 하면 7.2년이 나오지. 이 말은 매년 10% 복리로 은행에서 돈을 빌릴 경우, 7.2년이 지나면 빌린 원금만큼 이자로 지불하고도 원금이 그대로 남아 있다는 말이네."

학창 시절은 물론이고 직장생활을 하는 동안 수많은 공식을 외어 보았지만, 돈과 관련된 '72 공식'이 있다는 것을 오늘 처음 알았다.

"반대로 100만 원을 예금하고 10% 복리로 이자를 받는다면, 7.2년 만에 이자가 원금만큼 늘어나 200만 원이 되겠지만, 불행히도 모든 금융기관의 예금은 대부분 단리로 계산하고, 대출은 복리로 계산되기 때문에 그런 일은 일어나지 않는다네."

은행도 돈을 벌어야 하니, 당연한 얘기였다.

"만약 자네가 100만 원을 연 24% 복리로 빌린다면, '72 나누기 24' 하면 3년이 나오지. 3년 후에는 이자로만 100만 원을 지불하고도 또 갚아야 할 원금 100만 원이 그대로 남아 있게 되네. 어떤가, 정말 무섭지 않은가?"

"……."

"그래서… 빚을 내면 복리로 이자를 갚아 가야 하니까, 빚을 지면 그만큼 돈을 모으기가 어려운 것이지. 특히 빚을 내서 투자하면 버는 돈보다 금융기관에 갖다 바치는 돈이 더 많고, 이자를 내느라 시간적인 압박을 받게 된다네."

대출을 받아서 주식 투자에 나섰던 동창 친구가 큰 빚을 지고 신용불량자가 된 사례가 있었기에 공감이 갔다.

"모든 투자는 시간에 쫓기게 되면 수익이 날 때까지 기다릴 수 없어 중간에 정리를 할 수밖에 없네. 그렇게 되면 대출받은 소액 투자자들은 시간 제약이 없는 넉넉한 투자자들과 금융기관들, 소위 큰손들에게 자신의 이익을 모두 헌납하고 말지. 이것은 무슨 재무적 계산 싸움이 아니고 명확한 시간 문제라네. 시간적 여유가 있는 큰손들은 '뭐, 안 되면 10년 묶어 둘 생각이야', 혹은 '그냥 포기하고 손자 몫으로 남겨 둘 생각이야'라고 태연하게 버틸 수 있지. 하지만, 빚을 내서 투자하는 사람들은 그럴 수 없기 때문에 항상 실패하게 되는 것이네. 그래서 투자를 하더라도 시간에 쫓기지 않는 넉넉하고 여유 있는 투자가 되어야 하고, 그러려면 반드시 빚이 아닌 자신의 목돈으로 투자해야 하네. 그래서 그 1단계로 방금 설명한 가구당 1천만 원의 비상금을 모으는 것이 첫 번째 관문이자, 모든 재테크의 출발점이라고 말하는 것이네."

"네, 명심하겠습니다."

"아, 그리고 직장인 기준으로 조금만 노력하면 아무리 늦어도 1년 이내에 비상금 1천만 원을 마련할 수 있을 것이니 걱정하지 말게. 그런데 문제는 그다음이라네. 비상금을 모은 후 집안에 보관해 놓으면 이런 문제가 발생한다네."

"어떤 문제입니까?"

"갑자기 아내가 밥을 하기 싫다고 하고, 아이들도 배달시켜 먹자고 동의하면, '잘 먹고 죽은 귀신은 때깔도 좋다더라'라는 속담처럼 중국 요리를 배달시켰는데, 만약 지갑에 현금이 없으면 어떤 사태가 벌어질 것 같나?"

내가 웃으면서 대답했다.

"다음날 채워 놓을 생각으로 비상금에 손을 대겠지요."

"그렇지. 문제는 중국 요리를 배달시켜 먹은 게 과연 집안의 비상사태인가 하는 점이네."

나는 곧바로 대답했다.

"그건 절대로 비상사태가 아닙니다."

"집안의 비상사태란 생명에 위협이 되거나 가정 경제에 치명적인 문제가 될 수 있는 긴박한 상황이 발생했을 때, 추가적인 빚을 지지 않기 위해서 비상금을 만들어 놓은 것이지 않겠나? 그래서 집안에 비상금을 보관해 놓으면 비상사태에 쓰는 비상금이 아니고, 일상 생활비로 쓸 가능성이 100%라고 보네. 그래서 무슨 일이 있어도 비상금은 집안에 보관하면 안 되네. 사람에 따라서는 비상금에 손대지 않는 사람도 있지만, '견물생심'이라는 옛말처럼 대부분은 건드리게 되어 있네."

"그럼, 어떻게 보관해야 합니까?"

"이렇게 해야 하네. 될 수 있는 한, 집에서 멀리 떨어져 있는 은행에 가서 계좌를 만들되, 반드시 자식 이름으로 예금해야 하네."

"왜, 자녀 이름으로 예금해야 합니까? 본인이나 배우자 명의로 해도 좋을 텐데요?"

"자녀 이름으로 만들어야 하는 이유를 사례로 설명해 주겠네. 모처럼 일찍 귀가해서 쉬려고 하는데, 둘도 없는 친구에게서 전화가 왔네. 요즘 사업이 힘들어 삶이 고통스럽다고 소주 한잔 하자고 집 근처로 오겠다고 했네. 우리 문화가 손님이 찾아오면 대접하는 것이 일반적이지 않은가?"

"네, 그렇습니다."

"그럴 때, 수중에 돈이 부족하면 하는 수 없이 비상금을 찾으러 갈 것이네. 자녀 이름이 적힌 카드를 꺼내 현금인출기에 꽂는 순간, 무슨 생각이 들겠나? 부자가 되겠다고 어렵게 돈을 모아 자식 이름으로 계좌를 만들어 넣어 둔 비상금인데…. 정상적인 가장이라면, 자식 얼굴이 아른거려 민망해지겠지. 그래서 돈을 찾지 않고 주머니 사정에 맞추어 친구를 대접하게 될 것이네. 그래서 비상금은 자녀 이름으로 은행에 예금해 두어야 하네. 집에서 제일 먼 은행에 계좌를 만들라는 것도, 집에서 가까우면 오다가다 수시로 빼 쓰기 쉬우니까 그렇네. 알겠는가?"

"네!"

내가 비록 총각이지만, 가장의 마음은 충분히 알 것 같았다.

"1단계 설명은 끝났네. 가구당 1천만 원의 비상금을 가장 빠른 시간 내에 마련하고, 될수록 집에서 먼 은행에 가서 자식 이름으로 예금하는 것. 이러한 1단계만 성공적으로 끝내도 재테크에서 반 이상은 성공했다고 볼 수 있네."

재테크 2단계 : 현금만 쓰기

"1단계에서 집안의 비상사태에 필요한 비상금을 확보했으니, 이제 추가적인 빚을 질 가능성은 매우 낮아졌네. 다음으로 돈 모으는 걸 방해하고, 소비를 자극하는 원흉인 모든 신용카드를 없애는 것이 두 번째 단계의 목표라네."

돈을 모으기 위해 신용카드를 없애는 것에는 동의한다. 하지만 당장 모두 잘라 버리면, 혹시 있을지도 모를 긴급한 상황에 어떻게 대비하란 말인가? 각종 할인 혜택, 놀이공원 무료 입장, 보너스 마일리지, 포인트, 그리고 인터넷 쇼핑 등 정말 곤란한 문제였다. 또 현금만 들고 다니면 소매치기의 표적이 될 수도 있고, 분실하면 찾을 수도 없지 않은가….

그래도 최소한 한두 개 정도는 비상용으로 가지고 있어야 하지 않을까? 신용카드를 모두 잘라 버려야 한다는 생각에 머리가 복잡해졌다. 그래서 조심스럽게 물었다.

"반드시 모두 잘라야 합니까? 한 개 정도는 비상용으로 두어야 하지 않을까요?"

"내가 신용카드에 대해서는 어제부터 줄곧 사용하지 말아야 한다고 여러 번 강조했네. 그런데 아직도 정신을 못 차리고 있군. 다시 묻겠네. 자네 부모님도 젊었을 때 신용카드를 사용하셨나?"

"아닙니다. 저희 부모님 세대에는 신용카드 사용이 흔하지 않았습니다."

"당연하지. 그 시대 부모님들은 신용카드 한 장 없이 평생을 현금만으로 살면서도 자식들 교육은 물론 결혼까지 다 시키고 노후를 보내셨네. 그런데 자네 세대는 신용카드까지 있으면서도 젊은 시절부터 빚 천지에 파산신청까지 하니, 그게 무엇 때문이겠는가?"

"신용카드 때문인가요?"

"당연히 신용카드 때문일세. 신용카드는 충동구매를 자극하기 때문에, 수중에 현금이 없어도 신용카드만 있으면 뭐든지 해결할 수 있다는 의식을 사람들에게 심어 놓았다네. 신용카드는 사용할 때 돈이 나간다는 느낌이 전혀 들지 않네. 그래서 항상 예산을 초과하여 과소비를 하게 만든다네. 예를 들어, 자네가 친구를 만나 술값으로 20만 원을 썼다고 가정해 보세. 현금을 하나하나 세어서 술값을 계산하면 돈을 많이 썼다는 느낌이 들고, 과소비를 했다는 자책감이 생기겠지."

"네, 그럴 것 같습니다."

"그런데 신용카드를 사용하면 그냥 전표 한 장 처리했다는 느낌밖에 들지 않아서 항상 초과 소비를 자극하게 된다네. 그래서 돈을 모으고 부자의 길로 들어서려면 반드시 신용카드는 잘라 버리고 현금만으로 생활해야 하네. 정 필요하면 예비로 체크카드 한 장만 갖고 있으면 되네. 더불어 신기한 것은, 현금만으로 생활하면 평소의 씀씀이가 절반 이상 줄어든다는 점이네. 다시 한 번 강조하네. 부자가 되고 싶다면, 반드시 모든 신용카드를 잘라 버리고 현금만으로 생활하게!"
 곧바로 천만장자의 질문이 이어졌다.
 "재테크의 두 번째 단계는?"
 "네. 현금만 사용하고, 모든 신용카드(스마트폰 앱 포함)는 잘라 버려라."

재테크 3단계 : 예산에 맞춰 생활하기

❝3단계로 들어가겠네. 자네, 이런 생각 해봤나? 1년 동안 열심히 벌었는데, 연말에 통장을 찍어 보면 텅장이 되어 돈이 전혀 모이지 않았다는 느낌 말일세.”

그렇다. 매년 그런 느낌으로 보낸 우울한 연말의 기억이었다. 1년 동안 죽어라 일해서 월급, 보너스, 성과급, 연월차 수당, 그리고 연말정산 환급까지 받아서 입금된 횟수는 많은데, 통장에는 잔고가 별로 없는 상태가 반복되어 왔다. 산 것도 별로 없고, 크게 쓴 것도 없는데….

“네. 매년 고민하는 부분입니다. 숫자상으로는 어느 정도 소득이 되는데, 크게 쓴 것도 없이 잔고는 항상 그대로인지 이해가 되지 않습니다.”

“왜 그런지 비밀을 알려 주겠네. 이유는 지출 예산을 세우지 않고 무계획적으로 소비하기 때문에, 그러한 악순환이 매년 반복되는 것이라네.”

“지출 예산을 세우지 않았기 때문이라고요?”

“그렇다네. 자네에게 좀 더 현실적인 질문을 하나 해보겠네. 어디선가 갑자기 예상하지 못한 돈이 좀 들어왔는데, 꼭 쓸데가 생겨 그 돈이 거기로 들어가 버렸던 경험이 있나?”

“그렇습니다. 돈이 들어오면 느닷없이 꼭 쓸 데가 생겨서 금방 돈이 빠져나갔던 일이 여러 번 있었습니다."

"바로 그것이라네. 돈의 유별난 특징 중의 하나가 사용처가 예정되어 있지 않은 돈이 생기면, 돈은 기가 막히게 냄새를 맡고 달려와서 낚아채 가는 못된 버릇이 있다네. 즉 지출 예산을 세우고 세부 항목별로 쓸 돈을 미리 정해 놓지 않으면, 돈은 영원히 모이지 않는다네."

"사실… 그런 적이 한두 번이 아니었습니다."

"그래서 불필요한 소비와 지출을 예방하는 가장 중요한 방법이 바로 '지출 예산'을 매달 세우는 것이라네. 그리고 무슨 일이 있어도 반드시 그 예산을 지키고, 예산 안에서만 돈을 써야 하네. 예산을 짠다는 것은 그냥 막연하게 돈을 이렇게 쓰고 싶다는 희망이 아니라, 돈에게 정확히 어디로 가라고 지시하고 명령하는 일이라네. 그것이 내가 어젯밤에 설명했던 돈을 향해 모범을 보이라고 강조한 '머니 리더십'이지. 예산을 세워 놓으면, 앞서 말한 계획에 없던 돈이 생기더라도 저축으로 돌릴 수 있어서 느닷없는 지출을 막을 수 있네."

"돈을 아껴 쓰는 모범, 절약하고 저축하는 모범, 돈을 비난하지 않고 긍정적으로 바라보는 모범, 어렵게 벌어 좋은 일에 쓰는 모범을 보여야만 돈이 따른다고 말씀하셨습니다."

"좋아, 정확하게 기억하고 있군. 지출 예산을 세울 때, 중요한 것은 매달 초에 그 달에 쓸 예산을 항목별로 정하는 것이라네. 교통비, 대인 관계비, 경조사비, 주거비, 자기계발비, 관리비, 소모품비 등을 잘 구분해서 책정하고, 반드시 예산을 지키도록 노력해야 하네. 마음을 독하게 먹고 **빡빡하게** 지출 예산을 항목별로 정확히 산정한 후에, 예산만큼의 돈을 현금으로 보관하고, 나머지 돈은 계좌에 입금하여 목돈을 만들어 가야 하네."

"네, 알겠습니다."

"아, 그리고 정말 중요한 점이 하나 있네. 살다 보면 지출 예산에 포함되지 않았던 의외의 일이 발생할 수 있네. 갑자기 자동차가 고장 나 수리할 경우, 예산에는 없는 비용이지. 이처럼 추가적인 비용이 발생할 경우라도 반드시 정해진 그달의 예산 범위를 넘어서면 안 되고, 어렵더라도 반드시 예산 범위 안에서 해결해야 하네. 즉 다른 지출을 줄여 자동차를 수리하되, 전체 예산의 총액은 절대로 넘어가면 안 되네. 만약 정말로 신변에 중요한 일이 발생할 경우는 어쩔 수 없이 이미 모아 둔 비상금에서 써야 하네. 그리고 그다음 달에는 무슨 일이 있어도 사용한 만큼 반드시 비상금을 채워 놓아야 한다네."

결국 천만장자의 말대로 한다면, 그동안의 좋은 시절은 끝났다고 봐야 한다. 앞으로는 최대한으로 긴축 예산을 짜고, 모든 지출은 예산 범위 내에서만 써야 한다. 앞으로의 내 삶이 너무도 팍팍해 보였다.

안 봐도 또 넷플릭스다.

답답한 마음에 천만장자에게 이렇게 물었다.

"옳으신 말씀입니다만, 그렇게 살다 보면 좀생이가 되어 대인관계에도 문제가 생기고, 매일 스트레스를 받으며 살아야 하지 않을까요?"

"그래, 어느 정도 스트레스는 받겠지. 그래서 스트레스 받지 않는 방법을 하나 알려 주겠네."

나는 혹시나 하는 기대감에 귀를 바짝 세웠다.

"한 달 4주를 기준으로 3주까지는 최대한으로 아껴 쓰면 마지막 4주째는 예산에서 돈이 약간은 남을 것이네. 이 남은 돈을 4주째에 몽땅 써 버리는 것이라네. 한 달 동안 고생한 자신에게 위안을 주고, 예산을 지킨 것을 대견스러워하면서 자신에게 포상하듯이 말이야. 그 느낌 또한 정말 일품이라네. 돈을 쓰지 못해 환장한 사람처럼, 그달 마지막 주에 모두 써 버리는 것이지. 자네도 실천해 보면 정말 재미있을 것이네. 단, 예산을 초과하면 절대로 안 되네."

나로서는 선뜻 이해가 되지 않아 곧바로 반박했다.

"예산 범위 안에서 한 달 동안 아껴 쓰다가 남은 돈을 마지막 주에 원 없이 한꺼번에 다 쓴다는 것은 이론상으로는 그럴싸합니다. 하지만, 현실적으로 마지막 주에 돈이 남아 있을까요? 제 생각에는 부족하지나 않으면 다행일 것 같습니다만…."

"당연히 첫 달부터 돈이 남으리라고는 생각하지 않네. 하지만 계속 반복하여 몸에 배고 습관이 되면, 그때부터는 돈이 남게 될걸세. 우리 속담처럼 첫술에 배부를 수 없듯이, 처음에는 고통스럽고, 소비하고 싶어 안달이 나고, 때로는 우울해지기도 하겠지만 부자 되는 첫걸음이고, 누구도 피할 수 없는 외길이기에 반드시 실천해야 하네."

천만장자의 말을 부정할 수는 없다. 하지만 내 입장에서는 현실적으로 실현 가능성이 극히 낮은 결과를 만들어 내라고 강요하는 말이나 다름없었다.

나는 천만장자를 쳐다보지 못하고 고개를 푹 숙였다.

"사람의 운을 초년운, 중년운, 말년운으로 나누어 볼 때, 당연히 말년운이 좋아야 하네. 초년과 중년에 고생하더라도 말년에 경제적 여유와 삶이 윤택해진다면, 그간의 고생을 모두 보상받는 것이라네. 팔십 평생을 인생으로 볼 때, 10년 고생하고 나머지 30~40년을 편하게 산다면, 그게 행복 아니겠는가? 젊어서 잘나가고 있을 때 말년을 준비해 두지 않으면 어떻게 되겠는가? 결국 언젠가는 나이가 들 것이고, 아무것도 손에 쥔 것이 없으면 뭔가를 해보려고 시도하겠지. 그런데 말이네… 불행히도 말년에 도전했다가 실패하면 다시는 기회가 없네. 그때 후회해 본들 무슨 소용이 있겠나. 그 나이에 누가 채용해 줄 것이며, 어디서 돈을 벌 수 있겠는가? 솔직히 요즘은 부모가 돈이 없으면 자식들도 효도를 하지 않는 세상에, 어떻게 부모 노릇을 하고, 부모 대접을 기대할 수 있겠는가? 결론적으로 10년만 노력하면 재벌은 되지 못하더라도, 충분히 여유 있게 살 수 있네. 인생을 마라톤에 비유하듯이 첫 출발의 빠름이 평생의 빠름이 아니듯, 서서히 속도를 높이면서 지금부터 계획한 대로 10년만 고생하면 반드시 인생 역전을 할 수 있네. 알겠는가?"

"네… 알겠습니다."

"목돈을 만들기 위한 세 번째 단계가 무엇이라고 했지?"

"세 번째 단계는 매달 지출할 예산을 세우고, 반드시 그 범위 안에서만 생활하는 것입니다."

"좋아. 그러기 위해서는 반드시 가계부를 써야 하네."

"자네, 가계부는 쓰고 있나?"

"가계부는 한 번도 써 본 적이 없습니다…."

내가 기어들어 가는 목소리로 겨우 대답하자, 천만장자가 예상했다는 표정으로 말을 이었다.

"회사에서 각종 보고서와 업무일지를 쓰고, 재무상태표(대차대조표)와 손익계산서라는 회사 가계부까지 만들면서 왜, 자기 돈과 관련된 가계부를 쓰지 않는가? 어찌 보면 회사 일은 남의 돈 벌어주고, 남의 돈을 관리해 주는 일 아닌가? 내 말이 틀리는가?"

"아뇨… 맞습니다."

"남의 돈은 그렇게 철저하게 관리해 보고하면서 왜, 자기 돈은 관리하지 않는가. 반드시 가계부를 써야 하네. 꼭 종이로 된 가계부가 아니더라도 엑셀로 만들던가, 휴대폰에 좋은 앱들도 많이 있지 않은가. 가계부를 쓰는 목적은 예산을 통제하기 위함이고, 지출된 돈의 흐름을 추적하면서 낭비된 요소가 없는지, 더 절약할 수 있는 부분은 없는 것인지 살펴보기 위함이네. 가계부를 정리하다 보면 후회도 생기고, 반성도 많이 하게 되네. 그러면서 더 알차고 실속 있는 돈 관리를 통해 삶이 안정되고, 미래를 계획한 대로 만들어 갈 수 있지. 중국의 이태백 시인이 이런 말을 했지. 아주 멋진 말이고 부자가 되는 데 결정적인 문장이라서 자네에게 꼭 해주고 싶네. 그분은 '신기한 말은 하는 것이 귀함이 아니라, 실행함이 귀함이다!'라고 하셨네. 얼마나 멋진 말씀인가? 모든 마음가짐과 행동을 실행에 맞추라는 명언이네. 실행 없이는 성공도 없고, 가계부 없이는 부자도 없네. 알겠는가?"

"네. 잘 알겠습니다."

초등학교 이후로 일기도 써 본 적이 없는 내가 이제는 매일 가계부까지 써야 하니, 부자가 되기 위해 이렇게 할 일이 많단 말인가. 부자가 안 되어도 좋으니, 그냥 편하게만 살고 싶다는 생각이 불쑥 솟아올랐다.

내 머릿속이 혼란하거나 말거나 천만장자의 설명은 계속 이어졌다.

재테크 4단계 : 빚 없애기

❝다음으로 네 번째 단계를 설명하겠네. 이 단계는 매우 중요하니 잘 듣기 바라네.❞

나는 잡념을 떨쳐 버리고 힘차게 대답했다.

"넵!"

"가난한 사람들의 특징 중에 가장 대표적인 것을 꼽으라면, 대부분은 자신의 빚이 모두 얼마인지, 항목별로 어느 정도인지 잘 모르고 있다는 점이라네. 자네도 생각해 보게. 자신이 갚아야 할 빚이 얼마나 되는지도 모르고서 어떻게 부자가 되겠는가? 대부분은 대강 얼마라고는 말하지만, 막상 구체적으로 적어 보라면 정확하게 모르는 경우가 대부분이지. 부자가 되기 위해서는 빚이 없어야 한다는 것이 전제 조건이고, 부자들의 대원칙이라네."

나는 이 말에 전적으로 동의하면서도 대한민국 국민 중에 빚이 없는 사람이 과연 얼마나 되겠나 싶어, 이렇게 되물었다.

"보통 사람들이 직장을 얻고 결혼 생활을 하다 보면, 금액이 크던 작던 빚을 질 수밖에 없다고 생각합니다. 이리저리 당겨 쓰고 채우고 하다 보면 빚이 생길 수 있고, 급하게 집안일로 자금이 필요한 경우도 생깁니다. 사치나 도박, 음주와 관련된 절대로 있어서는 안 되는 빚은 반대합니다. 하지만, 그 누구라도 살다 보면 어쩔 수 없는 빚이 생길 수 있다고 생각합니다."

내 말이 끝나자, 천만장자가 고개를 가로젓고는 작심한 듯이 쏟아 부을 태세로 말을 시작했다.

"이번 기회에 빚을 대하는 자네의 관념을 확실히 바꿔 놓겠네. 자네에게 묻겠네. 매월 신용카드 사용액은 얼마나 되나?"

"대략… 50~70만 원 정도는 결제하는 것 같습니다."

내심 뜨끔했다. 빚은 정확히 알고 있어야 한다고 했는데, 말하면서도 금액이 맞는지 확신이 없었다.

"매달 그 정도 돈을 꼬박꼬박 결제하고도 정상적으로 살 수 있다는 말인데… 뒤집어 말해서 그런 빚이 없다면, 매달 50~70만 원을 저축하면서도 생활할 수 있는 것 아닌가? 결국 자네는 지금까지 반복적으로 카드 대금을 지출한 결과, 금융기관으로 하여금 반복적으로 소득을 얻게 해주었다는 말이네. 지금부터라도 자네가 그 돈을 매달 반복적으로 저축해 간다면, 이제는 금융기관이 아닌 자네가 반복적 소득을 창출하여 부자가 될 수 있다고 보는데. 내 말이 맞는가?"

나는 할 말이 없었다. 맞는 말이었다. 매달 그 돈을 금융기관에 주고도 살았으니, 그런 빚이 없다면 그만큼의 돈을 저축과 투자로 연결해서 반복적 소득으로 만들어 갈 수 있다는 결론이 나오는 것이다.

"네… 맞습니다."

"그래서 빚을 없앰과 동시에 매달 빚을 갚아 가는 느낌으로 그 돈만큼을 모아 가야 하네. 그럼, 이제부터 빚을 어떻게 없애야 하는지, 그 방법을 알려 주겠네. 이 방법은 너무도 간단해서 초등학생들도 당장 실천할 수 있네. 오늘 당장 자네의 부채 리스트를 적어 보게. 적는 순서는 가장 적은 금액부터 큰 금액 순으로 나열하고, 매달 가장 적은 금액부터 빚을 갚아 가며 빚을 줄여야 하네. 벽에 부채 리스트를 붙여 놓고 빚을 갚을 때마다 빨간 펜으로 죽죽 그어 가며 빚이 줄어드는 즐거움을 맛보고 느껴야 하네. 우선 돈이 불어나는 재미 이전에 빚이 줄어드는 재미부터 느껴야 부자의 길로 들어설 수 있고, 희망이 생긴다네."

"상식적으로 이자율이 높은 빚부터 줄여 가야 하지 않겠습니까?"

"일반적으로 이자율이 높은 빚이 금액이 적은 빚과 대부분 일치한다네. 왜냐하면 이자율이 높지만, 상대적으로 금액이 적어서 매달 갚아 갈 수 있기 때문이지. 만약 이자율도 높고 금액도 크다면, 심리적으로 부담이 되어 어떡하든 그 빚은 줄이게 되어 있네. 그래서 금액이 작은 빚부터 순차적으로 줄여 가야 하네. 물론 논리적으로는 금액이 큰 빚부터 줄여 가는 것이 바람직해 보이지만, 실천하다 보면 옳지 않은 방법이라는 것을 금방 알 수 있네. 금액이 큰 빚부터 줄여 가다 보면, 시간이 오래 걸려서 중간에 포기하기 쉽기 때문이지."

"아, 말씀을 듣고 보니 이해가 됩니다."

"강조하지만, 반복적으로 습관화될 수 있도록 금액이 적은 빚부터 줄여 가야 하네. 그리고 중간에 위급한 상황이 발생하면, 이미 모아 둔 비상금을 사용하면 되네. 그 이유는 추가적으로 빚을 만들지 않기 위함이라고 내가 누누이 강조했네. 그리고 피치 못할 상황에서 비상금을 사용해야 할 경우에는 잠시 빚 줄이기를 중단하고 다시 비상금을 모아야 하네. 그래야만 비상사태가 다시 발생해도 버틸 수 있네. 다시 비상금이 모아지면, 부채 리스트를 다시 작성하고 빚 줄이기를 계속해야 하네. 당연히 신용카드를 사용하지 않으니까, 예산 범위 내에서 현금만으로 생활하게 되어 추가적인 빚이 생기지 않을 것이네. 일반적으로 빠르면 1년, 늦어도 5년 정도만 노력하면 빚에서 해방될 수 있네. 나는 빚에서 해방되는 그날을 '재테크 출발을 위한 제2의 생일'이라고 부른다네. 경제적 자유인이 되기 위한 새로운 탄생이지."

나는 궁금한 점이 있어 이렇게 물었다.

"좋은 말씀이라는 건 압니다. 그렇지만 집을 살 때는 큰 목돈이 들어가기 때문에, 부분적으로 또 빚이 발생하게 됩니다. 자동차도 현금으로 사는 것이 부담되어 대부분은 할부로 구입해서 매달 갚아 가야 합니다. 이런 경우는 어떻게 해야 합니까?"

"내가 다시 말하겠네. 자동차의 경우, 할부로 차를 사면 할부금을 모두 갚을 때까지 자동차 회사에 반복적 소득을 만들어 주게 되네. 자동차 회사의 반복적 소득이 그 회사에는 좋은 일이겠지만, 부자가 되려는 자네에게는 도움이 되겠는가, 안 되겠는가?"

"전혀 도움이 되지 않습니다."

"내가 여러 번 말했지만, 이제부터라도 자네가 부자가 되기 위해서는 다른 사람을 부자로 만들어 주는 지출은 반드시 막아야 하네. 꼭 필요하다면 현금으로 중고차를 사거나, 아예 차 없이 생활할 각오를 해야 하네."

머쓱해진 나는 살짝 다른 질문으로 화제를 돌렸다.

"내 집 마련과 관련된 빚은 어떻게 해야 합니까?"

"나도 지금 그 말을 하고 싶었네. 채무 리스트를 만들어 매달 작은 빚부터 줄여 나가는 것이 재테크 4단계 전략이라고 했네. 그런데 내 집 마련과 관련된 빚은 여기에서 예외가 된다네."

"예외라고요. 왜, 그렇습니까?"

"집이 주는 의미는 그 어떤 가치보다 우선이네. 어떤 의미로는 자신과 가족을 위한 집은 재테크와 무관하다고까지 말할 수 있네. 집은 추위와 더위를 피하는 기본적인 생활 공간일 뿐만 아니라, 삶을 재충전하고 가족과 함께 유대 관계를 강화하는 생활 공간이자, 행복의 터전이네. 중요한 것은 남자 나이 40세 중반까지는 무슨 일이 있어도 자신 혹은 가족 명의의 주택을 반드시 마련해야 하네. 집 없는 서러움은 인물 못 나고, 공부 못한 서러움보다 더 큰 서러움이네. 전세로 몇 년에 한 번씩 이사를 하는 것도 점점 나이 들면 쉬운 일이 아니고, 아이들이 커 가면서 계속 학교를 옮기게 되는 것도 바람직한 일은 아니네. 그래서 주택 구입과 관련된 빚만은 단기적으로 채무 리스트에 포함하지 않는다네. 하지만, 이것도 결국은 모두 정리해야 하네. 나는 집에 대해 이렇게 정의하네. 집은 '살면서 행복을 주고, 팔면서 이익을 주는 것'이라고 말일세. 문제는 같은 집인데도 정반대로 살면서 불행해지고, 팔면서 손해를 보는 사람들도 있다네."

궁금해서 내가 이렇게 물었다.

"내가 소유한 집은 살면서 행복을 줄 텐데, 살면서 불행을 주는 집은 어떤 집입니까? 집터가 안 좋은 풍수지리 때문입니까?"

"그런 게 아닐세. 자, 보게나. 문제는 내가 살고 있는 집의 건너편 집이 나보다 1천만 원 싸게 들어왔다는 정보를 듣는 순간부터 불행해지기 시작한다네."

당연한 이야기일 것이다. 건너편 집이 1천만 원 더 싸게 들어왔다면, 보나마나 우리 집을 서둘러 계약해서 돈을 더 썼다고 부부싸움이 시작될 것이고, 집 얘기가 나올 때마다 시끄러울 게 뻔하다.

"결국 그런 집은 시세가 하락하는 추세가 계속될 것이고, 나중에 집을 팔 때는 최초 구입 가격보다 당연히 하락하여 결국에는 손해를 보게 될 것이네. 그래서 집을 살 때는 살면서 행복을 주고, 팔면서 이익을 주는 그런 집을 골라야 하네. 그 방법은 아파트 구입 요령을 이미 설명했기 때문에, 충분히 알 것이라 생각하네."

"네, 기억하고 있습니다."

"현실적으로, 채무 리스트를 만들어 빚을 줄여 나가는 도중에는 저축이 거의 불가능할 것이네. 빚을 줄여 가는 데에만 모든 정신과 노력을 기울여야 하기 때문이지. 그러기에 이미 만들어 놓은 비상금이 더욱더 돋보일 것이네. 이 비상금은 빚을 더 이상 만들지 않기 위한 마지막 교두보임과 동시에 유일한 목돈이라고 보면 되네."

이 부분에서 나는 이렇게 물었다.

"빚을 줄여 나가면 매달 빚으로 나가는 돈이 조금씩 줄어들어서 약간씩 여유가 생길 것 같습니다. 그러면 빚을 갚고 남는 돈을 저축으로 모아 가도 좋겠다는 생각이 듭니다."

"그렇지 않네. 나도 처음에는 빚을 갚아 나가면서 줄어든 빚만큼 저축과 병행하는 것도 좋으리라 생각했지만, 절대로 그렇지 않네. 저축과 빚 줄이기를 병행하면 빚이 줄어드는 속도가 기대한 만큼 빠르지 않아서 중간에 포기하기 십상이지. 그래서 빚을 줄이면서 줄어든 빚만큼의 여유 자금을 아직 남아 있는 빚을 줄이는 데 모두 써야 하네. 그렇게 되면 더욱 빠른 속도로 빚을 줄일 수 있다네."

"무슨 말씀인지 알겠습니다. 그럼, 빚을 모두 청산한 다음에는 어떻게 해야 합니까?"

"이제부터가 재테크에서 가장 중요하네. 빚을 모두 정리했기에 생활비 이외에는 추가적인 지출이 없을 것이네. 매달 저축해야 할 목표 금액은 매달 지출 명세서에 적힌 금액 이외의 모든 돈이 될 것이고, 이 돈으로 목돈을 만들어 가야 하네. 그 방법은 아주 단순하네. 소득이 들어오는 순간, 지출 명세서 총액만 제외하고 모두 저축으로 돌려서 돈을 만져 보기도 전에 통장에서 빠져나가도록 자동 이체를 해 놓아야 하네. 사람들 대부분이 목돈을 만들어 가면서 실수하는 이유는 단 한 가지라네. 쓰고 남은 돈을 저축하려 하기 때문이네. 쓰고 남은 돈을 저축하는 것은, 하나님도 못하시네. 목돈을 모을 때까지는 쓰기 전에 먼저 저축하고, 남은 돈만으로 절약하면서 처절할 정도로 살아야 하네. 그때의 마음가짐은 이미 빚을 모두 청산했지만, 마치 빚이 남아 있는 것처럼 빚 갚는 마음으로 더 열심히 저축해야 하네. 다시 이야기하겠네. 매달 지출 명세서 내에서만 생활하고, 빚을 모두 청산한 다음에도 마치 빚이 있는 것처럼 빚을 갚는 마음으로 목돈을 마련해 나가야 하네. 그렇게 해서 마련된 목돈은 투자를 위한 중요한 종잣돈이 될 것이네. 자네에게 묻겠네. 투자할 정도의 목돈이라면, 어느 정도의 금액이 되어야 한다고 생각하는가?"

잊을 만하면 또 질문을 던져서 도저히 긴장을 풀 수가 없었다. 목돈이라! 아무 생각 없이, 그래도 한 1억 원은 되어야 하지 않나 싶었다. 1억 원이라지만 매달 소득에서 예정된 지출로만 생활한다고 해도 1억 원을 모으기는 현실적으로 쉬운 일이 아니다.

나는 테이블 위에 놓인 5억 원을 바라보며 이렇게 말했다.

"그래도 투자를 위한 목돈이라면, 제 앞에 있는 5억 원의 5분의 1인, 1억 원 정도는 있어야 하지 않겠습니까?"

천만장자가 빙그레 웃으며 말을 이었다.

"최초 투자 원금은 몇 억 원 또는 몇 천만 원의 절대적 금액이 아니라네. 투자 원금을 만드는 목돈은 개인적인 재정 상황에 따라 다르거든. 그러나 절대적인 투자 원금은 자신의 연간 소득, 즉 연봉이라네. 자신의 연봉에 해당하는 투자 원금이 바로 재테크의 출발점이지."

나는 궁금한 마음에 이렇게 물었다.

"다른 기준도 있을 텐데, 왜 연간 소득입니까?"

"그 이유에 대해서 이렇게 설명해 보겠네. 자네 연봉만큼을 모아 투자를 했다가, 혹시 실패해서 그 목돈을 모두 날렸다고 가정해 보세. 다시 재기할 수 있을 것 같은가, 아닌가?"

나는 잠시 고민하다가 이렇게 답했다.

"물론 힘들겠지만, 그래도 자기 돈으로 투자했으니까 시간이 걸리더라도 재기가 가능할 것 같습니다."

"바로 그것이 중요한 포인트라네. 자기가 모은 목돈으로 투자했으니까, 비록 실패해서 고통스럽겠지만 언제라도 재기할 수 있네. 물론 속이 쓰리고 괴로울 것이네. 그런데 말일세, 자기 돈이 아닌 빚을 내서 투자했다고 생각해 보게. 투자 원금을 다 날리고, 빚은 빚대로 남아 있으니 재기하려면 너무 고통스럽지 않겠나?"

"네… 그렇습니다."

"그래서 투자를 할 때는 무조건 자기 돈으로 해야 한다네. 사람들 중에 자기 돈으로 투자한 사람이 얼마나 있겠냐고들 하지만, 빚으로 투자한 경우는 내가 이미 설명했듯이 시간에 쫓기어 버틸 수가 없네. 그렇게 되면 투자 심리전에서 밀리게 되어 잘못될 가능성이 높다네. 빚을 잔뜩 지고도 대박이 터져 성공한 사례도 있겠지만, 대부분은 결국 실패하게 되네. 이 점을 다시 한 번 명심하기 바라네."

"네, 명심하겠습니다. 빚에 대해서는 하도 여러 번 강조하시니, 이제는 빚을 지는 것을 '죽음'이라는 뜻으로 받아들이겠습니다. 그런데 자기 연봉만큼 투자 원금을 모았다면, 어디서 무엇부터 어떻게 투자를 시작해야 하느냐도 매우 중요할 것 같습니다. 어떻게 시작해야 합니까?"

"좋은 질문이네. 사람들을 만나다 보면, 가끔 이런 질문을 듣네. '어디에 투자하면 좋을까요?' 그럴 때마다 나는 오히려 이렇게 되묻는다네. 첫째, '빚을 내지 않은 연간 소득만큼의 투자금을 가지고 있습니까?' 둘째, '그 돈을 어떻게 모았습니까?' 셋째,

'5~10년 정도 투자금을 묶어 놓아도 생활에 아무 지장이 없는 돈입니까?' 그러면 대부분은 더 이상 나에게 묻지 않는다네. 왜냐하면, 그렇지 못하기 때문이지. 그래서 나는 이 세 가지 질문에 통과한 사람들에게만 답변해 준다네. 자 시작해 보겠네."

천만장자로부터 무언가 절대적인 투자 포인트가 나올 것 같은 예감이 들었고, 심장이 빠르게 뛰면서 호흡이 빨라지기 시작했다. 마치 영화 속에서 보물 상자를 찾아낸 주인공이 그 뚜껑을 열자, 오색찬란한 보석들이 쏟아져 나오는 그런 장면을 연상하면서 말이다.

"자네, 투자의 정의와 투기의 정의를 나에게 말해 보게."

또 시작했다. 그놈의 정의! 툭하면 정의를 대라고 하니, 난감할 수밖에 없었다. 언뜻 생각하기에 일반적으로 '투자'는 긍정적 의미가 강하고, '투기'는 부정적 의미가 앞설 것이다. 그래서 이렇게 답했다.

"투자는 정당한 방법으로 이익을 추구하기 위해 목돈을 내는 것으로서, 어느 정도 정해진 수익률을 기대하는 것이라 생각합니다. 이에 반해서 투기는 바람직하지 못하고 탈법적인 방법으로 돈을 벌기 위한 행위임과 동시에 일반 수익률을 뛰어넘어 과도한 이익을 바라는 무모하고도 사회적으로 지탄받는 경제적 행위라고 생각합니다."

속으로 그럴싸한 정의라고 생각하고 있었는데, 곧바로 날벼락이 떨어졌다. 천만장자가 큰 소리로 나무랐다.

"대체 누가 그런 정의를 내렸는가? 투기는 바람직하지 못하고,

부정적이고, 무모하다고? 투자는 긍정적으로 합리적 수익률을 기대한다고?"

나는 갑자기 기어들어 가는 목소리로 대답했다.

"그냥… 일반적으로 그렇다는 말입니다."

천만장자가 흥분한 목소리로 말을 이어갔다.

"잘 듣게나. 국어사전에 보면 이렇게 정의되어 있네."

> 투자 : 이익을 얻으려고 사업 밑천을 댐, 출자
> 투기 : 기회를 엿보아 큰 이익을 보려는 짓

"투기를 투자에 비해서 상대적으로 어두운 것으로 묘사하지만, 어느 사전에도 투기는 사회적으로 손가락질을 받으며 엄청난 수익을 기대하는 무모한 경제적 행위라고 하지 않았네. 지금부터 투자와 투기의 정의를 다시 내릴 테니, 꼭 기억해 두게. 투자와 투기의 정의를 내리는 주체는 국문학과 교수가 아니고 '정부'라네. 정부 입장에서 볼 때, 어떤 국민이 어떤 상품이나 회사에 얼마의 돈을 투입하여 몇 퍼센트의 이익을 내고 얼마의 세금을 냈는지 알 수 있으면 '투자'라고 부르지. 그와 반대로 얼마를 가지고 어느 상품에 혹은 어떤 곳에 투입했는지 알 수도 없고, 더불어 수익 금액에 정확히 얼마의 세금을 부과해야 하는지 알 수 없을 때 '투기'라고 부른다네. 정부 입장에서 볼 때 투기가 좋아 보이나, 투자가 좋아 보이나?"

"당연히 투자가 좋아 보이겠지요."

"당연하지. 정부 입장에서는 반복적인 소득, 즉 세금을 원활하게 확보하기 위해서 투기를 부정적으로 홍보하고 교육시켜서 투기가 나쁜 것으로 사회적 분위기를 몰아 갔네. 물론 투기 중에도 진정으로 나쁜 투기가 있을 수 있지. 농산물을 매점매석해 가격을 비싸게 형성하여 소비자에게 피해를 주는 행위, 아파트나 주식을 집단으로 매입해 가격을 올리는 행위 등은 사회적으로 지탄의 대상이 되겠지. 하지만, 우리가 추구해야 하는 것은 투자보다는 투기 쪽에 관심을 두어야 하네. 전 세계 모든 비즈니스를 보더라도 깔끔하고 깨끗한 거래에는 이익이 박하다네. 그러나 상대적으로 약간 어둡고 투기성이 짙은 거래에서는 많은 이익을 얻을 수 있지."

천만장자가 투기에 비중을 두는 것 같아서 왠지 껄끄러워 보였다. 분명 투자는 좋은 것이고, 투기는 나쁜 것이라는 사회 문화적 인식이 있다. 그렇기 때문에 돈을 벌어도 투기로 혹은 투기 세력과 연계하여 부를 형성했다면, 과연 사회적으로도 선망의 대상이 될 수 있을까 싶어서 이렇게 말씀드렸다.

"그래도 왠지 투기는 불법적이거나 뒷거래가 떠올라서 찜찜합니다. 대한민국의 모든 국민들이 투자가 아닌 투기에 목을 매고 뛰어다닌다면, 국가 전체가 완전히 투기판으로 변할 것 같은 걱정도 듭니다."

"자네가 그렇게 생각하는 것 또한 내가 부정하지는 않겠네. 이 사회가 그렇게 교육했고, 자네 역시 그렇게 교육을 받았으니 당연하겠지. 그러나 자네와 내가 무슨 이념적 문제나 교육 시스템의 본질에 관해 토론하는 것도 의미가 있겠지. 하지만 지금은 자네가 부자의 길로 들어서도록 교육하는 시간이니, 여기까지만 언급하겠네. 내가 어제부터 계속 이야기했던 핵심은 생각을 바꾸라는 것이었네. 예를 들어 자네가 매일 만나는 그런 직장 동료, 혹은 학창 시절의 선배들로 이루어진 나와 비슷한 경제적 수준의 사람들만 사는 세상이 있네. 그런 반면에 또 다른 세상에는 한 달에 월세로 몇 억 원씩 받는 사람들의 세상도 있네. 자네가 한 달 동안 열심히 일해서 받는 월급을 어떤 사람들은 한 달 용돈으로 쓰는 사람도 있고, 더 심하게 말하면 자네가 한 달 동안 열심히 일해서 받는 월급을 어떤 사람은 하루 만에 벌어들이는 사람도 있지. 반대로 그 돈을 하루 만에 쓰는 사람들도 있네. 세상은 나와 다른 느낌과 사고방식, 다른 행동 패턴으로 사는 사람들이 더 많다는 사실을 받아들여야 하네. 그래서 내가 투기와 투자에 대해 언급한 것도, 이러한 맥락이었다네. 오해가 없었으면 하네. 이제 마지막으로 재테크의 다섯 번째 단계를 알아보세."

재테크 5단계 : 투자하고 기다리기

"4단계에서 채무 리스트를 만들어 빚을 없앤 후에도, 마치 빚을 갚아 가는 마음으로 연봉만큼의 목돈을 모으라고 했네. 이 단계부터 진정한 재테크의 묘수가 필요한 시점이지. 지금까지 목돈을 모았으니 투자로 나서야 하는데, 곧바로 나서면 대부분 실패하기 십상이네. 400미터 트랙을 10바퀴 정도 뛰어 보고 마라톤에 도전하면 어떤 일이 발생하겠는가? 한 번도 느껴 보지 못한 엄청난 고통과 두려움으로 중간에 포기하거나 쓰러져 버리겠지. 도전해 보겠다는 불굴의 의지는 높이 사더라도, 실제로 마라톤 코스에서 느끼는 상황과 고통, 함께 뛰는 경험 많은 마라토너들과의 실력 차이는 어쩔 수 없을 것이네. 그래서 목돈을 투자하려면 적절한 때를 기다려야 하네. 물론, 무한정 기다리는 것은 아니고 적절한 시점이 있네."

천만장자가 재테크 5단계의 '투자 시점'에 목말라 하는 나를 진짜로 애타게 만들고 있었다. 지금까지 그렇게 혼나면서도 버텨 왔는데… 조금만 더 참고 버티리라 속으로 다짐했다. 그러고는 눈앞에 놓여 있는 현금 5억 원을 보면서 마른침을 삼켰다.

천만장자가 다시 말을 이었다.

"이렇게 물어보겠네. 현금으로 5만 원을 들고 저녁 식사 장소를 찾는다면, 고급 일식집이 눈에 들어오겠나?"

"아닙니다. 저 같으면 삼겹살집이나 감자탕집을 찾을 겁니다."

"당연하지. 그래도 주머니에 20~30만 원쯤은 있어야 고급 일식집이 눈에 들어올 것이네. 이것이 바로 내가 연간 소득만큼 목돈을 모으라고 강조한 이유라네. 주머니에 있는 돈을 기준으로 음식점을 고르듯, 투자 역시 투자금의 규모에 따라 투자 대상이 눈에 들어온다네. 그래서 자신에게 적합한 투자 대상을 만날 때까지 계속 정보를 수집하고, 주말마다 짬을 내어 공부하고, 돌아다녀야 하네. 그런 정보들은 비밀스럽고 기가 막힌 호재처럼 거창할 것이라고 다들 착각하는데, 절대로 그렇지 않네."

투자 정보를 수집하고, 공부하고, 현장을 가보라는 말인데, 직장생활을 해야 하는 나로서는 버거운 일이 아닐 수 없다. 벌써부터 부담이 어깨를 짓누른다.

"크흠… 사실, 호재는 우리 주위에 굴러다니고 있네. 친구들 간의 대화 중에서 나올 수도 있고, 매일 보는 신문과 뉴스에도 있을 수 있고, 전문가를 만나서 얻을 수도 있네. 특히 부동산과 관련해서는 반드시 현장 답사(임장)가 병행되어야 하네. 신문에서 그럴싸한 광고로 유혹해서 투자하면 금방이라도 원금의 몇 배에 달하는 대박이 터질 것처럼 광고하는 걸 봤을 것이네. 하지만, 현장을 답사하고 꼼꼼히 따져 보지 않으면 대박이 아니라 쪽박을 차거나 사기를 당하기 십상이네. '정보'라는 것은 조각조각 흩어져 있어서 부분적으로는 별것 아닐 것 같지만, 모아 놓으면 크게 윤곽을 잡을 수 있다네. 그래서 그런 정보를 확인하려면 주말을 활용해야 하네. 직장인들이 주말에 편히 쉬고 싶어 하는 마음은 이해하네. 하지만, 부자가 되기 위해서는 정보 수집과 검증을 위해 한 달에 최소 2회 정도는 주말을 포기하고 돌아다녀야 하네. 그리고 평일에 뭘 얼마나 고생했다고 주말에 황제처럼 자빠져 쉬나? 넷플릭스나 보면서. 안 그런가?"

속으로 찔끔했다. 나의 주말은 넷플릭스 최신작과 시리즈 정주행으로 시작하는데… 바로 내 이야기를 하고 있었다.

"주말마다 골프를 즐기는 이유도 그런 의미에서 한 번 되새겨 보아야 하네. 같은 조의 멤버들과 라운딩 중에 오고가는 대화 속에서 재테크 정보도 얻고, 또 돌아오는 길에 근처 부동산에 들러 현장 상황도 파악할 수 있는 기회인 것이지. 그린피를 지불했으면, 그 금액만큼의 투자 정보로 되돌려 받아야 하지 않겠는가?"

회사 동료 중에 골프를 즐기는 선배가 갑자기 떠올랐다. 그 선배는 한 달에 한두 번은 빠지지 않고 필드에 나간다고 했었다. 그러고 보니 그 선배는 아파트도 남들보다 일찍 마련했고, 다른 동료들에 비해 자산도 많다고 들었는데….

나도 골프를 배워 보기로 마음먹으며 천만장자의 말에 집중했다.

"그렇게 시간을 내어 투자 대상을 찾아 돌아다니다 보면, 어느 순간에 느낌이 딱 올 때가 있네. '저거 괜찮아 보인다' 혹은 '관심이 가는데' 하고 필이 꽂히는 순간이 있지. 그때가 바로 투자의 서막이 올라가는 시점이라네. 그러나 중요한 것은 그 '필(feel)'이라는 게 너무도 주관적인 느낌이라는 것일세. 투자는 내가 보기에 좋아서 하는 게 아니라, 남이 보기에도 좋은 대상에 투자해야 하는 것이네. 미스 유니버스 선발 대회를 예로 들어 보겠네. 대회에서 최고 미인을 선발할 때는 내가 마음에 드는 미녀를 고르는 게 아니라, 다른 사람들이 미녀라고 생각하는 기준에 부합하는 후보자에게 최고 점수를 주어야 하지. 그러기 위해서는 객관화할 수 있는 기준과 정보가 필요하네. 부자들은 그간의 투자 실패를 통해서 객관적인 기준과 정보를 얻었지만, 경험이 없는 초보자에게는 실패의 아픔이 너무 크지 않겠는가? 그래서 투자 실패를 줄일 수 있는 몇 가지 지혜를 알려 주겠네."

드디어 기대하는 알맹이가 나올 것 같아 긴장되기 시작했다. 과연 무슨 이야기가 나올까? 회사의 경영 방침에 대한 사장님 전달 사항이 있어 회사 대회의실에 모일 때의 느낌처럼, 나의 관심은 최고조에 이르고 있었다.

"잘 듣게나."

"네!"

"투자 지침의 첫 번째는 무조건 남들과 다르게 해야 한다는 것이네. 이해하기 쉽게 설명하자면, 한참 주가가 올라 주식 시장이 시끄러울 때는 들어가는 것을 자제해야 하네. 주식 시장이 뜨거우면 모든 사람이 주식에 관심을 가질 것이고, 투자금이 몰리면 상대적으로 내가 취할 이윤의 폭이 줄어들 것이네. 소위 말해서 '레드오션'이 되는 것이지. 이미 시장이 달아올라 시끄럽게 보도될 때는 떠나야 한다는 신호라네. 이럴 때는 보통 사람들의 관심에서 멀어져 있는 부동산이나 다른 투자 대상에 관심을 갖고 투자를 시작해야 하네. 즉 남들과 다르게 해야 한다는 것은, 무조건 '저점(低點)'에서 투자해야 한다는 것이네. 저점을 어떻게 알 수 있냐고? 사람들이 '아직도 주식 하세요?' 또는 '부동산은 이미 끝났습니다.' 같은 말이 들리기 시작하면 그것이 바로 저점이고, 그것이 투자 대상이고, 돈을 벌 기회라네. 그런데도 사람들이 투자하지 못하는 이유는 내가 계속 강조한 '두려움' 때문이지. 반드시 두려움을 극복해야 부자가 된다네."

천만장자의 말인즉슨 남들과 다르게, 즉 남들이 관심을 두지 않을 때가 투자할 시점이라는 말이었다.

"두 번째 투자 지침은 투자를 결정했으면, 과감하게 투자를 시작하는 것이라네. 당연히 자신의 연간 소득을 기준으로 한 투자 금액 범위 안에서 투자해야 하네. 아무리 투자 대상이 좋아 보여도 투자 예산을 넘어서까지 무리하게 빚을 내어 투자하게 되면, 지는 게임을 시작하는 것이라네. 그 투자는 투자한 후 1년이 지나 다시 검토해도 후회가 없을 투자 대상임과 동시에 투자할 시점이어야 한다네. 지나고 나서 잘못했다고 후회하면 그만큼 부자 되는 시간이 늦어지게 되지. 언제든지 다시 검토해도 현명한 투자였다는 확신이 들 때, 과감하게 투자해야 하네. 사람들 대부분이 투자 시점을 놓치고 후회하는 이유는 부자가 되지 못하는 이유와 같지. 즉 '게으름' 때문이라네. 주저하면서 미루는 게으름 때문에 부자의 길에서 계속 뒤처지게 되는 것이지."

매사에 좌고우면하는 내 스타일을 콕 찍어 지적하는 것 같아서 더 깊게 와 닿는 말이었다.

확신이 들 때, 주저하지 말고 과감하게 투자해야겠다.

"투자 지침의 세 번째는, 한 번 투자했다면 최소 3~5년 정도 버틸 수 있는 인내가 필요하네."

"헉… 5년씩이나요?"

"그렇네. 주식 투자에서 사고팔기를 반복하면, 결국 매매 수수료와 거래세로 증권 회사와 정부만 도와주는 꼴이 되네. 부동산 역시 사고팔기를 반복하면 등기 비용과 중개 수수료, 취·등록세, 양도세 등 만만치 않은 금액을 지출하게 되네. 투자 후 3~5년 정도 버티다가 나름대로 목표 이익에 도달하면 미련 없이 털어 버리고 이익을 실현해서 목돈을 불려 나가야 하네. 강남 부자들에게 그렇게 세금을 때려도 버틸 수 있는 건, 여유 자금으로 투자했기에 세금에 상관없이 몇 년씩 견딜 수 있기 때문이라네. 세금이 무서워 매매하는 사람들은 결국 자기 목돈이 아닌 빚을 내서 투자했기 때문에, 시간과 심리적 싸움에서 정부와 부자들에게 지게 되어 있네. 다시 한 번 강조하지만, 빚이 아닌 자신의 목돈으로 투자하고 끈기 있게 기다리면 반드시 기회가 온다네. 내가 한 말의 핵심을 말해 보게."

"항상 3~5년 정도 버틸 수 있는 여유 자금으로 투자하고 상승할 때까지 기다려야 한다고 말씀하셨습니다."

"좋네. 그다음 네 번째는 투자 대상을 고려할 때, 반드시 부자들을 관찰해야 하네."

"부자들을 관찰하라고요?"

"그렇네. 왜냐하면 현재 부자들의 소비 흐름과 투자 형태가 결국에는 미래에 부를 안겨다 줄 투자 대상이라는 것이네. 쉬운 예를 하나 들어 보겠네. 과거에는 부자들만 자식들을 유학 보내고 해외 여행을 즐겼지만, 지금은 많은 사람이 유학을 떠나고 해외 여행을 가고 있네. 그로 인해서 시장이 커졌고, 돈 벌 기회도 많아졌지. 또 과거에 부자들이 즐겨 찾던 명품들과 외제 차의 경우, 지금은 일반인들도 소비하고 있네. 부자들만 투자했던 건물, 해외 투자 상품, 미술품 등 한때는 일반인들이 알지도 못했던 투자 기회들이 지금은 보편화되었네. 결론적으로, 지금의 부자들이 어떻게 행동하고 무엇을 하고 있는지를 관찰함으로써 투자 기회와 대상을 찾을 수 있다는 말이네. 왜냐하면 돈이 많은 부자들은 보통 사람들에 비해 정보와 기회를 훨씬 빠르게 접하기 때문이지. 그래서 기회가 될 때마다 부자들과 자주 어울려야 하네. 부자들이 자네에게 직접적으로 돈을 주지는 않지만, 그들로부터 부자가 될 기회와 안목, 그리고 돈이 되는 정보를 얻을 수 있다는 말이네. 그러니 약간의 돈이 들더라도 투자로 생각하고 그들과 어울려야 하네."

"네, 명심하겠습니다."

"다섯 번째 투자 지침은, 마땅한 투자 대상이 결정되지 않았을 때는 투자하지 않고 기다려야 한다는 것이네. 사람들은 돈을 벌기 위해서라면 한시도 가만히 있지 못하고 동분서주하지. 그러나 때로는 마땅한 투자처가 나오지 않는 상황이라면 기다릴 줄도 알아야 하네. 앞에서 말했는데, 투자할 시점이자 투자할 대상이 뭐라고 했나?"

어김 없이 천만장자의 질문이 떨어졌고, 나는 기억을 되살려 답했다.

"마땅한 투자처란 '저점'을 의미하며, 저점이 아니라면 반드시 저점이 될 때까지 기다려야 한다고 말씀하셨습니다."

"맞네. 그렇다고 아무 생각 없이 마냥 기다리라는 말은 아니고, 관련 서적을 더욱 폭넓게 탐독하거나 가끔 해외에 나가 동향을 파악해야 하네. 회사 업무상 출장 기회가 있으면 더욱 좋겠지만, 그런 기회가 없더라도 가까운 일본이나 중국, 싱가포르 등을 자주 왔다 갔다 해야 하네. 해외 시장과 비교했을 때, 우리나라 시장과 차이가 큰 분야가 무엇인지, 그리고 누가 혹은 어떤 회사가 그런 차이를 이해하고 움직이고 있는지를 파악해야 하네."

"시장 조사를 하면서 정보를 수집하라는 말씀이군요."

"그렇네. 스스로 찾아 움직여야만 남보다 한 걸음 앞서 나가지 않겠나. 더불어서 최초 연간 소득금액만큼의 목돈을 마련해서 어딘가에 투자했더라도 지속적인 저축을 통해 또 다른 투자금을 계속 만들어 가야 하네. 이렇게 목돈을 모으는 과정과 투자, 그리고 다시 목돈을 모으고 투자하는 과정을 부자가 될 때까지 계속 반복해야 하네. 여기서 자네에게 묻겠네. 이 과정에서 가장 중요한 점이 무엇일 것 같은가?"

정신없이 설명을 듣던 나는 갑작스런 질문에 당황한 나머지 말문이 막히고 말았다.

"……"

"그렇게 강조했는데, 아직도 모르다니 실망이군."

"죄… 송합니다."

"목돈을 모아 투자하는 과정을 반복할 때, 가장 중요한 점은 투자할 때마다 항상 반복적인 소득이 될 수 있는 대상에 투자해야 한다는 것이네. 이러한 패턴을 포기하지 않고 계속해 나아간다면, 어느 순간에 부자가 되어 있는 자신을 발견하게 될 것이네. 그때가 되면 자신을 되돌아볼 수 있는 여유도 생기고, 주변을 챙기고 베풀 수 있는 물질적 여력도 갖추게 될 것이네. 어떤 면에서 보면, 부자가 되는 과정은 끝이 없는 전쟁과 같은 게임이지. 시작은 있지만 끝이 없는, 평생 관심을 두고 관리해야 하는 인생 전체의 쉬지 않는 게임이라네."

여기까지 말한 천만장자가 종이 위에 재테크 공식을 적으며 이렇게 말했다.

"결국 부자가 된다는 것은 이런 재테크 공식으로 정리할 수 있네."

$$재테크 = 투자\ 원금 \times 수익률 \times 기간$$

"내가 구체적으로 공식의 내용을 설명하지 않더라도, 이제는 자네가 이해할 수 있으리라 믿네. 사람들은 재테크라면, 대부분 수익률만 생각하지. 10배, 100배…. 그럴 수도 있겠지만, 나는 지금까지 그런 수익률을 본 적이 없네. 크고 허황된 수익률을 제시한다는 것은 대부분 '사기'라고 단언할 수 있네. 수익률이 낮더라도 투자 원금이 크거나, 투자 기간이 길면 큰돈을 벌 수 있지. 그래서 내가 지속적으로 투자 원금을 모으라고 강조했고, 빚이 아넌 자기 돈으로 투자해야 수익이 날 때까지 버틸 수 있다고 했네. 수익률을 높일 수 있는 직접적인 방법은 없네. 오직 꾸준한 공부, 그리고 투자 경험을 바탕으로 수익률이 높을 것으로 기대되는 투자처를 잘 고르는 방법밖에 없네. 수익률은 어찌 보면 '운'이나 '복'도 따라줘야 하지. 그러나 투자 원금을 늘리고, 수익이 날 때까지 버티는 힘은 오로지 자신의 의지와 노력에서 나온다네. 그러기 위해서 우리는 평생을 아껴 쓰고, 목돈을 모으고, 투자하고 결과를 기다려야 하네."

천만장자가 컵에 물을 따라 한 모금 마시고 교육을 마쳤다.

무언가 대단원의 막이 내려가는 느낌이 몰려왔다. 당장 부자가 되는 콕 짚어 주는 핵심은 없는 듯 느끼면서도, 전체적으로 부자가 될 수 있는 로드맵을 머릿속에 그릴 수 있을 것 같은 묘한 흥분감과 기대감이 교차하는 순간이었다. 마치 수능 시험에서 마지막 문제를 풀고 필기구를 책상 위에 내려놓으며 다시는 거들떠보고 싶지 않았던 수험생처럼, 나 역시 들고 있던 펜을 테이블에 내려놓았다.

그러고는 눈앞에 쌓여 있는 5억 원의 현금 다발로 시선을 옮겼다. 그 순간 내 가슴속에는 부자가 되고픈 뜨거운 열망이 솟아올랐고, 점차 내 몸을 휘감기 시작했다.

그런 나를 천만장자가 말없이 지켜보았다.

잠깐의 침묵이 흐른 후, 휴대폰을 켜 보니 오후 5시 30분이었다. 신부님과의 약속을 지키기 위해 천만장자에게 양해를 구하고 일어나야 할 시간이었다.

"자, 이렇게 하지. 자네는 신부님께 돌려드려야 할 물건이 있으니, 가서 신부님을 만나고 7시까지 돌아오게. 호텔 2층에 자리를 마련해 놓을 테니, 나와 함께 저녁 만찬을 들도록 하지. 장소는 프런트에 물어보면 안내해 줄 것이네. 괜찮겠는가?"

"네, 알겠습니다. 7시에 뵙겠습니다."

나는 신부님께 돌려드릴 골드바와 천만장자로부터 받은 수표 1천만 원을 챙겨 들고서 자리를 떴다. 그길로 곧장 신부님이 계시는 성당으로 향했고, 반갑게 맞아 주시는 신부님을 뵙고 돈과 함께 물건을 돌려드렸다.

너무나 갖고 싶었던 선물을 산타클로스 할아버지로부터 받아 든 순수한 어린아이처럼 신부님은 너무도 좋아하셨고, 나에게 감사의 말씀과 축복의 기도를 내려주셨다. 마치 영화의 한 장면처럼 해피엔딩 그 자체였다. 돌아오는 차 안에서 나도 모르게 한 마디가 튀어나왔다.

"하나님! 진심으로 감사합니다. 그리고 오늘, 당신도 재테크에 성공하셨습니다. 고맙습니다. 아멘!"

7장

드디어
돈을 벌다

마지막 만찬

신부님을 만나고 호텔에 돌아온 시간은 6시 45분이었다. 프런트에 들러 장소를 확인한 후, 2층에 예약된 식당으로 들어섰다. 이탈리아 요리 전문 레스토랑이었는데, 전망이 좋은 창가 쪽에 자리가 마련되어 있었다.

나는 이 시간이 천만장자와의 마지막 만남이고, 마지막 식사라는 느낌이 들었다. 그 순간, 예수 그리스도가 12명의 제자와 함께했던 장면을 그린 레오나르도 다 빈치의 '최후의 만찬'이 떠올랐다. 사람들이 레오나르도는 이름이고, 다 빈치는 성으로 잘못 알고 있는데, 원래 이름은 '레오나르도 디 세르 피에로 다 빈치(Leonardo di ser Piero da Vinci)'로 '빈치 출신의 피에로의 아들, 레오나르도'라는 의미다.

원래 그림은 성당 수도원의 식당 벽에 그린 벽화인데, 480년 동안 너무 심하게 훼손되어 1977년부터 22년 동안 복원 작업을 했다고 한다. 그러나 최초 원본과는 너무 다르게 복원되었다는 것이 전문가들의 일반적인 비평이다.

입구 쪽을 바라보고 있을 때, 천만장자가 지배인의 안내를 받으며 테이블로 다가왔다.

"오늘 저녁은 조금 색다르고 풍성하게 먹고 싶네."

천만장자가 동행한 지배인에게 부드럽게 말했다.

잠시 후, 지배인이 이탈리아 레드 와인을 가져와 품격 있게 설명하자, 천만장자가 고개를 끄덕였다. 그러자 지배인은 코르크 마개를 따서 천만장자와 나에게 정성스럽게 따라주었다. 천만장자가 잔을 들더니 건배를 제의했다.

"이틀 동안의 교육이 힘들었을 텐데, 최선을 다해줘 진심으로 고마웠네. 자네 말대로 진정한 자유인을 위하여 건배하세."

"진정한 자유인을 위하여…."

"진정한 자유인을 위하여…."

천만장자에게 감사하고도 고마운 마음을 담아 양손으로 잔을 들어 부딪혔다.

"쨍르랑~"

맑고 고운 소리와 함께 유리잔의 미세한 진동이 손끝으로 전해졌고, 와인은 혀의 잠자던 미각을 깨우는 세련되고 우아하면서도 깊은 맛이 우러났다.

입안으로 와인 향이 스며들고 있을 때, 갓 구워낸 따뜻하고 부드러운 빵이 브라짤레 버터와 함께 테이블에 놓였다.

"자네의 교육을 점수로 매긴다면, 100점 만점에 80점이라고 하겠네. 자네가 부족해서 80점이 아니라, 나머지 20점은 자네 스스로 채워야 하는 부분이기에 그렇다네."

"그 부분은 어떤 것입니까?"

"그것은 자네의 꿈에 관한 부분이라네."

"저의 꿈이 재테크의 나머지 20%를 차지할 만큼 중요합니까?"

"그렇다네. 본인의 꿈은 재테크 교육을 통해서는 학습할 수 없는 부분이기에, 자신만의 명확한 꿈이 더해져야지만 재테크의 마지막이 완성되어 진정한 부자가 된다네. 이렇게 설명해 보겠네. 사람들에게 돈을 버는 이유를 물어보면 '부자로 살기 위해서', '잘 먹고 잘 살기 위해서', '원 없이 돈을 써 보고 싶어서', '돈에 한이 맺혀서'라고들 하지. 그런데 이런 말들은 돈이 주는 혜택에만 초점이 맞춰져 있네. 그러나 진정으로 돈을 버는 목적은 누가 뭐라 해도 '행복해지기 위함'이라네. 다시 말해, 돈을 버는 목적이 중요한 것이 아니라 돈을 통해서 이룰 수 있는 결과가 더 중요하다는 말이네. '반드시 돈이 있어야 행복할 수 있는가?'라고 묻는다면, 나는 '꼭 그렇지만은 않다'라고 말하겠네."

"그렇지만은 않다는 말씀은?"

"돈이 있으면 행복을 추구하기가 더 쉽고, 덜 고생하며 다다를 수 있네. 자네가 부자가 되고 싶은 목적이 '진정한 자유인'이 되기 위함인 것처럼, 돈은 행복을 만들어 주는 도구만 제공하네. 다시 말하지만, 부자가 되기 위해 돈을 버는 것이 아니라 행복해지기 위해 돈을 버는 것이라네. 그 행복의 기준이 개인마다 다르듯, 돈의 양도 거기에 따라 달라진다네. 어떤 사람은 1천만 원에도 큰 행복을 얻을 수 있겠지만, 어떤 사람은 수백억 원에도 불행할 수 있는 것처럼…. 그런데 더 중요한 것은 행복을 어떻게 이룰 수 있느냐는 것이네. 달리 표현하면, '우리는 어느 순간에 행복해지느냐?' 하는 문제라네."

나는 궁금해서 이렇게 물었다.

"그럼, 우리가 행복을 느낄 수 있는 순간은 언제입니까?"

천만장자가 와인잔을 들어 한 모금 마시고는 말을 이었다.

"우리가 어느 순간에 행복해질 수 있느냐 하면, 어렸을 때 혹은 성장해 가면서 가졌던 우리의 소중한 꿈들을 하나하나 완성해 갈 때라고 생각하네. 그런 행복을 위해 돈이 필요한 것이라네."

천만장자의 돈에 관한 철학은 매우 간단했다. 돈을 버는 목적은 행복해지기 위함이고, 행복해지는 방법은 자신만의 꿈들을 이루어 가면서 행복해진다는 것이고, 이를 위해 우리는 돈을 벌어야 한다는 것이다. 그의 철학은 가슴이 뭉클해지면서도 막혔던 속이 시원하게 뻥 뚫리는 사이다 같은 느낌으로 다가왔다.

"그 꿈들을 이루어 행복해지고, 그 행복을 위해서 돈을 벌어야 하는 것이지. 그런데 가장 확실하게 행복해질 수 있는 간단하고도 강력한 방법은 바로 '자신이 하고 싶은 일을 하며 돈을 버는 것'이라네."

하고 싶은 일을 하면서 돈 벌기

물론 맞는 말이고, 지금까지 숱하게 들었던 이야기다. 그러나 대한민국 사회에서 몇이나 진정으로 자신이 하고 싶은 일을 하며 살 수 있단 말인가? 대부분은 하기 싫어도 어쩔 수 없이, 먹고 살기 위해, 가족을 위해, 다른 대안이 없어 매일 일터로 나가는 것 아니겠는가?

너무도 답답한 마음에 천만장자를 뽀로통한 얼굴로 쳐다보자, 내가 무엇을 말하려는지 알겠다는 표정으로 천만장자가 이렇게 말했다.

"자네가 무슨 말을 하고 싶어 하는지 잘 알고 있네. '그렇게 살고 싶지 않은 사람이 이 세상에 어디 있느냐고?' 하지만 진정으로 자신이 하고 싶은 일을 할 때, 우리는 엄청난 경쟁력을 갖게 되고 부자 되는 속도도 빨라진다네. 자신에게 맞는 일, 자신이 하고 싶은 일을 할 때 진정으로 '창조성'이 발현되고, 이것이 누적되어 경륜과 지혜를 쌓아 가면서 자연스럽게 행복해지고 부자가 될 것이네."

나는 여기에서 강력하게 반발했다.

"그 말씀은 정말 옳습니다. 그러나 현실적으로 제 주변을 보면 진정으로 자신이 하고 싶은 일을 하면서 행복해하지만, 부자가 되지 못한 사람들이 너무 많습니다. 예를 들어 유치원 선생님은 아이들을 너무도 사랑하고, 아이들과 함께 즐겁고 행복하게 일합니다. 하지만 사회적으로 부자는 아닙니다. 무형문화재를 전수하시는 그런 분들 역시 정말로 조국과 민족을 위해 계승해야 할 우리의 문화를 발전시키고, 자신이 정말로 하고 싶은 일을 하십니다. 하지만 그분들 역시 현실적으로 부자가 아닙니다. 그런 분들은 말씀하신 꿈을 이루기 위해서 진정으로 하고 싶은 일을 하면서 행복해하는데, 왜 부자가 되지 못하는 겁니까? 말씀대로라면, 그분들은 엄청난 부자가 되어야 하는데요."

천만장자가 고개를 끄덕이며 동의했지만, 목소리를 조금 높여 말을 이어갔다.

"바로 그 부분이라네. 그런 사람들이 자기 꿈을 실현하며 행복하게 살아가면서도 부자가 되지 못하는 이유는, 내가 설명했던 '돈 버는 시스템'의 본질을 이해하고 실천하지 않았기 때문이라네. 그들은 오직 자신의 꿈만을 위해 열심히 노력해 자기 일에서 두각을 나타냈지만, 돈 버는 시스템에 관심을 두지 않아 부자가 되지 못한 것이지. 반대로 설명해도 마찬가지라네. 어떤 사람들은 오로지 부자가 되기 위해 재테크에 엄청난 노력과 시간을 투자했음에도 불구하고 부자가 되지 못한 이유 역시, 자신의 꿈을 이루기 위해 가장 하고 싶은 일을 병행하지 않았기 때문이라네. 한쪽으로만 치우친 노력으로는 부자의 길에 들어설 수 없네."

갑자기 모든 것이 명확해졌다. 가장 하고 싶은 일을 하면서 돈 버는 시스템을 병행할 때, 가장 안전하고 확실하게 부자의 길로 들어선다는 것이다. 나는 '왜, 하고 싶은 일을 해야 하는지', '왜,

돈 버는 시스템을 배워야 하는지', 그리고 지난 이틀간의 교육이 무엇을 의미했는지를 이제야 완전하게 이해할 수 있었다.

천만장자가 잠시 뜸을 들이더니, 이렇게 말했다.

"그래서 지금부터 자신에게 가장 맞는 일, 가장 하고 싶은 일, 그리고 가장 경쟁력 있는 일을 찾아내는 방법에 대해 말해 줄 테니, 식사하면서 듣도록 하게."

천만장자의 말에 너무 집중하다 보니, 내 앞에 최고급 스테이크가 놓여 있는지도 몰랐다. 모처럼 포크와 나이프를 들고 식사를 하는 게 조금 불편했지만, 한 점 썰어 먹은 고기의 맛은 일품이었다. 나는 스테이크를 썰면서도 천만장자의 말에 집중했다.

"아주 간단한 두 가지 기준을 알려 주겠네. 이 기준에 부합한다면 그것이 바로 자네가 원하고, 가장 잘 맞는 일이라네. 먼저, 첫 번째 기준은 로또라네."

"예? 로또라고요? 로또에 당첨되면 파산하거나, 사기를 당하거나, 살해당하거나, 자살하거나, 행방불명이 되면서 인생이 망가진다고 하지 않으셨습니까? 또, 로또는 일회적 소득이기에 결코 부자로 만들어 주지 못한다고도 말씀하셨는데요."

천만장자가 소리 내어 크게 웃고는 말을 이었다.

"로또를 사라는 말이 아니네. 예를 들어, 자네가 로또 1등에 당첨되어 70억을 받았다고 가정해 보세. 그 돈으로 하고 싶은 것을 모두 해볼 수 있겠지. 해외 여행, 비싼 외제 차에 명품, 전망 좋은 주택, 아름다운 여인, 그리고 가난한 사람들을 위한 기부까지…. 그러고도 20억 정도 남았다고 해보세. 이제는 돈 쓰는 것도 지겹고, 돈으로 더 이상 재미도 느끼지 못할 때쯤, 무언가 마음속에서 끓어오르는 관심과 일이 있을 것이네. 돈으로는 이미 다 누려 봤지만, 그래도 무언가를 진정으로 해보고 싶은 일, 그러한 관심이 바로 자네에게 맞는 일이라네."

돈으로 하고 싶은 것을 다 하고도 돈이 남았을 때 진정으로 하고 싶은 일이라면, 그것이 무엇일까? 한 번도 고민해 보지 않았었다. 어렴풋이 무슨 일을 해보고 싶다고는 생각해 봤지만, 막상 그런 상황을 떠올리니 쉽게 답이 떠오르지 않았다.

천만장자가 다시 말을 이었다.

"두 번째 방법은 조금 다른 것이라네. 자네가 새벽 2시에 전화를 받았다고 가정해 보겠네. 그때 자네 입에서 '이 늦은 밤에 저를 기억해 주시고, 저에게 전화해 주셔서 감사합니다.'라고 말할 수 있는 일, 그런 대답을 할 수 있는 일이 자네가 진정으로 하고 싶은 일이라네."

새벽 2시에 전화를 받았을 때, '전화 주셔서 감사합니다'라고 대답할 수 있는 일이라? 분명히 회사 일은 아닐 것이다.

"예를 들어, 누군가가 어떤 변호사에게 새벽 2시에 전화를 걸어 50억 원짜리 소송을 의뢰하면서 성공 보수로 20%인 10억 원을 제시한다면, 그 변호사는 고맙다고 말하지 않겠는가?"

"당연한 말씀입니다."

"이런 두 가지 기준을 동시에 만족할 수 있는 일이라면, 진정으로 자신에게 맞는 일이네. 자네에게는 어떤 일이 이 두 가지를 만족시킬 수 있다고 생각하나?"

나는 바로 대답하지 못하고, 잠깐 생각에 빠졌다가 이렇게 말했다.

"솔직히… 아직 발견하지 못했습니다."

"사람들 대부분이 자신에게 맞는 일을 발견하는 데는 30년 이상이 걸린다네. 물론, 천재들처럼 태어날 때부터 혹은 어린 시절에 운명적으로 능력이 드러나는 일도 있지. 하지만, 일반적으로는 여러 번 시행착오를 거치면서 서서히 발견해 간다네. 그래서 같은 조직이나 특정한 지역에만 오래 머문 사람들에게는 늘 반복된 환경에 노출되어 자신만의 일을 발견할 가능성이 매우 낮아지네. 그러니까 부지런히 돌아다녀야 하네. 자신이 속한 조직을 떠나 보거나, 삶의 터전을 바꿔 가면서 다양한 환경 속으로 들어가 많은 사람을 만나 봐야 하네. 세계적으로 성공한 사람들은 다양한 직업을 통해서 경험을 쌓은 끝에, 결국은 자신에게 맞는 일을 찾아 성공했다네. 그래서 우리 속담에도 '젊어서 하는 고생은 돈으로 사서도 한다'라고 하지 않았던가! 고생해야 무언가를 얻을 수 있다는 교훈도 있겠지만, 이런저런 경험을 직접 해보면서 자신만의 일을 찾으라는 메시지도 들어 있다고 보네. 이제는 한곳에 오래 머물러서 경쟁력이 생기는 시대가 아니라, 이곳저곳에서 다양한 경험을 쌓아야만 경쟁력을 갖출 수 있는 시대라네. 그러니 자신만의 일을 찾을 때까지 계속 움직이고 돌아다니며 다양한 도전을 해보기 바라네."

나는 천만장자의 말에 집중하다가 문득, 식사 중이라는 걸 깨닫고는 시선을 테이블로 내렸다. 그런데 이게 웬일인가. 나는 분명 스테이크를 어떻게 먹었는지 기억이 없는데, 테이블은 어느새 말끔히 치워졌고 향긋한 커피와 후식이 놓여 있었다.

천만장자가 커피잔을 들어 한 모금 마시고 말을 이었다.

"자네가 여유를 가지고 주위를 둘러보면, 진정으로 자신이 하고 싶은 일을 하면서 사는 사람들도 얼마든지 있다는 걸 알게 될 것이네. 이 세상에는 나와 같은 생각, 나와 같은 꿈을 품고 사는 사람들보다, 나와 다른 생각, 나와 다른 꿈을 품고 사는 사람들이 더 많다는 사실을 받아들여야 하네. 이 세상 모두에게는 각자의 길이 있네. 그러니 자네도 남들과 비교하지 말고 자신만의 방법으로 자신의 길을 찾아내고, 자신의 꿈을 실현하면서 행복한 삶을 살아야 하네."

지금까지 줄곧 돈의 철학을 이야기했던 천만장자는 어느덧 돈의 철학을 지나서 삶의 철학에 대해 말하고 있었다.

"꿈에 관한 부분이 나의 마지막 교육이네. 이틀 동안 나에게서 배운 돈 버는 시스템에 본인이 하고 싶은 일을 접목할 때, 자네가 바라는 부자의 길에 한 걸음 더 빨리 들어서게 될 것이네."

"제가… 해낼 수 있을까요?"

"당연하네. 자네에게는 그럴 능력과 자질이 있다고 믿네. 그런 믿음과 자네의 노력이 있었기 때문에, 내 교육을 무사히 마칠 수 있었던 것이네. 지금부터는 자네가 배운 지식과 마인드, 기법들을 삶에서 직접 실천해 나가는 일만 남았네. 지금, 이 순간부터 부자가 되는 그날까지 부단히 노력하길 바라네. 자네의 미래를 위해 건투를 비네."

이제 모든 교육이 끝났다. 천만장자와 함께한 최후의 만찬을 끝으로 부자가 될 수 있는 모든 방법을 전수 받은 것이다. 천만장자로부터 많은 말씀을 들었고, 지금까지의 내 생각을 바꾸게 되었고, 아주 특별한 실습을 했다. 내 인생에서 이보다 더 값진 교육은 없었다.

그런데도 나는 앞에 있는 천만장자의 이름도 모르고, 사는 곳도 모르고, 언제 다시 만날 수 있는지도 모른다.

그래서 이렇게 물었다.

"제 인생에서 이틀 동안의 뜻깊은 시간을 결코 잊을 수 없습니다. 이제는 저도 많이 바뀌었다고 생각합니다. 막연히 부자가 되기만을 기대했던 열망에서 벗어나 구체적이고도 실천 가능한 이론과 지식을 습득했습니다. 그런데 초면인 저에게 평생 잊지 못할 기회를 주셨는데, 저는 어르신의 성함조차도 알지 못합니다. 어르신을 다시 뵐 기회가 있을지요?"

천만장자가 얼굴 가득 미소를 지으며 말했다.

"우리, 로비로 내려가면서 이야기할까?"

자리에서 일어나 천만장자를 따라 출입문 쪽으로 향하자, 지배인이 뒤따라왔다. 천만장자가 뒤따르는 지배인에게 말했다.

"내 손님이 떠날 시간이네. 현관에 손님 차를 준비해 주게나."

그러고는 나와 함께 계단을 내려가며 천만장자가 말했다.

"젊었을 때, 나 역시 가난했기에 부자가 되고 싶었다네. 그래서 가난하게 사는 사람과 부자로 사는 사람의 차이가 뭔지 늘 궁금했다네. 그런 중에 한 번은 고물상에 들러 장사에 필요한 물건을 뒤지다, 우연히 노트 한 권을 발견했네. 그 노트의 주인이 자신이 부자가 되어 가는 과정을 기록해 놓았더군. 집에 가져와 그 노트를 읽으면서 조금씩 깨우치고 이해하고 실천했네. 시대가 바뀌어도 그 노트에 기록된 내용은 지금도 정확히 적용되고 있다네. 그런데 그 마지막 장에 이런 글이 있더군. '이 글을 읽고 부자가 되면 또 다른 사람에게 이 내용을 전달해 달라'고, 마치 내리사랑으로 전수하라는 운명 같은 부탁이랄까? 그래서 나도 그 내용을 바탕으로 내 경험을 더해 가능성이 있는 사람들을 찾아 전수하고 있네. 자네 역시 그 대상 중의 한 사람이었고…."

"저도 그 노트를 볼 수 있을까요?"

"내가 적당한 시기에 자네에게 전달되도록 하겠네. 그러나 아직은 너무 이르다고 생각하네. 나에게서 배운 이론과 실천이 어느 정도 입증될 때까지는 전달되지 않을 것이네. 전달 방법은 걱정하지 않아도 되네. 다 뜻이 있으면 길이 있듯이…."

천만장자가 알 듯 말 듯한 묘한 여운을 남겼고, 어느덧 호텔 로비에 다다랐다. 드디어 헤어질 시간이 온 것이다.

천만장자가 조용히 입을 열었다.

"이제는 떠나야 할 시간이군. 나는 내일 아침에 유럽으로 출발하네. 우크라이나가 전쟁에서 승리했고, 푸틴이 제거된 유럽에서 전후 재건 사업이 진행되고 있지. 나는 그곳에서도 자네처럼 부자가 되기 위해 노력하는 또 다른 타국의 젊은이들을 찾아내 돈 버는 시스템을 전수할 계획이라네. 내가 언제 다시 한국으로 돌아올지 알 수 없지만, 다시 만나길 기대하네. 자네와 함께했던 이틀 동안의 여정은 진정으로 뜻깊었네. 자네의 꿈을 찾아 꼭 부자가 되길 바라네."

천만장자가 악수를 청했다. 처음으로 천만장자의 따뜻한 손을 마주 잡아 두 손으로 악수하며 천만장자를 쳐다보았다. 갑자기 영원히 만나지 못할 것 같은 마음에 왠지 눈물이 날 것 같았다. 나도 모르게 손을 놓고 천만장자를 덥석 안았다. 마치 어린아이가 할아버지 품에 안겨 사랑을 확인하듯….

천만장자가 의외인 듯 멈칫했지만, 두 손으로 내 등을 토닥여 주었다. 천만장자와 포옹을 풀고 마지막 인사를 했다.

"진심으로 감사합니다. 가르쳐 주신 것들을 꼭 실천하여 부자가 되겠습니다."

천만장자의 얼굴도 약간 상기되어 있었다.

"잘 가게. 젊은이!"

그는 오른손을 들어 흔든 뒤, 돌아서서 지배인의 안내를 받으며 엘리베이터로 향했다. 천만장자의 뒷모습을 보면서 가슴이 찡했지만, 그의 따뜻한 체온이 온몸으로 퍼지면서 나도 모르게 힘이 솟는 걸 느낄 수 있었다.

"손님, 차 준비되었습니다."

옆에 있던 현관 도어맨의 목소리가 상념에 잠긴 나를 깨웠다.

다시 일상 속으로

호텔을 나와 집으로 향하는 동안 '인생을 살면서 정말 이런 일도 있구나!' 하는 생각에, 꿈속에 있는 것만 같았다. 영화 관람이 끝난 뒤 멍한 정신과 자연스럽지 못한 걸음걸이로 걷듯, 운전하면서도 붕 뜬 느낌이었다.

문을 열고 집에 들어서니, 예의 불 꺼진 방이 나를 맞이했다. 아침에 어질러 놓고 나온 혼란함이 그대로 나를 받아들이는 느낌이 너무 애처로워 빨리 짝을 찾아 결혼해야겠다고 여러 번 생각했었다. 하지만, 오늘 밤 나를 맞이하는 집은 왠지 희망의 미래로 한 발짝 다가설 수 있는 그런 보금자리처럼 느껴졌다.

샤워를 하고 나와 집안 정리를 대충 끝낸 뒤, 모처럼 책상에 앉아 천만장자의 교육 내용이 적힌 메모지를 하나씩 다시 읽어보았다. 그 중에서도 이태백이 했던 말이 특히, 눈에 띄었다.

'신기한 말은 하는 것이 귀함이 아니라 실행함이 귀함이다!'

이 글귀가 너무도 가슴에 와 닿았다. 내가 이틀 동안 배운 내용도 중요하지만, 배운 내용을 실천하는 것이 더 중요하고, 그러한 실천이 반복될 때에만 부자가 되는 것이리라.

이틀간의 집중적인 교육과 실습 탓인지, 갑자기 피로가 몰려왔다. 책상에서 일어나 침대에 덩그러니 누웠는데, 세화의 얼굴이 떠올랐다. 피곤해도 메시지는 보내고 자야겠다는 생각에 휴대폰을 집어 들고 카톡을 열었다.

> 이세화 님, 감사!
> 덕분에 이틀간의 교육 잘 받았습니다.
> 지금부터 제가 부자 되는 과정을 지켜봐 주세요.
> 실망하지 않으실 거예요.
> 선우민철. 퐈팅!

이렇게 보냈다. 내일은 연휴라 출근에 대한 부담이 없어 그간 쌓인 긴장이 풀리며 이내 깊은 잠에 빠져들었다.

휴일임에도 불구하고 정확히 6시 반에 눈을 떴다. 시계보다 더 정확히 작동되는 내 바이오리듬을 무시하고 잠을 더 청하고 싶었지만, 오늘부터는 바뀌어야 한다는 생각이 내 몸을 깨웠다. 침대에서 일어나 부스스한 모습으로 아파트 현관문을 열고는 고양이 자세로 넙죽 몸을 낮추어 신문을 집어 들었다.

요즘은 종이 신문을 받아보는 집이 거의 없지만, 초등학교 때부터 봐 온 아침 신문 읽기 습관이라 아직까지도 구독하고 있다. 그리고 신문 특유의 잉크 냄새와 한 장씩 넘길 때의 감촉이 너무 좋아, 신문 구독은 쉽게 끊지 못할 것이다. 냉장고를 열어 차디찬 오렌지 주스 한 모금을 마신 뒤, 신문을 들고 화장실로 들어갔다.

신문을 펴자마자 천만장자의 교육 효과가 바로 나타나기 시작했다. 신문 내용 중 크게 세 가지에 집중하라고 했다. 첫 번째가 정부의 정책이고, 두 번째가 시장의 반응, 그리고 세 번째가 광고성 기사이다. 이러한 기준으로 살펴보니, 신문 보는 방식이 이전과는 확연히 달라졌다.

우선 정치인의 동향과 정당 내용은 건너뛰었고, 정부 정책으로 눈이 갔다. 핵심 요지는 코로나 이후의 서민경제 회복을 위해 경기 활성화에 주안점을 두고 있는 내용이었다. 이 말은 정부는 경기 회복 쪽에 계속 판돈을 대겠다는 뜻이다.

다음으로 시장의 반응은 상승한 금리로 자금 압박을 받는 건설시장의 고충과 역전세로 어려움을 겪는 집주인과 세입자 간의 갈등을 전하고 있었다. 이어서 MZ세대들이 자동차를 사지 않아 향후 일본처럼 자동차 내수 시장이 쪼그라드는 암울한 자동차 산업의 미래를 전망하고 있었다. 마지막으로 각종 광고성 기사를 살펴보았는데, 그리 쉽게 구별되지는 않았다. 이 부분은 조금 더 노력이 필요해 보였다.

내가 지금까지 신문을 읽었던 방식은 화장실에서 대충 큰 타이틀만 읽고, 출근하는 지하철에서 신문 앱을 열어 관심 기사의 내용만 자세히 읽는 편이었다. 그런데 이제부터는 방식을 바꿔야 한다. 천만장자의 말대로 퇴근 후에 다시 아침 신문을 읽으면서 필요한 부분을 분석하고, 중요한 기사는 스크랩하는 방식으로 말이다.

문득 언젠가 읽었던 신문 기사가 떠올랐다. 고등학교를 졸업하고 아이 둘을 키우는 평범한 주부가 부동산으로 50억 원을 벌었는데, 부자 되는 과정 중에 가장 크게 영향을 미쳤던 것을 다룬 기사였다. 그 주부는 10년 동안 하루도 빼놓지 않고 부동산 관련 기사를 전부 읽었고, 관심 부분을 꾸준히 스크랩했다는 내용이었다. 그 주부는 주변에 부동산 전문가도 없었고, 핵심 정보를 건네줄 사람도 없었지만 신문에서 모든 정보를 얻어 부자가 되었다고 했다.

화장실 문을 열어 신문을 바닥에 던져 놓고 샤워를 마쳤다. 젖은 머리를 말리고 나와, 다시 신문을 들고 책상에 앉아 필요한 기사를 가위로 잘라냈다.

다시 천만장자로부터 교육을 받을 때 메모해 두었던 종이를 모두 꺼낸 후, 오늘부터 부자가 되기 위해서 꼭 실천해야 할 재테크 5단계를 정리하기 시작했다.

> 1. 비상금 만들기
> 2. 카드를 없애고 현금만으로 생활하기
> 3. 지출 예산 세우기
> 4. 부채 리스트를 만들어 빚을 갚은 후, 연봉 모으기
> 5. 투자하고 기다리기

막상 해야 할 일을 정리해 놓고 보니, 부자가 되려면 반드시 실천해야 할 목록이었다. 그렇지만 목록 중에서 어느 것 하나 만만해 보이지 않았다. 꼭 이렇게 해야만 부자가 되는지 의심도 들었

지만, 적어도 나에게는 반드시 실천해야 할 일들이었다.

　다시 한 번 목록을 뚫어져라 쳐다보았다. 이 다섯 가지 방법을 죽어라 실천한다고 해도 부자가 되지 못할 수도 있다. 하지만 최소한 이런 방법을 지금부터라도 실천해 간다면, 적어도 가난에 허덕이지는 않을 것이라는 확신이 들었다. 더불어 천만장자로부터 값진 교육을 받고도 실천하지 않는다면, 그분에 대한 예의가 아니라는 마음이 들어 당장 실천하기로 결심했다.

　'그래, 이를 악물고 도전해 보는 거야!'

첫 번째 플랜 : 비상금 만들기

천만장자가 한 가구당 현금으로 1천만 원을 모으라고 했다. 당장 내 계좌에 1천만 원은 없지만, 혼자 사는 총각이라, 내 한 몸만 잘 관리하고 아껴 쓰면 불가능하지는 않을 것이다. 그러나 일반적인 가정에서는 쉽지 않은 일일 수 있고, 시간도 오래 걸릴 것이다. 하지만, 부자가 되려면 반드시 실천해야 할 재테크 플랜의 첫 단계이니만큼 고민할 필요가 없었다.

내 경우는 다행히 이달 말 회사에서 나오는 인센티브를 비상금으로 돌리면, 어느 정도는 만들 수 있을 것 같았다. 사실 그 인센티브는 전기차 구입 계약금으로 사용할 계획이었다. 그렇지만 차는 깨끗이 포기했고, 부족한 금액은 주식을 정리해서 보충하기로 했다.

더불어 천만장자가 조언한 대로 비상금을 집에 보관하면 보나 마나 생활비로 없어질 것이기에, 집에서 가장 먼 은행을 골라 계좌를 만들기로 했다. 은행에 계좌를 개설할 때, 카드까지 만들면 내 성격상 수시로 뽑아 쓸 수 있기에 체크카드도 만들지 않기로 했다.

이렇게 하면 비상금 1천만 원이 이번 달 말에 만들어지는 것이고, 재테크 플랜의 첫 번째 단계는 이루어진다.

두 번째 플랜 : 현금만으로 생활하기

첫번째 단계인 비상금 모으기는 어떻게 가능했지만, 신용카드를 잘라 버리는 일은 결코 쉬워 보이지 않았다. 내가 신용카드를 처음 발급받은 때가 대학 신입생 시절이었으니, 거의 18년을 사용해 오고 있는 셈이었다. 천만장자의 말대로 나는 18년 동안 신용카드 회사에 반복적 소득을 제공한 것이고, 매달 반복적 소득이 들어온 신용카드 회사는 부자 회사가 된 것이다.

지갑을 열 때마다 빼꼼히 얼굴을 내보이며 찬란히 빛을 발하던 신용카드는 현금이 없어도 나를 든든히 지켜 주었다. 막상 신용카드와 이별하려고 하니, 정든 애인과 헤어지는 듯한 느낌이 들었다. 급할 때는 현금 서비스로, 목돈 결제가 어려울 때면 무이자 할부와 리볼빙 결제로 나의 소비 활동을 유지해 주었던 버팀목이었는데…. 열심히 사용한 덕에 포인트도 꽤 쌓였고, 항공사 마일리지도 늘어났고, 생일이라고 할인 쿠폰, 공항 라운지 이용, 놀이공원 무료 입장도 가능했었는데…. 이제는 영원히 이별을 고해야 할 때였다.

'굿바이, 사요나라, 짜이찌엔, 다스비다냐….'

지갑에 들어 있던 신용카드와 발급만 받고 사용하지 않았던 서랍 속의 신용카드를 꺼내어 책상 위에 올려놓았다. 모두 8장! 월급 통장과 연결된 체크카드를 빼고, 나머지 7장의 카드를 가위로 잘라서 쓰레기통에 쓸어 넣었다. 신용카드가 없으면 곤란하지 않을까 하는 불안감도 들었지만, 이런 결단 없이는 부자가 될 수 없다는 절박한 마음으로 과감히 잘라 버렸다.

 이렇게 두 번째 단계를 실천했다. 처음에는 엄두가 나지 않았지만, 마음을 굳히니 순식간에 여기까지 왔다.

세 번째 플랜 : 지출 예산 세우기

재테크 플랜의 세 번째 단계는 매달 나가는 지출 예산을 짜는 것이었다. 회사 일로는 날밤을 새워 가며 연간 예산을 짜고, 매달 지출과 손익을 결산하여 보고서를 작성해 왔다. 하지만, 개인 지출 예산은 그 필요성을 인정하면서도 지금까지 한 번도 실행에 옮기지 못했었다.

그런데 막상 예산을 세우려니, 무엇부터 어떻게 시작해야 할지 난감했다. 대충 매달 어느 정도 쓰는지는 알고 있었지만, 지금까지 한 달에 정확히 얼마나 지출했는지는 제대로 정리를 해본 적이 없었다.

현재의 지출 내역을 정확히 알아야 얼마의 금액으로 지출 예산을 세울지를 가늠할 수 있기에, 확인 방법은 하나뿐이었다. 통장을 뒤져 지난 1년간의 월간 지출을 정리해 보는 수밖에 없었다. PC를 켜고 인터넷뱅킹에 접속해 지난 1년간의 거래 내용을 다운받았다. 엑셀을 열어 월별, 계정별 사용 내용을 일일이 구분해 숫자를 정리하고, 마지막으로 합계를 내어 총액을 맞춘 다음, 처음부터 항목별로 훑어보았다.

'내가 미쳤지….'

입금은 '월급'과 '인센티브', '연말정산 환급' 단 세 가지 항목뿐이었다. 그런데 지출 항목은 적금과 대출이자, 보험료, 동호회 회비, 아파트 관리비, 경조사비, 그리고 신용카드 결제와 현금 인출 등 다양한 항목이 줄을 이었다. 적금을 제외하고, 집을 구할 때 은행에서 대출받았던 전세자금 이자와 그 외 대출이자를 포함하여 매달 들어오는 수입의 70% 이상을 쓰고 있었다.

'내가 이렇게 돈을 많이 쓰고 있었나?'

나 스스로는 한 번도 과소비를 한다고 생각해 보지 않았다. 그런데 지난 1년간의 비용을 정리해 보니, 참으로 한심스러웠다. 필요할 때마다 지출한 몇 만 원, 몇 십만 원의 합계를 내어 보니, 상당한 지출로 이어지고 있었다. 이런 추세가 올해 연말까지 이어진다면, 자동으로 인출되는 적금 이외에는 돈을 모을 수 없는 지출 구조였다.

지출을 통제하기 위해 예산을 세워야 하는 이유를 이제야 온몸으로 깨달았다. 이렇게 돈을 관리해서는 부자는커녕 만년 적자 인생이었다. 지금까지는 회사에서 월급을 받고 있지만, 덜커덕 구조조정으로 밀려나기라도 한다면 그 즉시 파산이라는 상황에 직면하게 된다.

갑자기 두려워지기 시작했다. 결혼도 해야 하고, 아이를 낳으면 분유와 기저귀 구입비, 교육비에 집도 장만해야 하고, 노후 준비도 해야 하는데…. 생각할수록 숨이 꽉 막혔고, 이렇게 살아온 내가 한심하기까지 했다.

후회해 봐야 무슨 소용이 있겠는가. 이제라도 깨달았으니, 오히려 기회로 여기기로 했다. 지금부터라도 마음을 다잡아 새롭게 출발해야 한다. 이미 써 버린 돈을 생각하며 자책하고 눈물을 흘려 본들, 그 돈이 다시 생길 리도 없다. 이 모두가 내가 잘못 살아온 탓이기에, 더 늦기 전에 바로잡아야 한다.

방법은 한 가지뿐이다. 당장 수입을 늘릴 수 없기에 지출을 줄여야만 한다. 개인 용돈을 줄이고, 줄인 금액으로 은행 빚과 카드 빚을 빨리 정리해야 한다. 가장 단순한 것이 때로는 가장 강력한 수단이 될 수 있다는 말처럼, 가장 심플하게 전체 소득 중에서 30%만 생활비로, 나머지 70%는 부채 상환에 쓰기로 결심했다.

그렇지만 지금까지는 그 구성 비율이 거꾸로 되어 있는데, 하루아침에 가능할까? 내 계획에 대한 의심이 조금씩 싹트기 시작했다. 돈이 없던 학생 시절로 돌아가는 것 같은 느낌에 마음이 무거워졌다. 술 모임도 참석하지 말아야 하고, 1년에 한두 번씩 가던 일본 여행도, 갖고 싶었던 애플 최신형 노트북과 헤드폰, 가성비 짱의 알리익스프레스도 포기해야 한다. 그러나 이것은 부자가 되기 위한 어쩔 수 없는 과정이고, 부자의 길에 들어서기 위해서 반드시 거쳐야 할 단계라 믿어 의심치 않고 실천하기로 했다.

'그래 작심삼일이어도 좋아. 일단 미친 척하고 해보는 거야! 지금 이렇게 해야만 부자가 될 수 있는 거야. 한번 도전해 보자고!'

내면에서 나를 재촉하고 격려하고 응원하는 목소리가 들려왔다.

프린터에서 A4 용지를 한 장 꺼낸 후, 빨간색으로 크게 '30%'라고 썼다. 그러고는 책상 옆 벽에 붙여 놓았다. 죽더라도 소득에서 30% 범위에서만 쓰겠다는 계획을 세우니, 벌써 3단계까지 이르렀다. 처음에는 1단계도 불가능해 보였지만, 3시간 만에 3단계까지 마무리한 셈이다.

네 번째 플랜 : 빚 갚고 연봉 모으기

이제 네 번째 단계는 부채 리스트를 작성하여 부채를 청산하고, 연봉만큼의 돈 모으기 계획을 세워야 한다. 현실적으로 이것은 시간이 걸릴 수밖에 없을 것이다. 그러나 내가 지금 중단하지 않고 계획을 세워야 하는 이유는 그 시간이라도 최대한 빨리 줄이는 방법을 찾아야 하기 때문이었다. 이렇게 3단계까지 마무리하자, 조금씩 자신감이 생기기 시작했다.

같은 방법으로 부채의 규모를 파악하기 위해 인터넷의 각 신용카드 회사에 접속해서 남아 있는 카드 부채를 확인했다. 그리고 전세금 대출을 포함해 은행에서 대출 받은 금액을 합산하니, 내 연봉의 70%에 해당하는 금액이었다.

신용카드를 쓸 때 할부금으로 돌려 놓은 금액이 대부분이었는데, 매달 나가는 결제 금액에 은행 대출금까지 합산하니 만만치 않은 액수였다. 그러나 이론적으로는 연간 소득에서 30%를 최소 생활비로 사용하고 나머지 70%를 빚 갚는 데 사용한다면, 앞으로 1년 이내에 빚을 정리할 수 있겠다는 작은 희망이 생겼다.

다시 A4 용지를 한 장 더 꺼내어 부채 리스트를 만들었다. 금액이 적은 순서에서 큰 순서로 위에서부터 밑으로 적어 내려갔다. 전세금 대출 부채를 포함하여 신용카드 부채 4건과 은행 부채 1건, 모두 다섯 개 항목이었다. 이제 책상 옆 벽에는 두 장의 목표가 붙은 것이다. 소득의 '30%'로만 생활하기, 그리고 갚아야 할 부채 리스트.

앞으로 1년 동안 소득의 70%를 쏟아 부으면, 적어도 1년 후에는 전세자금 대출을 제외한 나머지 빚에서 해방될 수 있을 것이다. 그리고 천만장자의 말대로 '제2의 생일'을 맞이하게 된다. 앞으로 1년만 고생하면 부자가 되기 위한 5단계 중에서 적어도 4단계는 마무리할 수 있는 것이다. 여기까지 정리하고 나자, 정말로 해낼 수 있을 것 같은 자신감과 희망이 내면에 차오르기 시작했다.

내친김에 재테크 관련 책을 읽고 공부하고 싶어졌다. 차가 없는 휴일이라 차를 가지고 대형 서점에 들를까 마음먹었지만, 지금부터라도 돈을 절약하기 위해 지하철을 탔다.

서점에 들러 재테크 코너에 가보니, 무슨 책들이 그렇게나 많은지 고를 엄두가 나지 않았다. 그래도 일단 재테크에 관련된 베스트셀러부터 살펴봐야 한다는 생각에 열심히 책을 뒤졌다.

우선 부동산 관련 책들은 그 내용과 용어에 아직 친숙하지 않은데다 투자할 목돈도 없기에 다음 기회로 미루고, 일단 목돈을 모으는 방법에 관한 책들을 중심으로 훑어보았다. 이왕이면 목돈을 잘 모으는 방법에 대해서는 남자보다는 살림하는 주부나 독신 여성들이 쓴 책이 현실적이라 판단하여 저자가 평범한 여성인 책을 찾아보았다.

의외로 주부들과 여성들이 집필한 재테크 서적들이 여러 권 눈에 띄었다. 그 중에는 비혼의 몸으로 통장을 10개나 보유하며 재테크에 성공한 아가씨도 있었고, 남편의 월급만으로 돈을 모아 대한민국에서 누구나 부러워하는 강남 청담동에 입주한 사례도 있었다. 그 중에서 금융의 날(10월 마지막 화요일)에 상을 받은 주부의 재테크 일기를 출간한 책이 마음에 들어 한 권 샀다. 무언가 남달랐기에 상까지 받았을 것이고, 나에게도 자극과 격려가 될 것 같았다. 특히 구체적인 실천 방법들을 소개하고 있어서 좋았다. 다시 지하철을 타고 돌아오면서 책을 펼쳤는데, 이런 문장이 눈에 띄었다.

사람들에게 저축하지 못하는 이유를 물어보면, 다들 돈이 없기 때문이라고 합니다. 그런데 정말 돈 한 푼 없어서 저축을 하지 못할까요? 대부분 적은 돈이든, 많은 돈이든 분명 소득이 있고, 돈을 벌고 있습니다. 그런데 왜 저축을 못할까요?

모든 소비는 반드시 소득 수준 만큼 상승합니다. 연봉 3천만 원 받는 사람이 갑자기 5천만 원의 연봉을 받게 되면, 2천만 원의 추가 소득을 저축할 수 있을까요? 못합니다. 왜냐하면 5천만 원 소득에 맞추어 소비가 늘어나기 때문입니다. 그럼, 다시 연봉이 1억 원으로 늘어나면 저축할 수 있을까요? 역시 못합니다. 1억 원에 맞추어서 또 소비 수준이 상승하기에 그렇습니다. 대부분 소득이 늘어난다면, 저축하겠다고 말하지만 절대로 그렇게 안 됩니다.

소득이 늘어난 만큼, 소비도 늘어나는 이유는 그 소득을 받는 남들과 '비교'하기 때문입니다. 같은 연봉을 받는 입사 동기가 명품 가방을 사면, 자신도 삽니다. 같은 아파트 평수에 사는 옆집이 수입차를 몰면, 자기도 수입차로 바꿉니다. 돈을 모으기 위해서는 절대로 남과 비교하면 안 됩니다. 그 사람은 그 사람의 길이 있고,

자신은 자신의 길이 있습니다. 절대로 같은 길이 아닌데, 왜 비교하고, 그 길을 따라서 갑니까?

　돈을 모으고 저축하는 방법은 소득은 늘리고, 소비는 줄여 그 차액을 모두 모아야 합니다. 소비를 줄이는 첫 번째 방법은 외식을 삼가는 것입니다. 두 번째는 커피와 담뱃값, 세 번째는 남성은 술, 여성은 몸치장 비용을 줄이는 것입니다. 더불어 신문을 제외한 모든 정기 구독을 끊어야 합니다. 이것들을 즐기면 절대로 돈을 모을 수 없습니다. 쓰는 재미보다 모으는 재미에 맛을 들여야 돈이 모이게 됩니다. 정 쓰고 싶으면, 나중에 부자가 되어 그때 실컷 쓰면 됩니다.

　그런데 신기한 것은 돈을 모아 부자가 되면, 쓰고 싶어도 쓰지 못합니다. 돈이 아까운 게 아니라, 돈을 써도 쓴 만큼 재미가 없기 때문입니다. 돈이 없을 때는 갖고 싶었지만, 돈이 있으면 별로 갖고 싶지 않습니다. 제 말이 거짓말인지 한 번 해보세요. 소비를 줄이고 저축해서 통장에 숫자가 늘어나는 재미에 한 번 빠져 보세요. 그간 쓸데없이 소비하며 잘못 살았다는 것을 뼈저리게 느낄 것입니다. 나라에서 상까지 받은 제가 거짓말을 하겠어요? 저를 믿고, 꼭 한 번 실천해 보세요.

　그간 혼자 살아 주로 외식이나 배달 앱으로 식사를 해결했고, 점심 후 커피는 기본, 그리고 술을 좋아해서 퇴근 후 직장 선후배와 자주 어울렸는데… 이제는 모두 멀리해야 한다. 앞으로 점심은 회사 구내식당에서, 커피는 회사 휴게실의 커피메이커로, 퇴근 후에는 차려 먹는 습관으로, 더불어 집에서 혼술해야 한다고 생각하니 조금 처량해지기도 했다. 하지만, 부자가 되는 지름길이라 생각하여 실천해 보기로 다짐했다.

집에 돌아와 오늘 산 책에 몰두했다. 책을 한 번 손에 잡으면, 무조건 그날 안으로 끝을 내야 하는 성격이라 오후 내내 책과 씨름한 끝에 저녁이 되어서야 마지막 장을 덮을 수 있었다.

이렇게 책 한 권을 읽고 나니, 무언가 해냈다는 성취감과 포만감으로 하루를 의미 있게 마감할 수 있었다. 모처럼 저녁 식사는 냉장고를 뒤져 음식을 만들어 먹으니 시간은 좀 걸렸지만, 돈을 절약했다는 생각이 들어 뿌듯함을 느낄 수 있었다.

식사를 끝내고 여유가 생기자, 세화가 생각났다. 어제저녁에 카톡을 보냈는데, 확인은 떴지만 회신이 없어 약간 조바심이 났다. 전화를 걸고 싶었지만 휴일이라 쉬고 있을 수도 있고, 아니면 멋진 남자와 데이트를 하고 있을지도 모른다는 생각에 전화를 거는 것도 부담스러웠다. 그래서 다시 한 번 카톡을 보냈다.

> 세화 님. 카톡을 안 주시니 걱정으로 모진 밤을 맞이할 것 같습니다. 저에게 문자 한 통 보내주시는 것은 인류 평화와 세계 번영을 위하고, 지친 영혼을 구원하는 자비로운 일입니다.
> 기다릴게요. 선우민철!

카톡을 날리고 3분 정도 지났을 즈음, '까똑' 하고 내 휴대폰에 메시지가 들어오는 반가운 소리가 들렸다.

> 9시 이후에 전화해 주세요.

세화가 보내 온 카톡에 이렇게 기분이 좋아지다니, 저절로 웃음이 나왔다. 모처럼 유끼 구라모또의 피아노 연주를 들을까 하다가, 이제는 고인이 된 조지 윈스턴의 캐논 변주곡이 듣고 싶었다. 휴대폰을 블루투스 스피커에 연결한 후, 뮤직 앱을 열고 플레이 버튼을 터치하자 감미로운 음악이 흘러나오기 시작했다.

그러고는 새로운 한 주를 위해 세탁해 놓은 셔츠를 꺼내 다림질을 시작했다. 다림질을 끝낸 후, TV를 켜고 8시 뉴스에 이어 스포츠 소식까지 시청하고 시계를 보니 9시를 넘어가고 있었다. 물론, 뉴스 마지막에 나오는 한 줄짜리 기사를 눈여겨보며 몇 가지는 메모해 놓았다.

9시가 넘었음을 확인하고 패턴을 그려 휴대폰을 열고 세화에게 전화를 걸었다. 세화의 휴대폰에서 가수 마일리 사이러스의 빌보드 핫100에서 비연속으로 8주간 1위를 차지한 'Flowers'가 내 귀를 끈끈하게 파고들었다. 이 노래는 〈헝거 게임(The Hunger Games)〉에서 주연을 맡았던 남편 리암 햄스워스와 이혼하면서 그를 저격한 노래인데, 리안 햄스워스의 형은 토르의 주인공이자 〈어벤저스〉, 〈익스트랙션(Extraction)〉 1, 2에 출연했던 크리스 햄스워스다. 혹시 세화도 전 남친을 저격하는 마음으로 이 노래를 컬러링으로 사용한 것은 아닐까? 왠지 약간 신경이 쓰였다.

"여보세요. 선우민철입니다."

"교육은 잘 받으셨어요?"

듣고 싶은 세화의 목소리였다.

"네, 이틀에 걸친 특별한 교육이었습니다. 힘들었던 부분도 있었지만, 새롭게 많은 것을 깨우치고 배워서 오늘부터 실천하고 있습니다."

"잘 되실 거예요. KP님은 성공 가능성이 높은 사람들만 엄선해서 교육하시니까, 민철 님도 그렇게 되시리라 믿어요."

빈말이라도 기분이 좋았지만, 진정으로 생각해 준다는 느낌이 파고들었다. 세화에게 이틀 동안 받았던 교육 내용을 전하면서 신부님과의 협상 이야기, 천만장자가 유럽으로 떠났다는 소식, 그리고 나에게 투자와 관련된 책을 전달할 예정이라는 이야기까지 긴 시간을 즐겁게 통화했다.

특히 한강대교에서 뛰어내리려고 했던 상황을 이야기했을 때, 세화는 TV에 나올 좋은 기회였다며 큰 소리로 웃었다. 우리는 서로를 알고 이틀밖에 되지 않았지만, 마치 오랜 친구처럼 많은 부분을 공감하며 서로에게 이끌리듯 다가가고 있었다.

한참 대화를 나누다가 중간에 조금씩 침묵이 흘렀는데, 이쯤에서 데이트할 수 있는 계기를 만들어야 한다는 생각이 들었다. 그럴 때 여자들에게 사용할 수 있는 가장 좋은 방법은 무조건 도움을 청하는 것이다. 이때 요청 내용은 비밀에 붙여 호기심을 자극하는 방법이 가장 확실하다는 걸 잘 알고 있었던 나는 이렇게 말했다.

"제가 도움을 요청할 일이 하나 있습니다."

"뭔가요?"

"세화 씨, 혹시 만화나 그림을 잘 그리세요?"

사실은 2주 후에 ChatGPT와 관련한 신규 사업 사내 경진대회가 있는데, 우리 팀에서 내가 대표로 나가 사장님 앞에서 프레젠테이션을 해야 한다. 그런데 다른 팀도 모두 사용하는 PPT나 포토샵 같은 프로그램을 이용하는 것보다는 실사(Actual Image)로 배경 화면을 만들어 차별화시키고 싶었다.

그런데 세화로부터 의외의 대답이 나왔다.

"저, 어렸을 때부터 그림을 그렸어요. '피카소'급은 아니지만 상도 받았고, 미술을 전공했거든요."

자신을 아마추어로 취급하지 말라는 암시였다.

"그래요? 저는 정말로 복이 많은 남자인가 봐요. 이렇게 아름다운 미인으로부터 도움을 받을 수 있다니, 저는 정말 행운아인가 봐요."

세화의 웃음소리가 커졌다.

"어떤 일인데요?"

드디어 세화의 호기심이 발동하고 있었다.

회사의 신규 사업 아이디어 경진대회 때, 우리 팀 대표로 나가서 발표할 내용을 대충 설명해 주었다.

"몇 장 정도를 생각하고 계세요?"

"한 열 장 정도로 만들까 합니다."

"……."

세화가 바로 반응하지 않고 뜸을 들이고 있었다.

조급한 마음에 내가 먼저 입을 열었다.

"제가 밥 살게요. 이번 주 토요일에 만나서 구체적인 내용을 말해 주고 싶은데, 점심 어떠세요?"

점심 식사 제안을 하며 세화를 재촉했다.

더불어 아는 맛집이 있는데 할인 쿠폰이 있고, 유효 기간이 얼마 남지 않아 이번 주에는 반드시 써야 한다고 우겨댔다. 일반적으로 여자들은 쿠폰에 약하고, 유효 기간에 민감하다. 특히 여자들은 생각이 많아 이랬다저랬다 하기 때문에 선택권을 주면 안 된다. 기회가 될 때 바로 낚아채서 마음이 바뀌지 않도록 못을 박아 놓아야 한다는 것, 이것이 내가 깨우친 연애의 제1 법칙이었다.

세화가 계속 웃으며 말을 이었다.

"그 시간에는 제가 근무라서 곤란하고요. 오후 5시 퇴근이니까, 그때 이후로는 괜찮아요."

"좋습니다. 그럼 6시에 만나죠."

"맛있는 거 사주실 거예요?"

기대에 찬 세화의 목소리가 너무 좋았다.

"제가 1주일 안에 그 음식점 주방장과 잘 사귀어 놓겠습니다. 세화 씨를 위해서 최고의 음식을 준비하도록 힘써 보겠습니다."

그때였다. 전화 저편에서 다급한 목소리가 들렸다.

"스텔라!"

세화가 미안하다며 바로 전화를 끊어 버렸다.

통화할 때마다 '스텔라'라고 부르는 이름에도 신경 쓰였지만, 그때마다 바로 전화를 끊어야 하는지 몹시 궁금했다. 이번 주말에 만나면 그 이유를 꼭 물어보리라 다짐하면서, 그녀를 다시 만날 기회를 잡았다는 사실이 너무 기뻤다.

천만장자로부터 교육을 받은 후로 계속 일이 잘 풀려 가고 있다는 느낌을 품은 채, 내일 출근을 위해 모처럼 일찍 잠을 청했다.

부동산 전문가의 조언

화요일 아침, 평소보다 약 1시간 정도 일찍 출근했다. 목표가 생기자, 삶의 패턴이 바뀌었다. 평소보다 일찍 출근한 이유는 아침 1시간을 활용하여 재테크 서적을 요약 정리하고, 재테크 공부를 하고 싶었기 때문이다.

노트북을 열고 어제 읽은 책에서 밑줄 친 부분을 워드로 정리하니, 총 5페이지 분량이었다. 핵심 내용이었기 때문에, 항상 가까이에 두고 읽으면서 흡수하고 싶었다. 커피를 마시러 휴게실로 가면서 직원들의 책상을 살펴봤는데, 재테크 관련 책들이 눈에 띄었다. 휴대폰 메모장에 책 제목과 저자, 출판사를 입력해 두었다. 차후 서점에 들러 나에게 맞는 수준의 책인지를 검토한 후에 구입하겠다고 마음먹었다.

커피를 들고 책상으로 돌아오니, 출근하는 직원들의 모습이 한두 명씩 보이기 시작했다. 우리 회사는 자율 근무 시간제를 도입하여 출퇴근 시간이 제각각이지만, 우리 팀은 합의를 거쳐 월요일 아침은 모두 제시간에 출근하게 되어 있다.

아침 미팅에 참석하였고, 미팅 후 자리에 돌아와 몇 군데 전화하고 밀린 업무를 처리하며 메일을 보내던 중, 사내 인사 발령 알림판의 퇴사자 명단에 기획실 김재현 상무님의 이름이 보였다. 5년 전쯤 TFT(Task Force Team)가 꾸려져 나도 파견되어 일했는데,

그때 TFT팀 리더를 맡았던 분이어서 잘 알고 있었다.

그 당시, 연수원에 들어가서 끝날 때까지 무려 5개월을 함께 생활하다 보니 속 얘기도 자주 나누었던 것 같다. 연수원 잔디 구장에서 가끔 축구도 하고, 바비큐 회식도 하며 무척 가깝게 지냈던 분이기도 하다. 일도 잘 하시고 성과도 좋아서 모두 CEO 후보군이라 믿고 있었는데… 퇴사는 의외였다.

기획실에 입사 동기 최영식 매니저가 있어 전화를 걸었다. 과거 언론에서 대통령 아들을 '영식'이라고 불렀는데, 자식이 없는 대통령이 세 분 당선(과거에 두 분, 앞으로 또 한 분)되는 바람에 이 단어가 사라졌다. 원래 뜻은 윗사람의 아들과 딸을 '영식', '영애'로 높여 부르는 말이다. 그래서인지, 동기들 사이에서 최영식 매니저의 별명은 '대통령 아들'이 되었다.

"어이~ 대통령 아드님! 잘 지내? 민철이야!"

"그래. 오랜만에 전화했네. 근데, 나 잘 못 지내."

"그럴 리가 있나. 요즘 잘나가면서… 왜 또 엄살이야?"

"오늘 인사명령 떠서 알겠지만, 김재현 상무님이 관두시고, 후임으로 박태철 부장이 임원으로 승진해서 온다는 소문이야."

"그 왕꼰대 말이야?"

"응. 왕꼰대, 핵또라이 말이야. 너도 알지만, 옛날에 회의 때 몇 번 들이받아서 나랑 사이가 안 좋잖아. 봄날은 이제 다 갔어. 나도 김 상무님 따라서 사표 쓰고 나가야 하나 고민 중이야."

"헛소리하지 말고. 어떡하겠어, 참고 지내야지…. 근데, 김 상무님은 왜 그만두시는데?"

"너, 몰라? 재테크에 성공해서 상가 한 채와 아파트 세 채로 서민 부동산 재벌 되셨어. 일신상의 사유로 퇴사하는 모양새이지만, 이미 재테크로 승부가 나서 더 이상 월급에 미련이 없으시겠지. 너라면 계속 다니겠냐? 부러워 죽겠어…."

"아… 그랬었구나."

"너도 잘 아는 사이잖아. 이따 전화해서 인사라도 올려. 그리고 민철! 다음 주에 사장님 앞에서 PT 있지. 그때 얼굴 보겠네. 기대가 커!"

"그래 알았어. 잘 지내고, 그때 보자."

의외였다. 지방 출신으로 어렵게 성장했다고 알고 있었는데, 언제 그렇게 재테크에 성공했는지 놀라웠고, 부러웠고, 충격이었다. 바로 카톡을 열어 김재현 상무님께 문자를 보냈다.

> 상무님! 연수원에서 TFT 했던 게 엊그제 같은데… 벌써 5년 전입니다. 오늘 인사 발령 봤습니다. 너무 아쉽습니다. 가시기 전에 인사 올리고 싶고, 점심 한 번 모시고 싶습니다. 꼭 시간 내 주시면 감사하겠습니다. 회신 기다리겠습니다. 선우민철 올림.

10분쯤 지나, 상무님으로부터 카톡이 왔다.

> 오늘 점심 가능? 장소는 회사 건너편 카페 '레인보우'.

이곳은 저녁에는 술을 파는 카페로, 낮에는 볶음밥, 비빔밥, 돈가스 등의 메뉴로 점심 장사도 하는데, 커피가 서비스였다. 무엇보다도 좋은 점이 방으로 되어 있어 조용히 대화를 할 수 있고, 위법이겠지만 방에서 담배도 피울 수 있다.

오전에 업무를 처리하면서도 김 상무님 생각이 머릿속에서 계속 맴돌았다.

'어떻게 재테크에 성공하셨지?'

점심 때 상무님을 카페에서 만났는데, 얼굴이 밝아 보였다. 둘 다 돈가스를 시켜 식사했고, 커피를 마시면서 이야기를 나누었다.

"상무님! 재테크에 성공하셔서 미련 없이 회사를 그만두신다는 소문을 들었습니다. 정말 부럽고, 존경스럽습니다."

"뭘~. 다 헛소문이야. 내가 부자도 아니고, 아직 멀었어."

"어떻게 성공하셨어요? 저도 배우고 싶습니다."

"가르쳐 주고 싶지만, 아는 게 없어서… 나도 잘 몰라."

상무님께서 무언가 말하려는 기세인데, 선뜻 보따리를 풀지 않는 분위기였다. 돈 벌었다는 이야기를 대놓고 자랑할 수 없어 그럴 수 있겠다는 생각이 들었는데, 그때 천만장자가 이야기했던 부자들의 다섯 번째 공통점인 '부자들 옆에는 머니 멘토가 있다'는 말이 떠올랐다.

그래서 상무님을 머니 멘토로 받들고 배우고 싶은 마음에 지난 연휴 때 천만장자와의 만남을 이야기했고, 머니 멘토가 되어 주시길 부탁했다.

갑자기 상무님의 눈빛이 달라지면서 이렇게 말했다.

"자네가 천만장자로부터 정말 좋은 교육을 받았군. 나와 비교하면 자네는 거의 20년을 단축하고 앞서간 셈이야. 나는 그런 교육을 받을 기회가 없어서 혼자 부딪치고 깨지고 실패하면서 조금씩 깨달았는데… 자넨 정말 행운아야."

"저도 인정합니다. 그런데 막상 시작하려고 하니 막막하고 두렵기도 하고, 어디서부터 시작해야 좋을지 잘 모르겠습니다. 상무님께서 그간의 경험으로 지도해 주시면 큰 힘이 될 것 같습니다."

갑자기 상무님께서 자세를 바로 앉더니, 보따리를 풀었다.

"자네도 알겠지만, 나 역시 흙수저 출신이야. 아버지를 일찍 여의고, 어머니께서 온갖 장사를 하시며 우리 사 남매를 힘겹게 키우셨어. 누님과 형들은 고등학교만 졸업하고 일찍 취업 전선에 뛰어들었는데, 그래도 막내인 나를 대학에 꼭 보내야 한다고 어머니를 설득하여 나만 대학에 갈 수 있었어. 학교 근처에서 하숙과 자취를 하며 어렵게 대학을 졸업하고, 첫 직장으로 이 회사에 취직했지."

가난한 나라에 태어나 힘겨운 삶을 살아야 했던 우리들 부모님 세대가 겪어야만 했던 아픔이었기에, 입을 다문 채 상무님의 말에 귀를 기울였다.

"……."

"서울에서 근무하고 싶었지만 생활비가 적게 드는 지방 공장으로 근무지를 신청하고, 처음부터 지방에서 회사 생활을 시작했어. 그때는 사원기숙사가 있어 최소 비용으로 생활하고 월급 대부분을 저축했지. 그 돈으로 어렸을 때부터 겪었던 집 없는 설움에서 벗어나려고 최대한 빨리 집을 마련하고 싶었어. 그래서 은행 대출금에 모아 놓은 돈을 합쳐 공장에서 가까운 곳에 아파트를 마련해 정착하려고 했지. 그런데 어머니께서 나를 불러 이렇게 말씀하시더군."

"재현아! 내가 돈이 없어 집 사는 데 보태 주지도 못해 정말 미안하구나. 그런데 엄마 생각에는 네가 지방보다는, 이왕이면 서울에 집을 마련하는 것이 좋겠구나. 왜냐하면, 너도 언젠가는 결혼하고 자식을 낳아 키울 텐데, 네 자식이 서울에 있는 대학을 간다고 생각해 보렴. 그러면 네가 옛날에 대학을 다니며 고생했던 것처럼, 자취와 하숙 생활로 고생이 대물림될 것 같아 걱정이 앞서는구나. 작더라도 서울에 집을 마련해 놓으면, 네 자식이 대학 다닐 때도 도움이 될 테고. 서울에서 취직하면 집에서 출퇴근을 하기에도 편할뿐더러 돈도 절약되지 않겠니. 그러면 남들보다 더 빨리 기반을 잡을 수도 있고 말이다. 재현이 네가 결정하겠지만, 엄마의 의견도 한 번 귀담아들어 주었으면 좋겠구나."

"그전까지는 서울은 집값이 비싸 염두에 두지 않았는데, 어머니 말씀을 듣고 보니 일리가 있더라고. 그래서 돈을 더 모아 서울 변두리에 전세를 끼고 첫 집을 마련했어. 그리고 그때 교제하던 아내에게 지금은 돈이 없지만 서울에 작은 집을 하나 가지고 있고, 앞으로도 계속 부동산에 투자할 계획이라고 말해 줬지. 그리고 부동산의 소유권은 부부 공동명의로 해주겠다고 약속하고 프러포즈를 했지. 그때 아내는 중학교 선생님이었는데, 약속대로 집을 살 때마다 공동명의로 해주니, 본인이 적극적으로 부동산에 관심을 갖더군. 그래서 아내를 설득하여 공인중개사 시험공부를 하게 했고, 자격증도 땄지. 그 후 계속 세금 문제로 고민이 많아지자, 아내는 아예 교사직을 그만두고 사업자등록을 하고 부동산 투자업에 뛰어들었어. 올 초부터 아내가 그러더군. 이제는 더 이상 회사 눈치 보지 말고, 함께 제대로 해보자고 해서 퇴사를 결정하게 된 것이지."

상무님께서 잠시 말을 멈추었다가, 갑자기 목소리에 힘을 실어 이렇게 말씀하셨다.

"솔직히 직장 생활을 일컬어 듣기 좋은 말로 '조직의 비전을 실현하기 위해 모든 직원이 하나가 되어 함께 일하고, 이를 통해 조직과 직원이 같이 성장하는 일터'라고들 하지. 그렇지만, 본질은 자신과 가족의 생계를 위해 돈 때문에 다니는 거야. 물론 학교에서는 직장 생활은 생계뿐만 아니라 인간적 성숙, 사회에 대한 봉사, 자아실현의 장소라고 가르치지만, 다 헛소리지. 어쩔 수 없이 '돈'이야."

나 역시, 상무님의 말에 동의하기에 반박하지 않았다.

"우리나라는 '자본주의' 국가인데, 내가 사전에서 자본주의 뜻을 찾아보니 '경제적 이득으로 인권, 상권의 패권을 가지려는 주의'라고 쓰여 있더군. '자본주의'라는 단어의 정의에 '인권'이 들어 있는 것을 보고 엄청 충격을 받았어. 결국 돈이 없으면 인권이 무시당하고, 사람 대접도 못 받는 사회가 자본주의이고 대한민국이라는 말이지. 이 나라에서 인간답게 살려면, 결국은 '돈'이야. 나도 '돈, 돈, 돈' 하기 싫었지만, 살아 보니 현실은 모두 '돈'이더군."

"……."

"자네가 내게 머니 멘토가 되어 달라고 요청했지만, 솔직히 내가 아는 것도 없고 해줄 말도 없어서 그 제안은 거절할 수밖에 없어. 하지만 그래도 한 마디를 원한다면, 이 말은 해주고 싶어. 주식이나 금융 쪽은 나도 약하기 때문에 부동산만 이야기하겠네."

"제가 무리한 부탁을 드렸던 것 같습니다. 죄송합니다."

"아닐세. 뭐, 죄송할 것까지는 없고. 옛 속담에 말은 태어나면 제주도로 보내고, 사람은 서울로 보내라는 말이 있듯이 우리나라의 중심은 서울과 수도권이야. 당연하겠지만, 사람이 많이 살기에 그만큼 돈 벌 기회가 많으니 그럴 수밖에 없지. 돈을 개나 고양이가 들고 다니지 않잖아. 오직 사람만 들고 다니기에, 결국 사람이 돈이라는 말이지. 사람이 몰리는 곳에 돈이 있고, 돈이 있는 곳에 붙어 있어야 돈을 벌 수 있지. 부동산은 무조건 인구가 늘어나는 지역에 주목하고, 입지를 살펴야 하지."

"아, 그렇군요."

"최근의 인구 데이터를 보면, 서울은 2016년 1천만 인구가 무너진 이후에 현재 950만 명 선이지만, 향후 900만 명도 깨질 거야. 원인은 너무 올라 버린 집값과 물가 때문이지. 이렇게 서울에서 빠진 인구들이 경기도로 흩어졌는데, 그 중에서도 평택, 화성, 파주로 몰렸어. 삼성과 LG 등 대규모 산업단지가 조성되면서 일자리가 늘어났고, 출퇴근이 편리한 입지에 주거지가 공급되었기 때문이야. 평택은 삼성전자 평택캠퍼스가 반도체 공장을 증설(2042년까지 300조 원 투자)하면서 평택, 고덕 국제 신도시를 중심으로 2017년 48만 명이었던 평택 인구가 최근 60만 명 선에 다가섰지. 거기다 평택항에 현대모비스 전기차 공장까지 들어서면 몇 년 안에 80만 명까지 늘어날 거야. 삼성전자 나노시티가 있는 화성도 10년 사이에 인구가 2배나 늘어 현재 90만 명을 넘어섰는데, 향후 판교 ICT 기업들까지 점차 내려오면 100만 명에 육박하게 될 거야. 파주도 LG 디스플레이 공장으로 인해 지난 10년간 인구가 10만 명 이상 늘었어."

"입지와 함께 인구 동향을 주시하라는 말씀이군요."

"그렇지. 자네도 알겠지만, 이미 정부가 'K-반도체 벨트'를 2030년까지 조성해 세계 최대의 반도체 공급망으로 구축하기로 했어. 'K-반도체 벨트'는 '판교~화성~기흥~평택~천안~온양'으로 이어지는 'K' 자의 I라인과 '이천~용인~평택'으로 이어지는 'K' 자 상위 45°라인, 그리고 '평택~괴산~청주'로 이어지는 'K' 자 하위 45°라인 세 축이지. 그 중에서도 'K' 자의 세 라인이 겹치는 평택을 주목해야 하고, 특히 평택지제역 일대에 큰 관심을 두어야 해."

"이유가 뭔가요?"

"평택지제역은 화성, 용인, 평택으로 연결되는 중심역이고, GTX-A와 C라인의 연장도 추진되고 있어서 입지상 'K-반도체 벨트'의 핵심 지역이기 때문이지. 특히 평택의 지제동, 신대동, 세교동, 모곡동, 고덕면 일대에 여의도 면적의 1.5배나 되는 땅을 개발해 33,000가구를 공급할 계획으로 2030년 입주를 목표로 하고 있지. 평택지제역에 GTX 노선이 신설되면, 서울 삼성동 코엑

스까지 28분밖에 걸리지 않아 교통 측면에서도 매우 강한 입지가 될 거야. 자네가 부동산에 관심을 가지고 투자를 고려한다면, 평택지제역을 중심으로 알아보고, 그곳에서 시작해 봐."

"네, 잘 알겠습니다."

"그리고 한 마디 더 하자면, 솔직히 나는 재물 복이 없는 사람이라고 생각하고 살았었어. 재물 복이 있었다면, 어렸을 때 그렇게 고생하지도 않았겠지. 그런데 관심을 갖고 공부해서 투자를 시작하면서부터 생각이 달라지더군. '재물 복은 타고난 것이 아니라, 만들어지는 것'이라고 믿게 되었어. 재벌급의 재물 복은 하늘이 내려주지만, 우리 같은 서민들의 재물 복은 노력하면 어느 정도는 분명히 가능해. 자네에게 마지막으로 딱 이 세 마디만 해주고 싶어."

"재테크! 하면 된다!"
"재테크! 할 수 있다!"
"재테크! 불가능은 없다!"

상무님은 여기까지 말씀하셨고, 함께 자리에서 일어나 카페를 나왔다. 헤어지면서 내 어깨를 두드려 주시며 상무님께서 이런 말씀을 해주셨다.

"우리 회사가 새로 만든 건설 회사가 삼성전자 평택공장 증설에 참여한 건 알고 있지? 현장 작업자들이 공장 근처에서 생활하고 있는데, 통제가 잘 안 되어 문제가 많다고 하더군. 그래서 오늘 임원 회의에서 이들을 관리할 관리자가 필요하다는 데에 모두

가 동의했고, 수일 내에 현장 파견근무 지원자를 뽑기로 했어. 자네는 아직 총각이고, 부동산에 관심이 있다면 현장 파견근무에 지원해 봐. 물론 현장이라 본사보다 힘들고 고생하겠지만, 그곳에서 생활하다 보면 기회가 반드시 생길 거야. 내가 알기로는 자네가 처음 발령 받았던 부서가 인사팀이었으니, 그쪽에서도 지원하면 반길 거야. 천만장자에게 그런 훌륭한 교육을 받았다면, 적극적으로 도전하고 실행에 옮겨야지. 내 말이 맞지?"

"네. 무슨 말씀이신지 알겠습니다."

"그래. 선우민철 매니저! 늘 건강하고 잘 지내."

"상무님도 항상 건강하시고, 하시는 일 잘 되시길 바랍니다. 오늘 말씀 감사했습니다."

"그래, 내가 떠나더라도 가끔 얼굴 보세."

"안녕히 가십시오. 상무님!"

상무님과 헤어져 사무실로 걸음을 옮기면서 상무님께서 말씀하신 내용의 핵심을 정리해 보았다. 기업의 투자가 일자리를 창출하고, 늘어난 일자리로 인해 인구가 유입되고, 늘어난 인구를 위해 살 집과 편의시설이 필요하게 된다. 결국 '정부 정책 → 기업 투자 → 일자리 → 인구 증가 → 주거 시설 건설 → 행정 및 편의시설 건설 → 도시 확장'으로 이어지는데, 분명 확실한 기회가 될 것 같았다.

그러나 이런 정보를 나만 아는 것도 아니고 이미 정부 발표 이후 다 퍼져 있을 텐데…. 불안감이 밀려왔다. 일단, 퇴근 후 평택지제역 근처를 조사해서 분석해 보기로 마음먹었다.

그녀와의 사랑은 시작되고

사무실로 돌아와 노트북을 열고 일을 시작하려는데, 세화로부터 카톡이 왔다. 두근거리는 마음으로 카톡을 열었더니, 문자는 없고, 사진만 한 장….

'오~ 마이!'

눈은 안 보이게 눈 밑으로 자기 얼굴 사진을 찍어 보냈는데, 내가 보낸 립스틱을 입술에 바르고 있는 섹시한 컷이었다. 원더걸스 멤버였던 유빈의 립스틱 광고처럼, 관능적인 립 메이크업 사진이었다. 순간 나의 배꼽 아래 부분으로 안드로겐 수치가 급격히 상승하면서 내 신체의 한 부분이 딱딱해지는 것이 느껴졌다.

오후 내내 카톡 사진을 반복적으로 열어 보며 계속 흥분된 상태로 일을 하다 보니, 집중이 되지 않아 계획한 업무를 다 처리하지 못하고 퇴근 시간을 맞았다.

무슨 생각이었는지, 길 건너 디지털 출력과 복사 전문 업체인 '킨코스'에 들러 세화의 립스틱 사진을 컬러 A1(전지) 사이즈로 출력한 후 코팅을 해 달라고 했다.

코팅된 세화의 입술 사진을 돌돌 말아 집에 들고 와서는 내 방 모니터 옆의 벽에 붙여 놓았다. 사실 지금까지 내 방에 여자 사진을 붙여 본 것은 대학 시절 재밌게 보았던 영화 〈어벤져스〉와 〈아이언맨〉에 출연한 여배우 스칼렛 요한슨 이후 처음이었다.

냉장고를 뒤져 저녁을 간단히 해결하고, 평택지제역과 관련된 기사, 블로그, 유튜브를 조사하면서 벽에 붙은 세화의 입술 사진을 보니, 세상을 다 얻은 것처럼 기분이 좋았다. 수집한 자료를 대충 요약하고 나니, 시간은 밤 10시를 넘어서고 있었다. 그런데 갑자기 야한 충동을 느꼈다.

자리에서 일어나 세화의 입술 사진에 내가 키스하는 장면을 휴대폰으로 찍어 카톡으로 세화에게 보냈다. 오해 받을까 봐 겁도 났지만, 왠지 보내고 싶었다. 그로부터 10분 정도가 지나서 세화로부터 카톡이 왔다.

> 변태! 정상 아님!

나는 곧바로 답신을 띄웠고, 세화와의 카톡 대화가 이어졌다.

> 나 : 변태 아님. 정상. 아름다움을 향한 본능. 그리고 변심!
> 세화 : 왠 변심?
> 나 : 변심하여 스칼렛 요한슨 버리고, 이세화로 갈아탐!
> 세화 : 빨리 주무세요. 변신남. GG(Good Game)
> 나 : 세계 최고 입술 모델님도 제 꿈꾸며 주무세요. 라~뷰

세화를 만나기로 약속한 토요일 오후, 모처럼 차를 운전해서

시내로 나왔다. 약속한 6시보다 30분쯤 일찍 도착한 나는 주차를 마친 후, 레스토랑 창가 쪽에 자리를 잡았다.

약속 장소는 명동성당 근처의 레스토랑이었는데, 주말이라 가족끼리 식사하러 온 손님들과 연인들이 제법 있었다. 이 레스토랑의 식사 쿠폰은 신용카드 명세서를 정리하다가 발견한 누적 포인트를 사용하여 앱에 받아 두었는데, 내가 이미 잘라 버린 신용카드로부터 받은 마지막 혜택이었다.

창밖을 보며 지난 1주일을 되돌아보았다.

회사에 출근해서는 다음 주에 있을 신규 사업 아이디어 경진대회 PT 시나리오를 구성하느라 시간을 보냈다. 그리고 퇴근해서는 평택지제역 관련 부동산 자료를 분석했고, 출퇴근 시간에는 재테크 책들을 보면서 공부하느라 거의 잠자는 시간을 빼놓고는 바쁘게 보낸 1주일이었다.

천만장자로부터 부자 교육을 받은 후, 시간을 아껴 쓰며 예전보다 효율적으로 생활하고 있는 나 자신의 변화가 대견스럽게 느껴졌다. 아직 갈 길은 멀지만 목표를 세웠으니, 결과를 의심하지 말고 끝까지 최선을 다하리라 다시 한 번 마음을 다잡았다.

정확히 6시가 되자, 레스토랑에 들어서는 세화의 얼굴이 보였다. 누가 보아도 미인임을 금방 알 수 있는 아름다운 모습이었다. 레스토랑 손님들의 눈빛이 누구 앞에 가서 앉는지를 보려는 호기심으로 가득함을 알 수 있었고, 결국 나에게로 모두의 시선이 모였다.

그동안 전화와 카톡으로 자주 연락해서인지 트럼프 호텔에서의 첫 만남 이후 1주일 만이지만, 오랫동안 사귀었던 연인 같은 느낌이 들었다. 날씬한 몸매가 드러나는 청바지에 하늘색 라운드 티와 흰 겉옷, 어깨에 걸친 밝은 밤색 다크 브라운 핸드백은 그녀의 세련됨을 더욱 돋보이게 했다. 얼굴에서부터 내려오는 가느다란 하얀 목선은 다시 봐도 정말 예뻤다. 호텔 제복에서 느꼈던 분위기와는 또 다른 섹시함….

"그동안 잘 지내셨나요?"

세화가 먼저 인사를 건네 왔다.

"네. 오늘 세화 씨를 만난다는 기쁨으로 1주일을 꾹 참느라 무척 힘든 한 주였어요."

이렇게 분위기를 띄우고 세화의 입술을 쳐다보았다. 분명 내가 선물한 립스틱을 바르고 왔으리라…. 내 방 벽에 붙은 사진의 입술 색깔과 같았다.

세화가 눈을 살짝 흘기며 이렇게 말했다.

"가방에서 립스틱 꺼내 드릴까요? 립스틱을 평생 20개 정도 먹는다면서요?"

"아뇨. 오늘은 이 레스토랑 음식을 먹을 거예요."

세화가 입술을 가리며 웃었다.

세화가 이곳을 먼저 조사해 본 듯, 뭐가 맛있고 뭐는 그닥 별로라고 이야기하며 세 가지 음식을 선택했고, 서로 나눠 먹자고 했다. 음료수는 각자 주문했다.

음식을 먹으며 일주일간의 재테크를 위한 계획과 실천했던 내용들을 솔직하게 이야기했다.

이 달에 받게 될 인센티브와 주식을 정리하여 비상금을 만들었다는 것. 부채 리스트를 작성하여 전체 소득의 30% 범위에서만 생활비로 쓰고, 나머지는 모두 빚을 정리하기로 계획을 세웠다는 것. 체크카드 한 장을 제외하고는 모든 신용카드를 잘라 버렸다는 것.

세화는 잘했다는 표정으로 내 이야기에 간간이 미소를 지으며 고개를 끄덕였다.

식사를 마무리하고, 후식으로 나온 커피를 마시면서 세화에게 부탁할 ChatGPT 관련한 신규 사업 아이디어에 관하여 내가 가져온 자료를 꺼내 설명했다.

세화가 내 설명을 다 들은 후, 이렇게 말했다.

"어떻게 흘러가는지 알 것 같아요. 요즘 ChatGPT와 관련된 다양한 비즈니스들이 소개되고 있는데, 민철 씨가 구상한 내용은 틈새 시장을 노린 새로운 비즈니스 모델이 되겠네요. 제 머릿속에 대충 그림이 그려졌어요. 생각보다는 시간이 오래 걸리지 않을 것 같아요."

"언제까지 가능할까요? 다다음 주 월요일에 PT라서, 이왕이면 빨리 받아보았으면 좋겠습니다."

"빠르면 다음 주 화요일, 늦어도 수요일까지는 해볼게요. 디지털이 아닌 아날로그 실사로 찍어 PT를 계획하시니까, 제가 그림을 그려 민철 님께 퀵서비스로 보낼게요."

"정말 고맙습니다. 만난 지 일주일밖에 안 됐는데, 큰 도움을 받게 되어 너무 감사합니다. 상금도 있어요. 만약 당선되면, 제가 크게 한턱 낼게요."

"정말이세요? 그럼, 너무 좋겠어요."

세화가 기뻐하는 목소리로 대답해서, 나 역시 기분이 좋아졌다. PT에 관한 이야기를 끝내자, 전화할 때마다 느꼈던 궁금증이 밀려왔다.

"혹시 '스텔라'라는 이름은 애칭인가요?"

세화가 당연히 올 것이 왔다는 눈빛으로 입을 열었다.

"제 천주교 세례명이에요."

"저도 천주교 신자라서 세례명이라는 느낌이 들었는데, 집에서도 그렇게 부르니 독실한 가톨릭 집안이신가 봐요."

세화가 반가워하며 되물었다.

"천주교 신자이신지 몰랐어요. 세례명이 어떻게 되세요?"

"아사비오입니다. 그래서 성당 친구들이 '아싸라비요!'라고 많이 놀렸죠."

세화가 크게 웃으며 말했다.

"처음 들어보는 세례명이에요."

"어렸을 때 할머니께서 선택해 주셨죠. 복사(미사를 돕는 평신도) 활동도 했고 견진성사까지 받았습니다만, 지금은 성당에 나가지 않고 냉담하고 있습니다."

세화는 같은 종교라는 일치감에 반가워하면서도, 성당에 나가지 않고 있다는 말에 걱정스러운 눈빛으로 물었다.

"미사에 참석하지 않나 봐요?"

"앞으로는 자주 나갈게요. 같이 갈 사람이 없어서 그랬나 봅니다. 혹시 미사에 저 좀 데리고 다니시면 안 될까요?"

세화는 미소를 띠고 있었지만, 짐짓 진지해지는 분위기였다. 냉담한 신자를 미사에 참석시키는 것은 축복을 받을 일인데, 나 때문인지 묘한 감정이 교차하는 분위기였다. 순간 멈칫하다가 세화가 말을 이었다.

"앞으로 주일마다 미사에 참석한다고 저랑 약속해요. 그렇지 않으면 부탁하신 일은 도와드리지 않을래요."

단호하게 말했지만, 얼굴에는 미소를 머금고 있었다.

하는 수 없이 못 이기는 척 수긍했다.

"다른 사람이었으면 내키지 않았을 텐데, 세화 씨가 강력하게 나오시니 하는 수 없네요. 그래요. 미사에 나갈게요. 그런데 오랫동안 안 다니다가 가려면 조금 뻘쭘하잖아요? 처음 한 번만 저를 데리고 가 주시면 안 될까요?"

세화의 눈치를 살피며 물었다. 세화는 계속 미소를 짓고 있었지만 갈등하고 있음이 분명했다. 그러던 세화가 갑자기 물었다.

"지금 몇 시죠?"

휴대폰을 꺼내 시간을 보니 7시 50분이었다.

"지금 움직이면 명동성당 저녁 8시 미사에 참석할 수 있어요. 같이 가요."

느닷없는 제안에 피할 길이 없었다. 솔직히 바로 미사에 참석하고 싶지 않았지만, 이런 미녀와 함께 미사를 보는 영광이 어디 있겠는가. 더군다나 나의 PT 밑그림을 도와줄 여인인데… 뭐가 두려우랴.

나는 못 이기는 척 따라나섰다.

명동성당은 대학 시절 몇 번 다녀간 이후로 정말 오랜만이었다. 성당에 들어가 멀리 뒤쪽 편에 앉으려고 했는데, 세화가 자꾸 신부님 가까이 앉아야 한다며 나를 끌고 앞으로 갔다. 자리를 잡자, 세화는 핸드백에서 베일(미사보)을 꺼내어 머리에 쓰고 묵주를 손에 감아 신성한 여인처럼 눈을 감고 두 손을 모아 기도를 시작했다. 무언가 신비감에 휩싸여 쉽게 다가설 수 없는 성모마리아 혹은 수녀님 같은 기운이 느껴졌다. 나와는 사는 세계가 다른, 마치 천상의 여인 같은 모습이었다.

헌금을 봉헌하기 위해 세화가 앞장서고 내가 뒤를 따랐는데, 이대로 신부님 앞에 가서 결혼을 허락 받고 싶은 충동이 일었다.

미사 마지막에 서로 마주 보며 축복의 인사를 나눌 때, 세화와 마주친 두 눈이 너무 아름다웠다. 신성한 미사 중에 절대 그러면 안 되는데, 나는 한눈을 감아 윙크를 보냈다. 세화는 무안해하며 얼른 얼굴을 돌렸고, 다른 사람에게도 축복의 인사를 건넸다.

미사를 마친 시간은 밤 9시를 넘어가고 있었다. 토요일 저녁 때라 늦은 시간은 아니어서 세화에게 2차를 제안하고 싶었지만, 미사까지 함께 참석했는데 술을 마시자는 말을 꺼내기가 조금 민망해서 접었다. 대신 세화를 집까지 바래다주고 싶었다.

"집이 어느 쪽이세요? 제가 집까지 모실게요."

괜찮다고 말하면서도 세화는 싫지 않은지 함께 주차장으로 향했다. 차 안에서는 주로 내 이야기를 많이 했다.

대학 첫 학기 때 실컷 놀다가 생애 처음이자 마지막으로 한 과

목에서 딱 한 번 F 학점을 받았던 이야기. 고등학교 때 처음 드럼을 배웠는데, 학교의 온갖 벽을 드럼 스틱으로 두드리고 다니며 연습했던 이야기. 중학교 때 함께 과외 공부했던 친구 다섯 명이 지금도 '오공자'라는 모임을 만들어 친하게 지내고 있다는 이야기. 그리고 유치원 크리스마스 행사 때 선물을 나눠 주었던 산타클로스 할아버지가 유치원 버스 기사였다는 사실을 알고 상처를 받았다는 이야기.

내가 재미있게 대화를 이끌어 갔는지 세화는 계속 웃으며 맞장구를 쳐 주었고, 어느덧 세화의 집에 다다르게 되었다. 세화가 살고 있는 집은 지하철 3호선 수서역에서 멀지 않은 아파트였는데, 단지는 크지 않았지만 아늑하다는 인상을 받았다. 소문대로 공기가 좋은 동네라는 느낌도 들었다.

특이한 점은 아파트 바로 옆에 성당이 있었고, 세화가 독실한 천주교 신자라는 확신이 들었다. 아파트 현관까지 가려고 했는데, 굳이 아파트 입구에서 내리겠다고 해서 입구에서 차를 세웠다. 나는 차에서 내려 작별 인사를 했고, 늦어도 수요일까지는 그림을 보내주겠다는 세화와 약속을 하고 헤어졌다.

운전해서 돌아오는 길에 계속 궁금했다. 누구랑 살고 있을까? 가족은? 고향, 나이, 부모님 등에 관해서는 한 마디도 물어보지 못한 것이다. 기본적으로 물어보아야 할 가족 사항에 대해서는 왠지 모르게 지금까지 서로가 입을 열지 않고 있었다. 그렇지만 세화가 부모님과 떨어져 혼자 살고 있다는 건 확실해 보였다.

수요일 퇴근 무렵, 세화가 보낸 퀵서비스가 사무실에 도착했다. 소묘의 일종인 에스키스 타입으로 A4 크기 10장에 그린 세화의 그림이 들어 있었다. 어떻게 연필만으로도 이렇게 멋진 그림이 나올 수 있는지… 감탄사가 절로 나왔고, 역시 미술은 아무나 하는 게 아니라는 생각이 들었다. 전체적으로 내가 원했던 장면들을 세화가 잘 표현해 주었다.

그림을 집으로 가져와서 조명을 사용해 적당한 밝기와 톤을 만들었고, 디지털카메라로 각도를 조정하여 사진을 찍었다. 이 사진들을 사용하여 키노트나 파워포인트가 아닌 Prezi를 사용하여 프레젠테이션을 만들었더니, 벌써 자정이 가까워져 오고 있었다. 늦은 시간이었지만, 카톡으로 세화에게 메시지를 보냈다.

> 세화님! 저 때문에 넘 고생하셨어요. 진짜 감사~♥♥♥♥♥

메시지에 빨간색 하트를 다섯 개 붙여서 보냈다. 조금 쑥스러웠지만, 정말 고맙고 사랑스러운 마음이 들었다.

월요일 오전 10시, 사내 대회의실.
사장님과 임원들 앞에서 ChatGPT 신규 사업 아이디어 사내 경진대회가 열렸다. 예선을 거친 6팀이 본선에 출전하였고, 팀마다 10분 발표, 10분 질의응답으로 20분이 주어졌다. 내 발표 순서는 세 번째였다. 나름대로 연습을 많이 했지만, 그래도 막상 발표 차례가 되니 약간 떨렸다.

발표 단상에 올라갔을 때는 조금 긴장되었지만 1~2분 정도 지나자, 자신감이 붙어서 발표를 무사히 마칠 수 있었다. 뒤이어서 몇 가지 질문에 답하는 것으로 내 순서를 마무리했다. 11시 30분이 되었을 때, 참가팀 모두의 발표가 끝났고 대회의실을 빠져나왔다.

사장님과 임원들은 도시락으로 점심을 먹으면서 시상팀을 결정하고, 오후 2시에 시상식을 진행한다는 발표가 있었다. 행사를 당일에 마무리 지으려는 이유는 지방에서 올라온 팀을 시상을 위해 또 불러들이지 않기 위해서였다.

구내식당에서 점심을 먹고 있는데, 입사 동기인 기획실 최영식 매니저로부터 전화가 걸려 왔다.

"어이! 민철이!"

"대통령 아드님! 좋은 소식 있어?"

"그래. 좋은 소식 있어서 점심 시간인데도 전화했지."

"뭔데?"

"너희 팀, 특별상 받게 됐어."

"정말?"

"PT 점수로는 2등이었는데, 전산 담당 임원이 실무적으로 인프라 투자에 돈이 많이 들어간다고 딴지를 걸었나 봐. 그래도 사장님께서 아이디어가 마음에 드셨는지, 없었던 특별상을 지시하셔서 그렇게 된 거야. 상금도 2백만 원이야. 한턱 쏠 거지? 하하."

"그래? 당연히 쏴야지. 대통령 아드님 덕분인데."

"내가 한 게 뭐 있다고? 암튼 축하한다."

"고맙다. 연락할게."

기분이 좋았다. 바로 팀장님께 전화해서 시상 내용을 알렸고, 세화에게도 카톡을 보냈다.

> 세화 님! 제가 특별상을 받게 되었어요. 너무 애써 줘서 감사해요. 상금도 우리 팀 앞으로 2백만 원이 나오는데, 진짜 멋지게 한턱 쏠게요. 넘 고맙습니다. 퐈팅!

세화로부터 바로 답신이 날아왔다.

곰돌이 푸가 좋아 손뼉 치며 나자빠지는 이모티콘이었다.

오후 2시에 팀장님과 함께 시상식에 참석하여 사장님으로부터 상장과 상금을 받고, 시상자 전체가 모여 기념 촬영을 했다. 사무실로 돌아오니, 소식을 들은 팀원들도 모두 축하해 주었다. 팀장님께서 곧바로 미팅을 소집하여 팀원들을 격려해 주면서 시상금 배분에 대한 각자의 의견을 물었다. 나는 당사자라 아무 말도 못하고 있었는데, 팀장님께서 이렇게 교통 정리를 했다.

전체 상금 2백만 원에서 팀 회식비로 1백만 원을 사용하고, 나머지 1백만 원은 고생한 나에게 배분한다는 것이었다. 그리고 오늘은 퇴근 후에 시상금으로 우리 팀 회식을 하는 것으로 일정을 잡았다.

그러면서 팀장님이 한 마디 더 언급했다. 오늘 축하 회식은 나의 사업부 파견 발령으로 송별회도 겸할 것이라고….

저번 주에 회사 인터넷 공지방에 올라온 '건설사 파견 희망자 모집'에 지원했는데, 벌써 인사 발령이 나서 팀장에게 통보된 모양이었다.

모두의 시선이 나에게 모였고, 갑자기 얼굴이 뜨거워졌다. 특히 팀장님에게 사전에 알리지 못한 점이 몹시 미안했지만, 지원 사실을 절대로 알리지 말라는 인사팀의 지침 때문에 어쩔 수가 없었다.

퇴근 후 회식 자리에서 팀장님, 팀원들과 함께 그간 정들었던 마음과 헤어짐의 서운함을 소주로 달랬다. 한편으로는 새로운 출발이라는 부담감에 걱정도 되었지만, 천만장자로부터 받은 교육을 바탕으로 부자의 길로 들어서기를 각오한 이상, 멈추지 말고 계속 나아가야 한다고 믿었다.

다시 한 번 이태백의 명언이 생각났다.

'신기한 말은 하는 것이 귀함이 아니라, 실행함이 귀함이다!'

그래, 선우민철!

도전해 보는 거야. 죽기야 하겠어?

다섯 번째 플랜 : 투자하고 기다리기

두 달 후, 평택.
평택에서의 파견 근무는 두 달을 넘어서고 있었고, 소득의 30% 내에서만 생활비를 지출하는 것이 생각보다 무척 힘들었다. 하지만 현장에 내려와서 근무하다 보니, 회사 동료나 지인들을 만나는 횟수가 줄어서 쓰는 돈의 규모가 확연히 줄었다. 그래도 대인 관계를 위해 개인 돈이 들지 않는 회사 회식에는 적극적으로 참석했다.

매일 엑셀로 가계부를 쓰며 수입과 지출을 관리한 결과, 책상 앞에 붙은 부채 리스트에는 첫 줄에 이어 두 번째 줄에도 빨간 선을 반쯤 그을 수 있었다. 불가능해 보였던 부채 줄이기가 점점 속도를 내고 있었다. 이곳에 내려와서도 계속 시간을 내어 재테크 책을 읽었고, 매일 신문을 보며 정부 정책과 시장의 반응, 그리고 광고성 기사를 구분해서 읽어 나갔다. 관심 부분을 스크랩하는 것 또한 잊지 않고 실천해 갔다.

이곳 평택에 내려오기 전, 마지막 주말에 세화를 만났다. 내가 신설된 건설 회사로 파견 근무를 지원한 목적과 앞으로의 계획에 대하여 설명해 주고 싶었기 때문이다. 모름지기 남녀관계란 눈에서 멀어지면 마음도 멀어진다는 말이 있듯이, 솔직히 헤어짐이 두려웠기에 약간 떨렸다.

그런데 의외였다. 세화는 평택에서 SRT로 수서역까지는 25분 정도밖에 걸리지 않아서 오히려 자기 집과 가까워졌다며 좋아했다. 그렇게 말해 주어서 마음이 놓였고, 고마웠다.

사내 경진대회에서 받은 1백만 원의 상금을 세화를 위해 쓰고 싶다고 했더니, 세화는 이렇게 말했다.

"저를 위해 받은 상금을 모두 쓰고 싶은 마음은 충분히 이해하고 감사해요. 그런데 민철 씨! TV를 보면 뇌졸중을 앓고 있는 할머니와 말기 암으로 투병하는 아버지를 모시고 어렵게 생활하는 소년 소녀 가장들도 있어요. 그들에게는 이 돈이 한 달 치 병원비나 생활비가 되는 큰돈일 수 있어요. 좋은 결과를 얻은 뜻깊은 상금이기에 좀 더 의미 있고 보람 있는 일에 사용했으면 좋겠어요."

요즘 세상에 이렇게 착한 마음씨의 아름다운 여인이 또 어디 있겠는가. 분명 하늘나라에서 내려온 날개 감춘 천사가 분명했다.

세화의 고운 마음을 받아들였지만, 그래도 1백만 원 전액은 좀 그렇다고 떼를 써서 70만 원은 기부하고, 나머지 30만 원은 데이트 비용에 쓰기로 했다. 그 돈으로 경복궁을 관람하고 인사동에서 파전과 막국수로 점심도 먹고, 롯데월드에서 신나게 놀이기구도 탔다. 그리고 마지막 코스로 톰아저씨(톰 크루즈)가 방문했던 방이동 먹자골목에서 소주와 곱창으로 저녁 식사까지 마무리했다.

다음 날, 세화와 약속한 대로 70만 원은 '초록우산 어린이재단' 홈페이지를 찾아서 그곳에 기부했다. 다양한 후원 기관들이 많이 있었지만, 이곳에 끌렸던 이유는 재단 회장은 삼성증권 사장

출신 황영기, 대표이사는 서강대 명예교수 최운열, 그리고 이사진 중에는 나경원 전 국회의원도 있어, 부실하게 운영하지 않을 것이라는 믿음 때문이었다.

삼성전자 평택 캠퍼스 건설 현장에 와 보니, 전국에 있는 타워크레인과 건설 인부들을 전부 모아 놨다고 할 만큼 어마어마했다. 축구장 면적 25배 크기의 공사장에 매일 6만 명의 인력이 드나들고 있었다. 지나다니는 개도 입에 만 원짜리를 물고 다녔다고 소문이 났던, 한창 때의 거제 조선소를 떠올리게 할 정도로 초호황이었다.

건설 인부들은 오전 7시부터 오후 5시까지 일해서 일당으로 평균 28만 원 정도 받았고, 여기에 저녁 9시까지 4시간을 더 일하면 야근수당까지 받아서 일당은 40만 원까지 올라갔다. 워낙 수요가 많아서 울산과 거제의 조선소 노동자들도 대거 이쪽으로 옮겨 왔다고 한다. 젊은 부부가 결혼하자마자 신혼여행도 안 가고, 두 사람 모두 이곳 현장에서 일해 월 1천만 원씩 번다는 이야기도 들렸다.

길거리 노점상은 매일 500만 원, 함바집(건설 현장의 간이식당) 사장도 매일 1천만 원의 수입을 올린다는 소문이 자자할 정도여서 중소기업 사장들도 부러워한다고 했다. 건설 현장에는 그 흔한 외국인 노동자를 한 명도 볼 수 없었는데, 삼성전자의 보안 문제로 내국인만 보였다. 그래서인지 작업자들이 현장에 투입될 때는 휴대폰을 반납하고 들어갔다. 소문에 의하면 소속 노조원만 쓰라는 일부 건설노동조합의 압박으로 내국인만 쓴다는 말도 있었다.

내가 이곳에서 맡은 일은 신규로 채용된 노동자들의 신원 조회와 근로계약서 작성, 급여 정리, 그리고 현장 안전 교육 프로그램 운영 등 인사 관련 업무였다. 그러던 어느 날 관리팀장이 나를 부르더니 새로운 지시를 내렸다.

회사가 채용한 작업자들을 현장 근처의 4층짜리 다가구주택의 한 개 층을 빌려 숙식하게 했는데, 계속 인원이 늘어나 근처 다른 주택까지 빌려 총 세 곳이 되었다고 했다. 문제는 4층짜리 다가구주택(이주자택지주택)의 1층에는 대부분 편의점, 카페, 식당들이 있어서 심야 시간에도 소음이 발생한다는 점이었다. 그렇다 보니 밤에 잠을 자야 하는 작업자들이 잠을 잘 수 없어, 조용한 숙소로 옮겨 달라는 요청이 계속 들어온다는 것이다.

또한 현장 작업자들을 관리하는 십장(작업반장)들도 퇴근 후 자체 교육 및 전달 사항이 있어 작업자들을 자주 소집해야 하는데, 숙소가 흩어져 있어 불편하다는 것이다. 게다가 숙소를 이탈해 술먹고 사고를 치는 작업자들도 많아서 관리하기 어려우니, 세 곳으로 분산된 숙소를 한곳으로 모으라는 지시였다. 결국 나에게는 실질적으로 두 가지 임무가 떨어진 것이다.

첫 번째는 1층에 상가가 없는 3층짜리 다가구주택(협의자택지주택)을 통으로 빌려 작업자를 한곳으로 모으는 것.

두 번째는 그렇게 되면 기존에 계약한 집들이 공실이 되어 새로 옮긴 주택 임차료에 기존 주택의 임차료까지 이중으로 비용이 발생하니, 기존에 계약한 집을 정리하여 비용이 나가지 않도록 만들어야 한다.

물론 관리팀장이 두 번째 임무는 아직 지시하지 않았지만, 대책을 미리 세워 두어야 했다.

먼저 이해가 안 되는 부동산 용어부터 찾아봤다.

예를 들어 어떤 지역이 개발지구로 지정되어 신도시 개발 발표가 나면 그 지역은 수용되고, 땅과 건물 등을 소유하고 있었던 주인들에게 토지보상금이 지급된다. 이때 집을 소유하고 있었던 집주인들, 즉 생활 터전이 없어진 원주민들에게 장사라도 해서 먹고살라고 1층에 상가를 지을 수 있는 땅을 매입할 수 있는 권리를 준다. 이것이 '이주자택지주택(점포주택)'이고, 4층까지만 지을 수 있다. 이에 반해서 '협의자택지주택'은 원래 집은 없고 땅만 갖고 있다가 땅이 수용되었기에, 개발 지역의 땅을 매입할 권리를 주는 것이다. 그런데 이 땅에는 상가는 지을 수 없고, 3층까지만 집을 지을 수 있다. 둘 다 다세대가 아닌 다가구주택으로 분류된다.

결국 내가 해야 할 일은 4층짜리 주택이 아닌, 3층짜리 주택을 찾아 그곳으로 작업자들을 모두 몰아넣어야 하는 것이다. 나는 사무실에서 나와 3층짜리 주택들이 모여 있는 지역의 부동산 중개업소를 돌아다니며 통으로 임차할 주택을 물어보았다. 그런데 예상했던 대로 나와 있는 임차 매물이 없었다. 하는 수 없이 1주일 동안 범위를 넓혀 조금 먼 거리에 있는 부동산 중개업소들도 계속 돌아다니며 명함을 놓고 왔는데, 드디어 2주 만에 연락이 왔다.

다음 달에 3개 층을 통으로 임차하는 조건인데, 월세가 조금 높은 것이 부담이었다. 이전에 계약했던 주택은 각층에 월 280만 원 선으로 매달 840만 원을 월세로 냈는데, 새로운 집은 각층 350만 원에 매달 1,050만 원으로 210만 원이 추가로 늘어났다. 결국 집주인과 2년 계약 조건으로 보증금 1천만 원에 월세를 50만 원 깎아, 매월 1천만 원으로 계약했다. 앞으로 2년 동안 무슨 일이 일어날지 알 수 없기에, 특약 사항에 '전대차 계약을 맺을 때, 임대인 동의를 받지 않아도 된다'라는 문구를 집어넣었다. 회사가 혹시 철수하더라도 남아 있는 계약 기간 동안 전대라도 놓아 월세를 충당하기 위함이었다.

회사에 돌아와 보고하니, 관리팀장이 2년을 계약하면 어떡하냐고 약간 몰아붙였지만 의외로 크게 문제 삼지 않았다. 그런데 팀장이 그랬던 데에는 이유가 있었다. 스카우트되어 다음 주에 다른 회사로 자리를 옮기기 때문이었다. 떠나는 회사인데, 뭘 얼마나 열심이겠는가.

다음으로, 기존에 계약된 집들을 처리해야 하는 문제가 남았다. 다시 통으로 계약한 부동산 중개소에 기존 집들을 처리해 달라고 전화했는데, 지금 집이 없어 월세가 올라가는 추세라 오히려 집주인들이 좋아할 거라며 반겼다. 다행히 다음 달 이사하는 날에 맞추어 모두 월세 계약을 해지하고 보증금을 정산하는 것으로 기존 집들을 정리했다. 이렇게 일이 끝나는 줄 알았는데, 또 다른 복병이 숨어 있었다.

관리팀장이 다른 회사로 이직하는 바람에 그가 사용했던 숙소가 공실로 남게 된 것이다. 주택의 3층에 있는 별도의 10평짜리 다락방이었는데, 창문을 열면 테라스로 연결되는 구조였다. 그래서 테라스로 나가면 바깥 공기도 쐴 수 있고, 화재 위험으로 집주인이 못하게 말리겠지만 바비큐도 해 먹을 수 있었다. 보증금 300만 원에 월 70만 원으로 계약되어 있었는데, 기간이 5개월 남아 있었다. 다락방을 만드는 것은 불법은 아니지만, 가끔 집주인들이 준공을 받은 후 개조해서 화장실도 만들고, 싱크대도 설치하여 임대를 놓는다. 민원이 들어와 조사를 나오지 않는 이상, 해당 관청은 알 수 없기에 대부분 그렇게 한다.

회사에서는 사용하지도 않으면서 5개월 동안 350만 원의 생돈이 나가는 것이다. 내 돈이 나가는 것도 아니고, 해결하라고 별도로 지시받은 일도 아니라서 '모른 척 모드'로 버틸까 했는데, 천만장자가 목욕탕에서 했던 말이 떠올랐다.

'부자는 자기 것이 아니라도 항상 아껴 쓰지. 몸에 밴 절약의 습관이기도 하지만, 낭비하는 것을 몹시도 싫어한다네. 자기 것이 아니더라도 늘 아껴 쓰고 소중히 사용하지. 이러한 사소한 차이가 쌓여서 부자와 가난한 사람을 운명적으로 갈라 놓게 만든다네.'

천만장자의 부자 교육이 개인 차원에서만 적용될 줄 알았는데, 회사 비용까지도 아끼려는 생각이 내 마음속에서 우러나는 것을 깨닫고는 조금 놀랐다. 회삿돈이건 남의 돈이건, 아끼려는 마음과 노력이 결국은 나에게도 도움이 되고, 부자의 길에도 가까워진다는 생각에 적극적으로 해결해 보겠다고 생각을 바꿨다.

　해결 방법은 다락방 집주인에게 허락을 받아 전대할 수밖에 없는데, 누가 5개월만 계약하고 들어올지 의문이 들었다. 에어비앤비(AirBnB)도 생각해 봤지만 여기가 관광지도 아니고, 삼성전자 공사판 근처라서 실현 가능성이 거의 없었다. 어떻게 해결해야 하나 계속 고민하던 와중에 의외의 아이디어를 세화로부터 얻게 되었다.

　평택에 내려와서도 주말마다 서울로 올라가 세화를 계속 만나고 있었다. 회사에서 배정해 준 평택 직원 숙소에서 생활하지만, 일주일에 한 번씩은 빨랫감을 들고 서울 집으로 올라가 세탁과 방 청소를 끝낸 후, 세화를 만나 주말 데이트를 즐겼다.

　만나기 어려운 주중에는 거의 하루에 평균 다섯 번 이상 카톡을 하며 세화에 대한 애정을 표현하려고 애썼다. 눈을 뜨면 한 번, 오전에 커피 마시며 한 번, 점심 식사 후에 한 번, 저녁 식사 때 한 번, 그리고 자기 전에 또 한 번….

　세화에게 빈 다락방을 어떻게 처리할지 고민하고 있다고 했더니, 월세를 받지 말고 주세(週貰)를 받아 보는 것이 어떠냐고 했다.

　'왠 주세?'

　세화의 의견은 이랬다. 그 지역이 삼성전자 공장 증설로 인해 전국의 많은 건설사와 협력 업체들의 출장이 많을 것이라는 점. 모텔이나 호텔에 묵을 수도 있겠지만, 그곳보다 비용도 저렴하면서 숙식도 해결할 수 있는 빌트인 시설을 갖춰 놓은 다락방 원룸이라는 점. 세화는 이런 이유를 들어 단기 출장자들의 수요가 있지 않겠느냐고 했다. 그래서 월세 대신 1주일 단위로 주세를 받는 단기 임대를 검토해 보라고 조언했다.

순간 좋은 아이디어라는 생각이 들었다. 그러려면 침대와 가구, 주방 시설, 목욕 도구 등 여러 가지를 갖춰야 하는 게 문제였다. 게다가 어떻게 방을 꾸며야 할지 미적 감각이 전혀 없는 나로서는 그것이 더 큰 문제였다. 어떻게 할까 고민하다가, 결국 세화의 도움을 받기로 마음먹고 전화를 걸어 이렇게 말했다.

"다락방 사진을 찍어 두었고, 줄자로 방의 크기를 구석구석 실측해 놓았거든요. 저와 함께 광명에 있는 이케아 매장에 가서 필요한 것들을 한번 둘러보는 게 어때요? 제가 이런 쪽으로는 아는 게 없어서…."

세화가 바로 오케이 해서 우리는 이케아로 향했다. 역시 여자들은 쇼핑을 좋아하나 보다. 이케아에 들어서자, 갑자기 세화의 얼굴이 밝아지고 눈이 동그랗게 커지면서 이것저것 만져보며 장난감 가게에 온 아이처럼 즐거워하는 게 아닌가.

접시는 이런 것을 사야 하고, 이런 프라이팬은 눌어붙어서 안 되고, 화장실 수건은 면이 좋은 것을 사야 하고, 옷장은 이런 것이 실용적이고 등등. 내가 도저히 알 수 없는 디테일한 것들을 알려 주었다. 세화를 따라다니며 예비 부부의 신혼 준비가 어떤 느낌일지를 상상할 수 있었고, 미래의 나의 배우자가 세화처럼 아름답고, 세련되고, 실속 있고, 알차고, 착하고, 지혜롭고, 배려심도 많은 그런 여인이면 좋겠다는 주제넘은 꿈을 가져 보았다.

대충 소파, 식탁 겸용 테이블, 의자, 옷장, 화장실 용품, 부엌 용품까지 모두 1인용 기준으로 찜해 두었고, 마지막으로 침대를 둘러보았다. 사이즈별로 싱글, 슈퍼 싱글, 더블, 퀸, 킹까지 진열되어 있었는데, 세화는 침대는 무조건 매트리스가 중요하기에 반드시 누워 보고 느낌을 확인해야 한다고 했다. 몇 개를 누워 보고 슈퍼 싱글로 마음을 정하고는 옆에 있는 가장 큰 킹 사이즈도 느낌을 알고 싶어서 누웠고, 세화에게도 옆에 누워 보라고 했다.

세화가 머뭇거리더니, 내 옆에 살짝 누웠다. 그때 나는 조용히 손을 뻗어 세화의 손을 처음으로 잡았는데, 갑자기 팔에 전기가 찌릿~. 둘 다 놀라서 동시에 얼른 손을 빼고 침대에서 벌떡 일어났다. 겨울에 느꼈던 정전기는 한순간 번쩍하지만, 지금은 몇 초 동안 흐르는 강력한 전기였다.

남녀 간에 '찌릿~' 전기가 통한다는 것을 소설책에서 읽었을 때는 작가가 지어낸 거짓말이라 여겼는데, 진짜였다. 어렸을 때 전기 콘센트에 젓가락을 찔러 넣었던 전기 충격의 느낌을 생생히 기억하고 있었지만, 그런 느낌과는 전혀 달랐다. 찌릿한 느낌은 같았지만, 전기 충격과는 달리 고통은 없었고 놀라움과 짧은 황홀함이 온몸으로 전해져 왔다.

서로 한동안 눈을 마주치지 못하고 딴짓만 하다가 반대편에 있는 레스토랑에 들러 저녁을 먹었는데, 연어 필렛과 포크 립만 빼고 모두 만 원 이하의 가격이어서 가성비가 너무 좋아 음식을 네 가지나 주문했다.

이케아를 나와 세화를 집에 데려다 주고 헤어질 때, 창문을 열고 세화의 눈을 마주치며 이렇게 말했다.

"저, 오늘 감전되어 생의 마지막 날이 되는 줄 알았어요."
세화도 겸연쩍어하면서 이렇게 말했다.
"우리, 다음부터는 장갑 끼고 만나요…."
평택으로 내려오면서 계속 그 느낌이 떠올랐고, 드디어 나의 참사랑을 만났다는 생각에 심장이 터질 듯 요동치기 시작했다.
다음 날, 회사에 출근하여 공석이 된 관리팀장도 겸직하고 있는 인사팀장에게 메일로 보고서 한 장을 썼다.

제목 : 다락방 처리 방안
현황 : 보증금 300만 원, 월세 70만 원, 잔여 기간 5개월
예상 손실 : 350만 원
대응 방안 : 주세로 전환(전대로 임대)
기대 수익 : 주세 35만 원, 월 수입 140만 원, 5개월 총 700만 원
관련 비용 : 인테리어 100만 원
추가 비용 : 청소비 월 20만 원(주당 5만 원)
월 예상이익 : 50만 원(140만 원 - 70만 원 - 20만 원)
총 예상이익 : 150만 원(50만 원 × 5개월 - 인테리어 100만 원)

내가 이렇게 계산한 이유는, 근처 7평짜리 오피스텔이 보증금 500만 원에 월세 80~100만 원을 받고 있어, 보증금 없이 주세 35만 원이면 충분히 가능성이 있다고 판단했다.
청소비는 1주일 단위로 방 청소와 침대, 베개, 이불 시트, 화장실 수건 등을 빨아서 새것으로 교체하는데 들어가는 인건비였

다. 지금 우리 회사 작업자들이 사용하는 숙소를 주말에 한 번씩 청소해 주는 아주머니가 계시는데, 매주 5만 원을 드리겠다고 했더니, 할 생각이 있다고 했다.

그 외에 100만 원 범위에서 인테리어를 손보고, 5개월 후에는 설치했던 물건들은 우리 회사의 작업자 숙소로 옮겨 와 사용하면 되기에 크게 문제될 것은 없었다.

가장 큰 걱정거리는 들어올 사람을 구하는 것인데, 동네 부동산 중개업소와 인터넷 어플, 리브애니웨어, 삼삼엠투, 위홈에 올려 홍보하기로 하고, 어플 관리는 우리 팀 신입 여직원이 맡기로 했다.

인사팀장님의 답신 메일이 왔는데, 화끈했다. 원안대로 승인하되, 제발 빈 다락방 월세만 안 나가도록 해 달라고 했다. 그리고 반농담으로, 보고서대로 안 되면 내 월급에서 까겠다는 말도 덧붙였다.

세화와 함께 이케아 매장에서 점찍어 둔 물품들을 인터넷으로 주문하고, 냉장고는 퇴사한 관리팀장이 썼던 중고를 그대로 쓰면 되고, 세탁기는 비용 초과와 공간 문제로 근처 빨래방 위치를 벽에 붙여 놓기로 했다. 며칠 뒤 도착한 이케아 물건들을 직접 조립하여 설치하고, 인테리어를 대충 마무리한 후 손을 뗐다. 그 후, 우리 여직원이 다락방이 매주 예약된다며 좋아했다.

5개월 후, 여직원은 중간중간 공쳤던 주들이 있었지만 최종적으로 30만 원 정도 벌었다고 말해 주었다. 물론 30만 원이 적은 돈일 수 있지만, 가만히 있는 것보다 움직이며 알아보고 시도했던 적극성이 매우 중요하다는 것을 배우게 되었다.

계속 신규 작업자들이 채용되어 인원이 늘다 보니, 숙소 관련해서 본연의 인사 업무보다 부동산 계약 업무를 더 많이 하는 것 같아, 마치 내가 사내 부동산중개소가 된 기분이었다. 하지만 부동산에 관심이 많았기에, 이번 기회에 제대로 공부해 보기로 했다. 대학 시절, 교수님께서 하셨던 말씀이 떠올랐다.

"학문은 관련 용어를 익히는 것이 중요하고, 사회생활은 사람을 익히는 것이 중요하다."

그때는 무슨 말인지 이해되지 않았지만, 지금에 와서 다시 생각해 보니 정말 중요한 말씀이었던 것이다. 부동산 공부를 제대로 하려면 부동산 관련 용어부터 제대로 알아야 한다는 생각이 들어, 내가 알아야 할 관련 용어들을 모두 찾아보았다. 아는 것을 제외하고도 원시취득, 비크리 경매, 명도, 전월세전환율, 경정등기 등 모르는 용어가 무려 400여 개나 되었다.

학생 시절로 돌아갔다고 생각하고 독서 카드를 하나 구입해 모르는 용어들을 인터넷에서 검색하여 그 뜻을 모두 적어 놓았다. 그리고는 화장실 갈 때, 커피 마실 때, 담배 피울 때, 잠들기 전에 읽어 보며 1주일 만에 모두 외웠다. 그리고 나서 부동산 책을 읽으니 내용이 쉽게 이해되어 머리에 쏙쏙 들어오기 시작했고, 읽는 시간도 무척 빨라졌다.

부동산 책을 읽은 후로는 부동산중개소를 들를 때, 사람들이 무슨 내용으로 대화하는지 금방 감을 잡을 수 있었다. 또한 내가 자연스럽게 부동산 전문 용어를 사용하게 되자, 상대방도 나를 풋내기로 취급하지 못했다.

회사에서는 채용을 계속 늘릴 계획이어서 숙소를 미리 잡아 두기로 내부 결재를 받은 후, 그간 계속 거래했던 부동산중개소를 방문했다. 매물을 살펴보고 세 번째 집을 통으로 빌리는 계약을 마치고 일어서는데, 중개소 아주머니께서 이렇게 말씀하셨다.

"총각. 그간 내가 지켜봤는데 일도 꼼꼼하게 처리하고, 부동산 용어도 잘 알고, 이쪽 경험이 있어 보이더라고. 그런데 혹시… 땅 투자는 안 해?"

"뭘요. 이제 투자해 보려고 조금씩 공부하고 있는데… 아직도 모르는 게 많아요. 돈도 없고요…."

"이런~. 공부만 한다고 돈 버는 거 아니야. 부동산을 보는 눈도 길러야 하고, 운도 따라줘야 하고, 타이밍도 맞아야 하거든. 좋은 땅 있는데… 하나 소개해 줘?"

갑자기 이런 제안을 받자, 혹시 사기당하는 건 아닌지 의심이 먼저 들었다. 하지만 그간 만나 봤던 경험으로 볼 때, 그럴 분은 아닌 것 같았다. 그래도 조금은 의심을 깔고 들어보기로 했다.

"어떤 땅인데요?"

"여기서 차로 10분 정도 더 가는데, 협의자택지로 나온 70평이 있어."

쉽게 이해할 수 있었다. 협의자택지로 나왔다면, 3층짜리 주거 전용 단독주택만 건축할 수 있고, 1층에는 상가를 지을 수 없는

다가구주택용 땅이다.

"가격은 어떻게 됩니까?"

"평당 785만 원 정도로, 5억5천만 원에 나왔어."

"저는 그렇게 큰돈이 없어요."

"무슨 말이야. 이쪽 지역은 은행에서 80% 이상 대출이 나오니까, 자기 돈 1억 정도만 있으면 살 수 있어."

'엥~?'

토지를 매입할 때 은행 대출을 받을 수 있다는 것은 알고 있었지만, 80%를 대출받고 나머지 1억 원만 있으면 땅 주인이 된다는 말에 관심이 급상승했다.

"은행 대출이자는 얼마나 됩니까?"

"우리 손님들 보니까, 개인별 신용도에 따라 조금씩 다른데… 연 5% 정도로 받고 있어."

테이블에 놓인 계산기를 두드려 보았더니 연이자 5%로 빌린다면, 매월 나가는 이자는 180만 원 정도였다. 물론 나에게는 이 금액이 큰돈이었다. 하지만 확실히 돈을 벌 수만 있다면, 큰돈이 아닐 수도 있다는 생각이 들었다.

"대출 기간과 거치 기간은 어떻게 되는지 알 수 있을까요?"

"어~휴, 총각. 그것까지는 나도 잘 몰라. 은행 가서 물어봐. 내가 부동산 중개업자지, 은행원이 아니잖아."

이렇게 한 소리 하시고는, 다시 친절하게 설명해 주셨다.

"대부분 2년 거치에 20년간 원금과 이자를 상환하는 조건이 많은데, 사람마다 달라. 자세한 것은 이 사람에게 물어봐."

아주머니는 서랍에서 은행 대출 담당자 명함을 꺼내어 내게 주셨다.

"혹시 소재 지번과 건물번호를 알 수 있을까요?"

"그냥 주소 가르쳐 달라고 하면 되지, 뭔 말이 길어. 건물이 없는 빈 땅인데, 뭔 건물번호야?"

이러시면서 부동산 등기부등본을 서랍에서 꺼내 주었다.

괜한 소리로 부동산 공부가 아직 덜 되어 있음이 드러나고 말았다.

두 달 전까지만 해도 '등기사항전부증명서(등기부등본)'를 제대로 읽을 줄 몰랐는데, 이제는 한눈에 보였다.

소유자는 1963년생 박필주. 한국토지공사로부터 3억5천만 원에 분양받은 땅이다. 새마을금고에 채권최고액으로 3억2천만 원이 잡혀 있는 70.4평짜리 땅. 5억5천만 원을 불렀으니까 거래가 성사된다면, 이 사람은 차액 2억 원을 버는 것이다. 물론 세금을 고려하면 여기에서 30% 이상 줄어들게 된다.

아직 생각은 없지만, 혹시 기회가 될지도 모른다는 생각에서 아주머니께 이렇게 말씀드렸다.

"제가 임장(현장 답사)과 시장 조사를 해보고 고민해 보겠습니다. 언제까지 답을 드려야 하나요?"

"계약은 알 수 없어. 가격만 맞으면 바로 거래가 끝나. 오늘이 될 수도 있고, 내일이 될 수도 있어. 내가 언제까지나 붙잡고 있을 수 없어. 꼭 사야겠다면 가계약금이라도 걸어 놓고 가."

"얼마나 걸어야 하는데요?"

"1천만 원."

"알겠습니다. 제가 조사해 보고, 다시 연락드리겠습니다."

자리에서 일어나는데, 아주머니께서 한마디 더 하셨다.

"엊그제 건축업자가 와서 4억8천만 원을 불렀는데, 땅 주인이 'No' 했어. 참고하라고."

이 말은 5억 원 밑으로는 꿈도 꾸지 말라는 엄포였다.

부동산 중개업소에서 나와 내비게이션에 주소를 찍고, 차를 몰아 땅을 보러 갔다. 그 구역의 땅들은 대부분 비어 있었지만, 몇 곳은 집을 짓고 있었다. 그런데 내가 찾은 땅은 쓰레기와 건축 자재가 쌓여 있어, 땅 주인이 관리하지 않고 방치하고 있다는 인상을 받았다. 사무실로 돌아오면서 부동산 아주머니가 명함을 준 은행에 들러 대출 담당자를 찾아 상담을 받았다. 담당자는 얼마 전에 이 물건으로 상담을 한 적이 있다면서 금액을 바로 알려 주었다.

감정가 6억 원에 실거래가 5억 원. 보통은 실거래가가 감정가보다 높아야 맞는 것이 아닌가 하여 고개를 갸우뚱했더니, 담당자가 그쪽 지역은 가격이 올랐다가 약간 내려가는 추세라서 그런 숫자가 나온다고 했다.

퇴근 후, 숙소로 돌아와서 근처 구역의 모든 등기부등본을 인터넷으로 열람해 등기부등본상에 나온 거래 금액을 모두 추려내 보니, 5억 원에 근접한 금액에서 거래되고 있었다. 그렇다면 5억 5천만 원을 부른 이 땅은 5천만 원 비싸게 나온 셈이다.

그렇지만 삼성전자가 5년 안에 추가로 공장을 세 곳 더 증설할 계획이고, 건설 회사들도 삼성 평택공장은 거의 10년 치 일감이 꽉 찼다고 말하고 있다. 따라서 향후 1~2년 내에는 이쪽 지역까지 다가구주택에 대한 수요가 일어날 것으로 예상되었다. 잘만 되면 돈 벌 기회라는 생각이 들었다. 하지만 매달 내는 은행 이자도 부담이 되었고, 무엇보다도 태어나서 처음으로 땅을 사는 것이 두려웠다.

그때 천만장자와 목욕탕에서 나누었던 대화가 떠올랐다.

"사람들이 부자가 되지 못하는 이유는 딱 두 가지 때문이라네. 그 이유가 뭔지 아나?"

"잘 모르겠습니다."

"첫 번째는 게으름이라네. 돈 버는 방법을 찾아보지 않는 게으름, 배운 것을 실천하지 않는 게으름, 절약하고 저축하여 목돈을 만들어 투자하지 않는 게으름, 문제를 외면하고 해결점을 찾지 않는 게으름, 스스로 정한 약속을 지키지 않는 게으름…. 모든 게으름은 절박하지 않기에 생기는 것이지. 부지런하다고 해서 꼭 부자가 되지는 않겠지만, 게으름은 반드시 가난을 불러온다네."

"그럼… 두 번째 이유는 뭔가요?"

"두 번째는 두려움이라네. 실천에 대한 두려움, 잃는 것에 대한 두려움, 실패에 대한 두려움, 가족에 대한 두려움, 미래에 대한 두려움, 새로운 일에 대한 두려움, 투자에 대한 두려움, 망하는 것에 대한 두려움, 재기에 대한 두려움…. 이 모든 두려움의 원인은 부족한 지식과 경험 그리고 나약한 의지 때문이지. 그 결과, 사람들은 평생 두려움에 짓눌려 평범하게 살아가거나, 오히려 가난하게 사는 것에 익숙해진다네. 그러나 돈에 대한 명확한 목표가 생기면 두려움은 극복되고, 게으름 역시 사라지게 된다네."

더불어 트럼프호텔에서 교육받았던 내용도 떠올랐다.

"부자를 정의하는 데 가장 중요한 것은 '투자'이네. '투자'는 다른 말로 '돈 벌 짓'이고, '돈 벌 짓'은 값이 오를 것을 미리 사 놓는 일이지. '돈 벌 짓'이라는 '투자' 없이는 누구도 부자가 될 수 없네. 워렌 버핏도 이렇게 말했지. '잠자는 동안에도 돈이 들어오는 방법을 찾지 못한다면, 당신은 죽을 때까지 일만 해야 할 것이다.' 이 말의 핵심은 투자하지 않으면, 평생 일만 하고 부자가 되지 못한다는 것이네. 투자하지 않고 부자 되는 방법은 지구상 그 어디에도 없네. 이 점을 죽을 때까지 반드시 명심하기 바라네."

결론은 하나였다. 두려움과 게으름을 극복하고 투자하지 않으면, 결코 부자가 될 수 없다. 투자해야 한다! 땅을 사야 한다.

다음 날, 부동산 아주머니 계좌로 가계약금 1천만 원을 송금했다. 천만장자의 교육을 받고 비상금 1천만 원을 만들어 두었는데, 이렇게 쓰일 줄은 꿈에도 몰랐다. 비상금이 없었다면 신용카드로 단기카드대출(현금서비스)을 받았을 것이고, 신용카드 회사에 반복적 소득을 제공하여 그들을 부자로 만드는 데 공헌했을 것이다.

3주일 후에 최종 등기를 마쳤는데, 부동산 아주머니가 중간에서 조정을 잘 해주어 5억1천만 원에 합의했다. 은행에서는 담보 인정비율을 90%로 받았고, 나머지 차액인 5천1백만 원과 세금, 법무사 비용, 부동산 중개료 등은 그간 넣어 둔 적금을 해약하고, 그간 모아 둔 푼돈까지 모두 끌어모아 해결했다. 매달 나가는 대출이자가 부담되었지만, 등기부등본의 갑구(소유권에 대한 사항) 세 번째 칸에 '선우민철' 내 이름을 보는 순간, 걱정과 두려움보다는 행복감과 성취감이 밀려왔다.

드디어 투자했고, 내 이름의 땅이 생겼구나. 언젠가는 가격이 오르겠지….

한 달쯤 지난 후, 월요일 아침이었다.

습관대로 6시에 잠이 덜 깬 눈으로 일어나서 숙소 현관문을 열고 신문을 집어 들었다. 그리고 화장실에 들어가 신문 1면을 펼치는 순간, 정신이 번쩍 들었다.

> 국가 반도체 대학 설립. 정부는 삼성반도체 공장 근처 100만 평 부지를 수용하고, 삼성전자는 대학 캠퍼스를 조성하여 매년 반도체 인력 2천 명씩 배출. 3년 후부터 신입생 모집 예정. 대한민국 반도체 전문 인력 양성으로 국가 경쟁력 향상 기대!

기사에 나온 부지 조성 계획도를 봤더니, 내가 매입한 땅의 길 건너 구역이었다. 대학이 들어설 것으로는 꿈에도 예상하지 못했지만, 분명 호재였다.

회사에서 하루 종일 일이 손에 잡히지 않았다. 분명 좋은 기사인데, 내가 사 둔 땅에 어떤 영향을 미칠지는 아직은 확신할 수 없었다. 그런데 퇴근 무렵, 내 땅을 소개해 주었고, 계약까지 했던 공인중개사 아주머니로부터 전화가 걸려 왔다.

"아주머니, 그간 잘 지내셨어요? 어쩐 일이세요?"

"총각. 그 땅 1억 더 준다는 사람 있는데, 팔 거야?"

"네! 진짜요?"

8장

슬픈
크리스마스 이브

특별한 프러포즈

크리스마스 이브, 12월 24일 수요일
 작년에는 성탄절이 주말이어서 대체 공휴일로 3일간의 연휴를 즐겼다. 그런데 올해는 평일이라 하루밖에 못 쉬어 조금 아쉽지만, 그래도 세화와 첫 크리스마스를 함께할 수 있다는 기쁨에 아침부터 설레었다. 오늘은 세화와 나에게 중요한 이벤트가 있기 때문이었다.

아침부터 서둘러 목욕탕과 이발소를 다녀왔고, 크리스마스 이브라 차가 밀릴 것을 예상하여 평택에서 오후 일찍 차를 몰아 서울로 향했다. 그런데 고속도로에 들어서자마자 벌써 밀리기 시작했다. 눈 내리는 화이트 크리스마스를 기대하며 많은 회사들이 '함박눈 이벤트'를 걸었는데, 하늘을 보니 그분들에게는 다행이겠지만 아쉽게도 눈은 올 것 같지 않아 보였다.

나는 매년 크리스마스 이브에는 밤늦게 차를 운전해서 경부고속도로를 타고 해운대에 내려가 홀로 일출을 맞이했다. 그런 다음, 부산에서 유명한 '허심청' 온천에 들러 목욕하고 서울로 돌아오는 것이 매년 반복된 일정이었다. 남들은 1월 1일 새해 일출을 보러 정동진으로 몰려가지만, 전국에서 사람들이 몰려 차가 밀리는 게 싫었다. 그리고 혼자 외로이 지내는 크리스마스에 하루 종일 넷플릭스로 영화 서너 편씩 보는 것도 싫증이 났기 때문이었다. 그런데 올해 크리스마스는 달라졌다. 지고지순하고 아름다운 여인과 함께하는 크리스마스이니까.

경부고속도로 서울 요금소를 지나 서울로 들어서면서, 지난 몇 달 동안의 일들이 파노라마처럼 눈앞에서 그려졌다.

등산로 할머니로부터 천만장자를 소개받아 목욕탕에서 천만장자를 만났고, 트럼프호텔에서 이틀 동안 특별한 교육을 받았다. 천만장자로부터 새로운 생각과 재테크에 관한 핵심 스킬들을 전수받았고, 그곳에서 세화도 만났다.

그녀의 도움으로 회사의 신규 사업 아이디어 경진대회에서 특별상과 상금도 받았고, 건설 회사로 파견되어 평택에 근무하면서 생전 처음으로 부동산에 투자해 돈을 벌었다. 내가 산 가격보다 2억 원이 더 올라, 5억짜리 땅이 그사이 7억 원이 되었다. 아직 팔지 않았기에 2억 원을 손에 쥔 건 아니지만, 첫 투자에서 성공했다. 돈보다는 두려움을 극복하고 도전해서 결과를 이루었다는 성취감이 더욱 큰 기쁨이었다.

땅을 매입할 때 받은 대출금 이자는 내 명의로 3층 다가구주택을 전대 가능한 조건으로 월 800만 원에 계약한 후, 월 1천만 원에 재임대를 놓아 세입자를 구했고, 매월 생기는 차액 200만 원으로 해결했다.

내가 이런 방법을 생각했던 것은 돈이 없어도 돈을 벌 수 있다는 것을 천만장자의 세 번째 테스트를 통해 배웠기 때문이다. 그때 천만장자가 이렇게 말했었다.

"인생에서 돈이 있어야 돈을 벌 수 있다는 생각이 머릿속에 있는 한, 절대로 부자가 될 수 없네. 그런 생각의 벽을 넘어서지 못하면 영원히 부자의 길로 들어설 수 없네. 비록 돈은 아니지만, 그에 상응하는 가치 있는 무언가를 갖고 있거나, 보여줄 수 있거나, 활용할 수만 있다면, 반드시 돈으로 만들 수 있네. 그것은 아이디어나 기술이 될 수도 있고, 자네처럼 반드시 해내겠다는 열정일 수도 있고, 그 외에도 무수히 많다네. 오늘 세 번째 테스트에서 자네가 돈한 푼 없이도 1천만 원을 번 것처럼, 돈이 없이도 부자가 될 수 있는 길은 얼마든지 있다는 것을 꼭 믿어야 하네."

결국 돈을 사용하지 않고도 돈을 번 것이다. 나는 이것이 불가능할 줄 알았는데, 실제로 이루어졌다. 돈이 있어야 돈을 벌 수 있다는 고정관념의 벽을 마침내 넘어선 것이다.

재테크 5단계를 시작하면서 매일 가계부를 쓰며 수입과 지출을 관리했고, 소득의 30% 범위 안에서만 생활하도록 나를 혹독하게 몰아부쳤다. 이제 조금만 더 노력하면 최초 1년을 계획했던 부채 줄이기는 그보다 빨리 달성할 수 있을 것 같다. 만약 생각을 바꾸고 도전하지 않았다면, 어떻게 됐을까?

나는 아직도 신용카드를 돌려막고 있을 것이며, 소득이 적음을 한탄하고, 부자들을 질투 가득한 시선으로 바라보며 사회를 원망하고 있었을 것이다.

우연처럼 보였지만, 결코 우연만은 아니었고 운도 따라주었다고 생각한다. 그런데 운도 노력하고, 발버둥 치고, 도전해야만 따라온다는 말이 진실이었다.

　이런 생각들을 되돌아보며 5시 반쯤 세화와 약속한 한식당에 도착했다. 내가 이 식당을 예약한 이유는 세화의 집에서 멀지 않은 곳이기도 하지만, 식사 후에 가까운 코엑스몰에서 영화를 함께 보기로 했기 때문이다.
　6시가 되기 전에 세화의 모습이 눈에 들어왔다. 한 번도 늦은 적이 없이 제시간에 나타나는 정확함이 늘 고마웠다.
　남색 코트에 버버리 스타일의 체크무늬 주름치마와 크림색 목폴라로 따뜻함과 세련미를 동시에 갖춘 이미지였다. 손에 든 핸드백은 아웃렛 매장에 갔을 때, 내가 선물한 중저가 제품이었다. 예의상인지, 아니면 정말로 마음에 들었기 때문인지 몰라도 만날 때마다 들고 나와서 나를 감동시켰다. 물론 입술에 바른 빨간색 립스틱도….
　"메리 크리스마스!"
　내가 반갑게 인사를 하자, 세화도 활짝 웃으며 인사했다.
　"메리 크리스마스!"
　세화와 약속한 대로 매주 일요일은 성당에 나갔다. 내가 함께 미사를 보고 싶다고 세화가 사는 집 근처 성당으로 가겠다고 했지만, 한 번도 받아들여지지 않았다. 일요일에는 성당 봉사활동으로 바쁘다고 했지만, 신자 분들의 시선도 의식했을 것이다.
　이 한식당은 외국 관광객들이 자주 찾는 한국 전통 음식점으로도 유명하지만, 저녁 7시와 9시에 국악 공연이 열리는 곳으로 더 많이 알려져 있다. 우리나라 사람들도 감동하는데, 국악을 처음 듣는 외국인들은 '원더풀!'을 연발하지 않을 수 없을 것이다.

식사 메뉴로는 저녁 정식과 함께 동동주를 한 잔만 주문했다. 자동차를 가져왔기 때문에 술을 마시면 안 되지만, 그래도 크리스마스 이브이기에 동동주 한 잔을 두 잔으로 나누어 맛만 보기로 했다. 우리는 잔을 마주치며 건배사를 주고받았다.

"진정한 경제적 자유인을 위하여…."
"진정한 경제적 자유인을 위하여…."

천만장자와의 만남 이후, 나의 건배사는 '진정한 경제적 자유인을 위하여'로 굳어져 버렸다. 세화는 연말이라 호텔에 행사가 많아 하마터면 못 나올 뻔했는데, 다행히 친한 선배가 근무 시간을 바꿔 줘서 오게 되었다고 고마워했다.

식사를 끝냈을 즈음, 국악 공연이 시작되었다. 그런데 세화가 무대를 등지고 앉아 있어서 내 옆으로 앉도록 했다. 판소리와 장구춤, 북춤, 그리고 부채춤까지 20여 분에 걸쳐 공연이 펼쳐졌다. 공연 중간에 영어와 한국어로 판소리 소절의 의미와 한국 전통 음악에 관한 설명도 곁들여 주어서 우리 국악의 깊은 맛이 새롭게 느껴졌다.

공연 중에 살며시 세화의 오른손을 잡았다.

'찌릿~' 전기는 통하지 않았지만 부드럽고 따뜻한 그녀의 온기가 내 몸으로 퍼져 왔고, 손을 통해 서로의 느낌이 전달되는 것을 알 수 있었다.

자리를 옮겨야 할 시간이 되었을 때, 오늘 일정을 모르고 있을 세화에게 이렇게 말했다.

"다음 코스로 영화를 볼 텐데, 세화 씨를 위해 특별한 이벤트를 준비했습니다."

그러자 세화가 약간 놀란 토끼 눈으로 물었다.

"이벤트라고요?"

"가보면 알아요. 그렇다고 톰 크루즈가 살아 돌아와 우리를 맞이하지는 않을 거예요."

내 말에, 세화가 울먹일듯한 목소리로 말했다.

"멋진 톰 크루즈를 다시 볼 수 없다니… 너무 슬퍼요."

예약한 영화는 〈미션임파서블 9〉인데, 마지막 장면에서 톰 크루즈가 죽는 것으로, 1996년에 시작한 미션임파서블의 시리즈가 대단원의 막을 내리는 것으로 설정되어 있었다. 그런데 아이러니하게도 이 영화를 찍으면서 톰 크루즈가 진짜로 사고를 당해 그의 유작이 되어 버린 것이다. 톰 아저씨가 히말라야의 에베레스트 정상을 패러모터(엔진이 뒤에 달린 패러글라이더)로 넘는 장면을 찍다가 기상이변으로 돌풍을 만나 추락했는데, 그 지역에 눈사태가 발생하여 지금까지 시신을 발견하지 못했다고 한다. 뉴스가 전해진 그날은 할리우드 애도의 날로 선포되어 모든 촬영을 3일간 중단하였고, 전 세계가 추모의 시간을 가졌다. 나 역시 그날 저녁은 아무것도 못하고 살아 돌아오기만을 기원하면서 속보만 지켜보았다.

영화의 나머지 부분은 대역으로 톰 크루즈를 닮은 미국 영화배우 '숀 패리스'를 출연시켜 완성했는데, 결코 톰 아저씨의 빈자리를 메꾸지는 못했다. 사람들이 지금까지 가장 많이 본 영화는

2019년에 개봉한 〈어벤져스 : 엔드게임〉으로, 전 세계 인구의 20%인 14억 명이 봤다고 한다. 그런데 톰 크루즈의 유작 〈미션 임파서블 9〉은 30억 명을 넘어섰다. 불교에서 전해지는 '한순간이 하루를 바꿀 수 있고, 하루가 인생을 바꿀 수 있고, 한 사람의 인생이 세상을 바꿀 수 있다.'라는 말처럼, 톰 크루즈는 분명 '세상을 바꾼 스타'였다.

시간이 되어 세화와 자리에서 일어나 계산대로 향했다. 결제는 당연히 현금으로만 계산하고, 소득공제용 현금영수증을 받아 지갑에 넣었다. 천만장자의 말대로 현금만 사용했더니, 평소 지출액에 비해 50%가 줄어들었다.

미리 예약해 둔 코엑스몰 메가박스 상영관은 '더 부티크 스위트'라는 특별관으로, 좌석이 36개만 있는 소극장이었다. 나는 이곳에서 세화를 위해 특별한 이벤트를 준비했다.

극장에 도착하여 담당 매니저를 찾았더니, 준비되면 연락을 주겠다며 우리를 잠깐 대기시켰다. 세화가 무슨 일이냐며 계속 물어보았는데, 들어가 보면 좋은 일이 있을 것이니 기대해도 좋다고 말하면서 내 윗도리 안주머니에 넣어 둔 봉투를 손끝으로 확인했다.

5분쯤 지난 후, 매니저가 우리를 특별관으로 안내했다.

극장으로 들어서자 관객들의 시선이 우리를 향했고, 핑크빛 조명이 우리 두 사람을 비추기 시작했다.

스크린에는 하트 문양들이 움직이고 있었고, 그 앞에는 조그만 단상에 꽃다발이 놓여 있었다. 단상 주변에는 수십 개의 하트 모양 풍선들이 떠 오를 준비를 하고 있었다. 이로써 세화를 위한 나의 프러포즈 이벤트가 모든 준비를 마쳤다. 어쩔 줄 몰라 하는 세화의 얼굴이 빨갛게 물들어 갈 때, 무선 마이크를 든 매니저가 객석의 관객들을 향해 말했다.

"관객 여러분, 오늘 두 주인공의 사랑 고백을 허락해 주시고, 함께 참여해 주셔서 진심으로 감사드립니다. 지금부터 선우민철 님의 프러포즈 이벤트를 시작하겠습니다."

멘트를 마친 매니저가 내게 다가와 손에 든 마이크를 내밀었다. 나는 단상의 꽃다발을 들고 떨리는 목소리로 이렇게 말했다.

"세화 씨, 저는 정말로 부족한 남자입니다. 그러나 당신을 사랑하는 마음은 이 세상 그 어떤 남자들보다도 크다고 확신합니다. 세화 씨를 처음 본 그 순간에 나의 영원한 사랑을 찾았다는 운명의 종소리를 들었습니다."

그러고는 안 주머니에서 봉투를 꺼냈다.

"이것은 당신을 위한 제 선물입니다. 제가 태어나서 처음으로 투자한 70평짜리 땅문서입니다. 이 땅을 세화 씨를 위해 7천 평, 7만 평, 아니 전 우주를 살 수 있을 만큼 키우겠습니다. 저를 지켜봐 주세요. 당신을 진심으로 사랑합니다. 저와 결혼해 주시겠습니까?"

나는 한쪽 무릎을 꿇고 꽃다발과 땅문서를 세화에게 내밀며 세화의 얼굴을 쳐다봤다. 세화의 두 눈에 눈물이 고였고, 나는 자리에서 일어나 세화를 와락 감싸 안았다.

그 순간 관객들의 박수가 쏟아졌고, 풍선들이 영화관 천장으로 날아 오르는 동시에 축하 폭죽이 요란하게 터지며 나와 세화 곁으로 날아들었다.

나는 감싸 안았던 양팔을 슬며시 풀고 한쪽 손으로 세화의 손을 잡았다. 가늘게 떨리는 손을 통해서 세화의 감정이 온몸으로 전해져 왔다. 우리는 서로의 손을 맞잡고 극장 제일 뒤편의 우리 자리를 향해 계단을 오르기 시작했다. 바로 그때, 스크린 화면에서는 휴 그랜트와 줄리아 로버츠가 출연했던 영화 〈노팅힐〉의 결혼식 장면이 비치며 영화의 OST인 엘비스 코스텔로의 노래 'She'가 흘러나왔다.

She!
Maybe the reason I survive.
The why and wherefore I'm alive.
The one I'll care for through the rough in ready years.

그녀는…
내가 살아남아야 할 이유에요.
내가 살아 있는 이유이기도 하고요.
다가올 힘든 시간 동안 내가 돌봐야 할 사람이죠.

Me!
I'll take her laughter and her tears
and make them all my souvenirs.

For where she goes I've got to be.
The meaning of my life is she, she, oh she.

저는…
그녀의 웃음과 눈물을 간직할 거예요.
그리고 그 웃음과 눈물들을 내 추억의 보석으로 만들래요.
그녀가 가야 할 곳에는, 저도 있을 거예요.
내 삶의 의미는 그녀, 그녀, 그녀이니까요.

우리가 자리에 앉자, 바로 조명이 꺼지며 영화가 시작되었다. 영화 내내 세화는 내 어깨에 머리를 기댔고, 맞잡은 두 손은 영화의 마지막 장면까지 놓지 않았다.

영화가 끝나고 출입구를 나설 때는 함께한 관객들이 다가와 '축하해요'라고 인사말을 건네주었고, 나는 연신 '감사합니다'라는 말로 고마움을 전했다.

영화관을 나와 한식당의 주차장으로 향할 때는 꽃다발을 들고 있는 세화의 어깨를 감싸며 그녀의 걸음에 맞춰 천천히 걸었다. 그렇게 중간쯤 왔을 때, 세화가 입을 열었다.

"민철 씨! 정말 대단한 사람이에요. 프로포즈를 반지를 들고 해야지, 땅문서를 들고 하는 사람이 어디 있어요?"

세화가 웃는 얼굴로 눈을 흘기며 다시 말했다.

"오늘처럼 영화관을 빌려 프로포즈하는 모습을 유튜브에서 봤어요. 그런데 제가 그런 장면의 주인공이 될 줄은 정말 몰랐어요.

오늘 이벤트 잊지 못할 거예요… 고마워요."

음식점 주차장에 거의 도착했을 때, 기대했던 답을 얻지 못했기에 솔직한 대답을 바라며 이렇게 물었다.

"세화 씨, 제 프러포즈에 대한 답은…?"

세화가 고개를 돌려 나와 눈을 맞추었다. 그리고 조용한 미소를 지어 보이고는 이렇게 말했다.

"우리 집으로 가요."

드디어 역사가 이루어지는 건가?

크리스마스 이브이고, 세화에게 프러포즈를 했고, 세화가 자기 집으로 가자고 했다. 그렇다면 삼박자가 맞아떨어진 것 아닌가? 갑자기 온 세상을 다 얻은 기분이었다. 기쁨으로 가득 찬 머릿속 한쪽에서는 주머니에 입 냄새 제거 스프레이가 있는지 계속 신경이 가고 있었다.

이루어질 수 없는 사랑

주차장에서 나와 그리 멀지 않은 세화의 아파트에 도착해 차를 세우고 세화에게 물었다.
"함께 사시는 분이 계실 텐데, 빈손으로 방문해도 되는지 모르겠습니다."
세화가 집에 들어가 보면 안다고 했다. 그래도 빈손으로 가는 것은 예의가 아니라고 우겨, 아파트 상가에서 귤과 사과를 조금 샀다.
어떻게 사는지, 누구랑 사는지 무척 궁금했던 나로서는 호기심과 기대를 잔뜩 안고 아파트 현관에 들어섰다.
'오~ 마이!'
현관에 들어서자, 은은한 카톨릭 성가와 함께 전면에 성모마리아 상과 십자가에 못 박혀 돌아가신 예수 그리스도의 성화가 보였다.
세화가 신발을 벗으며 말했다.
"저, 스텔라 왔어요."
잠시 후, 수녀복을 입으신 나이 든 할머니 수녀님 세 분이 방문을 열고 나오시더니 우리를 반갑게 맞아 주셨다.
그런데 특이하게도 두 분은 외국 분이셨는데, 그 중 한 분은 휠체어를 타고 계셨다.
세화가 나와 수녀님들을 가리키며 말했다.

"저와 함께 사시는 수녀님들이세요. 그리고 이쪽은 제가 말씀드린 아사비오 형제님이에요."

그 중에서 제일 젊어 보이는 한국 수녀님께서 다가오시더니, 내 손을 꼭 잡아 주시며 반갑게 맞아 주셨다.

하지만 나는 의외의 상황에 당황할 수밖에 없었고, 얼떨결에 인사를 마쳤다. 어색한 분위기가 흐르는 가운데, 수녀님께서 편히 쉬라는 말씀과 함께 방으로 들어가셨고, 세화가 현관 바로 왼편의 자기 방으로 나를 안내했다.

세화가 내 외투를 받아 옷걸이에 걸고는 자신의 코트도 옷장에 넣은 다음, 내 손에 든 과일과 꽃다발을 받아 차를 내어 오겠다며 방을 나갔다.

세화의 방을 둘러보다가 책상 위에 놓여 있는 가족사진을 발견했다. 부모님과 그 사이에 중학생 교복을 입은 세화가 보였다. 앳된 얼굴이었지만, 그때도 뛰어난 미인임을 알 수 있었다. 그 옆에는 로마의 성베드로성당 앞에서 외국인 수녀님과 함께 찍은 사진도 있었는데, 세화의 대학 시절로 보였다. 책상 옆 책장에는 문학과 종교 서적이 가지런히 꽂혀 있었다. 그리고 책장의 한 칸에는 뜨개질에 쓰는 대바늘, 방울틀, 배색용 보빈, 그리고 여러 가지 색깔의 뜨개실들이 보여 세화의 취미 생활을 가늠하게 해주었다.

책상의 의자를 당겨 자리에 앉았을 때, 세화가 향이 물씬 풍기는 유자차와 내가 사 온 과일을 곱게 깎아 놓은 접시를 쟁반에 담아 들고 왔다. 나는 얼른 일어나서 쟁반을 받아 책상 위에 조심스럽게 올려놓았다. 세화는 유자차 한 잔을 손에 받아 들고 침대 끝에 살포시 앉으며 나에게 차를 권했다. 세화가 유자차를 한 모금 마시고 가족사진을 쳐다보며 입을 열었다.

"아버지와 어머니는 대학 1학년 때 미팅에서 만나 결혼하시고, 저만 낳으셨어요. 미대생이었던 어머니의 그림 재주를 물려받은 때문인지, 저는 어렸을 때부터 그림을 좋아해 화가가 되려고 했어요. 아버지는 건설업을 하셨는데, 어느 날 공사 현장에서 건물이 무너져 인부들이 죽고 하청업체까지 파산하면서 결국 부도를 맞으셨어요. 회사를 되살리기 위해 모든 재산을 처분하시며 노력하시던 중에 건강이 악화되어 병원에 가셨다가 암 진단을 받으셨어요. 너무 늦게 발견한 암이라 수술도 불가능하다는 의사의 통보를 받고, 마지막 희망으로 경기도 광주 천진암에 거처를 마련해 기도하시며 삶의 희망을 놓지 않으셨어요. 그러던 어느 겨울날, 갑자기 병세가 악화되어 어머니께서 운전해 서울로 급히 올라오시다가 눈길 교통사고로 두 분이 세상을 떠나셨어요."

가슴으로 전해져 오는 안타까움과 그녀에 대한 연민으로 인해 내 마음은 무겁게 내려앉기 시작했다.

"……."

"사고 현장에서 두 분의 임종을 지켜봐 주셨던 분이 방금 인사를 나누신 수산나 수녀님이세요. 수녀님께서는 그날 천진암 성당에서 미사를 보고 돌아오시던 중이셨는데, 부모님의 교통사고 현장을 지나고 계셨어요. 독실한 천주교 신자이셨던 부모님께서 마지막 순간에 수녀님으로부터 죄의 사함을 받으시고 하늘나라로 떠나셨습니다. 그때 어머니께서 눈을 감으시면서 수녀님께 저를 부탁하셔서 인연이 닿게 되었답니다."

"아… 그런 사연이…."

"그런데 참 묘한 일이죠. 서울로 향하던 중, 언덕길에서 내려오던 차량이 눈길에 미끄러지면서 부모님이 타신 차와 정면충돌하여 두 차량 모두 언덕 아래로 추락했어요. 그 차량에 타고 계셨던 분이 바로 민철 씨를 이틀 동안 교육하셨던 KP님이세요. 그때 그분의 운전기사도 현장에서 사망했고, KP님도 다리와 복부를 크게 다쳐 몇 달간 병원에 계셨어요. 자세히 보셨다면, 아직도 걸음걸이가 조금 불편하신 모습을 보셨을 거예요."

"예. 걸음걸이가 조금 불편하시다는 건 알고 있었습니다."

"그 교통사고로 인해 저는 한순간에 부모님과 모든 것을 잃게 되었습니다. 장례식을 끝내고 돌아온 집에는 압류 딱지가 덕지덕지 붙어 있었고, 밤새 부모님의 사진을 품고 울었던 기억이 아직도 생생해요. 수녀님의 도움으로 기숙사가 있는 지방의 천주교 고등학교에 다녔는데, KP님께서 지원해 주셔서 경제적으로 큰 어려움은 없었습니다. 한 달에 한 번씩 KP님께서 내려와 따뜻한 말씀과 사랑으로 위로해 주셨고, 저를 친딸처럼 대해 주셨습니다. 그분도 저를 만날 때마다 죄책감에 항상 미안하다고 말씀하셨지만, 그때마다 부모님 생각에 몹시 힘들었어요. 그러나 이제는 운명이라 받아들이고 모두 잊었습니다."

천만장자와 세화 사이에 그런 인연이 있었다니….

세상은 참 좁다는 걸 다시 한 번 느꼈다.

"대학 진학을 고민할 때, KP님께서 저를 부르시더니 화가의 꿈을 포기하지 말라고 하시며 유럽으로 유학을 떠날 것을 권유하셨어요. 어린 나이에 해외라고는 한 번도 가보지 못한 저에게는 새로운 변화와 도전의 기회였어요. 하지만 어머니처럼 저를 챙겨주시는 수산나 수녀님과 떨어져야 한다는 것, 그리고 계속해서 KP님으로부터 경제적 지원을 받는 것도 부담으로 다가왔어요. 아는 사람 하나 없는 유럽에서 어떻게 살아야 할지 걱정과 두려움 속에서 쉽게 결정하지 못하고 고민에 빠져 있었어요. 그럴 때, 수산나 수녀님께서 로마에 있는 수녀원에서 맺은 인연으로 알고 계셨던 다른 수녀님을 소개해 주셨어요. 그곳 천주교 대학에서 공부할 때, 저를 돌봐 주셨던 분이 바로 인사하셨던 두 분의 외국 수녀님이세요."

"아… 그랬군요."

"대학을 마치고 귀국할 때, 두 외국 수녀님들도 수녀원의 배려로 한국에 오시게 되었어요. 수녀님들은 이제 은퇴 시기가 되어 소속 수녀원으로 복귀하셔야 하는데, 이분들의 사랑과 은혜에 보답하고 싶어 제가 모시고 싶다고 KP님께 부탁드렸어요. 저의 뜻을 이해해 주신 KP님께서 이 아파트를 마련해 주셔서 이렇게 함께 살고 있답니다. 서울에서 흔치 않게 아파트 바로 옆에 성당이 있고, 좋은 공기에 아담한 분위기라서 수산나 수녀님께서 장소를 미리 봐 두셨나 봐요. 일요일에는 수녀님들과 미사에 참석하고, 나머지 시간에는 아이들에게 미술도 가르치고, 함께 교리 공부도 하고, 어려운 이웃들을 위해 봉사활동도 다니고 있답니다."

"KP님이라면… 트럼프호텔에서 저를 만나게 된 것도?"

"네, 맞아요. 트럼프호텔에서 근무하게 된 계기는 KP님의 추천도 있었지만 호텔도 큐레이터가 필요했고, 근무 시스템도 마음에 들어서 입사하게 되었어요."

그래서 내가 세화 씨를 만날 수 있었던 것이다.

"부모님을 여의고 저 혼자 고교 시절과 유학 생활을 보내는 건 너무도 외롭고 힘든 시간이었어요. 언제든 무너질 수 있었던 제가 기댈 수 있고, 저를 버티게 해주었던 기둥은 오직 기도와 묵상, 그리고 용서하는 마음과 주님의 사랑이었어요. 그런데 조금씩 성장해 가며 주위를 둘러보았을 때, 저보다 더 정신적 위로와 사랑이 필요한 사람들이 많다는 것을 알게 되었어요. 그리고 수녀님과 함께한 봉사활동 중에 저의 역할과 저의 길에 대해서 생각하게 되었어요."

"……."

"그러다가 어느 순간부터 마음 한구석에는 저를 위해 헌신해주신 세 분의 수녀님처럼, 저도 다른 사람들을 위해 헌신하고 노력하는 삶을 살아야겠다는 생각이 깃들기 시작했어요. 어려운 결정이었지만 봉사하는 삶, 기도와 은총이 함께하는 삶을 살고 싶었고, 그 선택은 주님의 뜻에 따라 그분과 함께 저의 나머지 삶을 살기로 했답니다."

"아, 어떻게 그런 일이…."

"이제 얼마 남지 않았어요. 내년 초에는 세 분의 수녀님과 함께 로마로 떠날 예정입니다. 그곳에서 저는 수녀의 길을 걷게 됩니다. 제가 선택한 길이기에, 결코 후회나 지나온 삶에 대한 미련은 없어요. 저도 많이 고민했고, 수녀님과 KP님도 염려해 주셨지만… 저의 길을 가기로 결심했으니까요."

나는 충격에 빠졌고, 할 말을 잃은 채, 세화를 바라보기만 했다.

"……."

"오늘 저는 민철 씨로부터 너무나 멋진 프러포즈를 받았어요. 너무도 감사하고, 고마워요. 수도자의 길을 가기 이전에 한 여자로서 이런 가슴 벅찬 감동을 선물해 주신 민철 씨에게 다시 한 번 진심으로 감사드려요. 그간 저를 행복하게 만들어 주었던 그 많은 문자 메시지와 이메일, 카톡은 평생 잊지 못할 거예요. 제가 다시 태어나고 혹시 그때도 민철 씨가 저를 기억해 준다면, 오늘의 프러포즈는 당연히 받아들일 거예요. 진심으로 민철 씨를 존경하고, 사랑하고, 감사드려요."

여기까지 말을 마친 세화의 두 눈에서 눈물이 흘러내리고 있었다. 나에게는 감정 정리의 시간도 주어지지 않은 채, 나의 사랑과 서로의 갈림길이 확인되고 있었다. 화장지를 뽑아 세화의 눈물을 닦아 주었다.

'수녀님으로 살아가기로 한 이 여인을 내가 어떻게 말릴 수 있겠는가!'

내 눈에서도 소리 없이 눈물이 흘러내리고 있었다.

이제는 내가 말을 이을 차례였다.

"호텔에서 처음 본 순간, 무언가 인연의 끈이 연결되는 것 같았어요. 첫 모습부터 내 마음을 흔들었고, 떨어져 있는 시간에도 당신이 너무나 그리웠고, 당신의 모습이 계속 눈앞에 어른거렸어요. 재미없었을 내 이야기에도 항상 즐거워해 주는 그 웃음소리는 언제나 나에게는 큰 기쁨이었고, 삶을 자극해 주는 청량제였어요. 무엇보다도 세화 씨를 만난 이후, 저의 삶이 긍정적으로 바뀌었고, 좋은 일들도 많이 생겼거든요. 아마 세화 씨의 봉사하는 삶과 기도의 은총이 나에게도 전달되었나 봐요."

세화가 나를 바라보며 미소 짓고 있었다.

"세화 씨의 지난 과거를 들으니, 어쩌면 내가 세화 씨였더라도 그런 결정을 내렸을 것 같다는 생각이 들어요. 많은 이들을 위해 봉사해 주고, 그들의 아픔을 돌봐 주고 치유해 주기 바랍니다. 인연이 깊어 다시 태어난다면, 진정으로 세화 씨와 영원히 함께하고 싶습니다. 당신을 진심으로 존경하고 사랑합니다. 저와 함께한 모든 시간이 너무도 고마웠습니다."

세화가 침대에서 일어나 찻잔을 테이블 위에 내려놓았다. 그러고는 내게 다가와 부드럽게 안아주며 얼굴을 내 머리 위에 기대어 주었다. 우리는 말없이 한참을 그렇게 있었고, 마지막으로 내 이마에 입맞춤을 해주며 나를 감싸고 있었던 팔을 풀었다.

세화가 나에게서 떨어져 자신의 옷장을 열고는 짙은 남색 쇼핑백을 하나 꺼내고 이렇게 말했다.

"제가 민철 씨를 위해 크리스마스 선물로 목도리를 하나 짰어요. 손재주는 없지만 항상 목에 감고 다녔으면 해요."

털실로 짠 하늘색 목도리인데, 중간 중간에 하얀 하트 무늬가 있었다. 그리고 다른 물건도 꺼내면서 이렇게 말했다.

"KP님께서 저에게 주시면서 민철 씨에게 전해 달라고 부탁하셨어요. 그분은 아직 유럽에 계시는데, 제가 로마에 도착하면 그곳에서 뵙기로 했어요."

얼핏 보기에 낡은 노트였는데, 약간 두툼했다. 천만장자가 나와 헤어질 때 언급했던 어느 부자의 '투자일지'라는 생각이 들었다. 세화가 다시 목도리와 낡은 노트, 그리고 내가 선물한 땅문서를 쇼핑백에 함께 넣었다.

이제는 헤어져야 할 시간임을 암시하고 있었다.

방에서 나와 세 분의 수녀님께 무사히 귀국하시라는 인사를 드렸고, 세화와 함께 현관을 나와 엘리베이터를 탔다.

1층으로 내려와 밖을 보니, 하얀 눈이 펑펑 내리고 있었다.

"눈이 와서 화이트 크리스마스가 되었군요. 덕분에 경품을 걸었던 회사들이 망하게 생겼네요. 그렇지만 사람들이 기대했던 화이트 크리스마스가 되었기에, 그분들도 행복할 거예요."

세화가 손에 든 쇼핑백에서 손수 짠 목도리를 꺼내어 내 목에 둘러 주었다.

내가 무겁게 입을 열었다.

"이 고마운 목도리를 볼 때마다 항상 세화 씨를 생각하고, 영원히 간직하겠습니다. 감사합니다."

"민철 씨와 함께한 시간… 진심으로 행복했어요. 고마워요… 안녕히 가세요."

세화를 아파트 1층에 남겨 두고 차로 가서 시동을 걸었다. 세화는 그때까지 들어가지 않고 나를 지켜보고 있었다.

차를 움직여 세화가 서 있는 곳에 세우고, 창문을 내린 후 이렇게 말했다.

"다시 태어나면 지구상 어디에 있더라도 꼭 찾아서 결혼할 겁니다."

세화도 웃으며 이렇게 대답했다.

"꼭 저를 찾아주세요. 항상 기다릴게요!"

서로 손을 흔들었고, 차를 움직여 서서히 아파트에서 멀어졌다. 백미러로 세화의 모습을 지켜보면서 영화의 한 장면 같은 오늘의 상황을… 어떻게 마음을 정리해야 할지… 혼란스럽기만 했다.

나에게 너무도 오랜만에 찾아온 사랑이었는데… 이렇게 사라져 가는구나! 저 여인을 진심으로 사랑했는데….

목에 두른 목도리를 만지자, 그녀의 온기가 느껴졌다.

내 눈에서는 뜨거운 눈물이 흘러내렸다.

다음 해, 1월.

세화는 세 분의 수녀님과 함께 로마로 떠났고, 나는 8개월 만에 모든 빚을 정리하고 제2의 생일을 맞았다.

연봉만큼 목돈을 만들어 평택지제역 근처의 아파트에 투자했고, 매달 적금 넣는 마음으로 한 회사의 주식만 꾸준히 모으고 있다. 연간 소득의 30% 안에서만 생활하며, 내가 꿈꾸는 삶에 조금씩 다가가고 있는 내 모습을 발견하면서 말이다.

트럼프호텔의 마지막 남은 VIP룸인 Z 방에 입성하는 그날을 기약하며, 천만장자가 건네준 부자의 '투자일지'를 읽고 또 읽으며 천만장자의 가르침을 실천하고 있다.

내 사랑 세화를 매일 생각하며 진정한 경제적 자유인이 되는 꿈을 꾼다. 그리고 매일 아침, 이렇게 외친다.

"재테크! 하면 된다!"
"재테크! 할 수 있다!"
"재테크! 불가능은 없다!"

[참고 도서]
-〈보도 섀퍼의 돈〉보도 섀퍼, 이병서 역, 에포케
- 〈백만장자 마인드〉토머스 스탠리, 장석훈 역, 북하우스
- 〈부자 아빠 가난한 아빠〉로버트 기요사키, 안진환 역, 민음인
- 〈부자가 되는 비결〉데이브 램지, 비전과리더십
- 〈부의 본능〉브라운 스톤, 토트출판사
- 〈세이노의 가르침〉세이노, 데이원
- 〈부동산 투자 필독서〉레비앙, 센시오
- 〈라이프 딜링〉김지훈, 플랜비디자인
- 〈변화하는 세계 질서〉레이 달리오, 송이루·조용빈 역, 한빛비즈
- 〈돈의 심리학〉모건 하우절, 이지연 역, 인플루엔셜
- 〈내 안의 백만장자〉마이클 르뵈프, 성필원 역, 도전과성취
- 〈더 플로〉안유화, 경이로움
- 〈관점〉강방천, 한국경제신문

Coming Soon

'천만장자의 투자 이야기'

목욕탕에서 만난 천만장자

2023년 9월 15일 초판 1쇄 발행

지은이 | 박성준

펴낸이 | 박광원
편　집 | 손일수
디자인 | 올컨텐츠그룹
인　쇄 | RHK홀딩스

펴낸곳 | 미어캣북스
주　소 | 서울시 강남구 봉은사로 317, 3층 3225호
출판 등록 | 2022년 8월 30일 제2022-000251호
판매 문의 | 070-8098-6001
홈페이지 | www.meerkatbooks.com
값 19,000원
ISBN 979-11-984211-0-4 (13320)

본 저작물은 미어캣북스에서 저작권자와의 계약에 따라 발행한 것이므로
본사의 허락 없이는 어떠한 형태나 수단으로도 이 책의 내용을 이용할 수 없습니다.

※ 잘못된 책은 교환해 드립니다.
※ 책 출간을 원하시는 분들의 투고를 환영합니다(e-mail : asabio90@gmail.com).